JN013991

共感が未来をつくる

ソーシャルイノベーションの実践知

SOCIAL INNOVATION

野中郁次郎 編著

千倉書房

SOCIAL INNOVATION

▼はじめに

日本の社会は、大きな転機を迎えている。その要因となっているのは、長期的には気候変動、人口構造の変化であり、デジタル化の進展である。それに加えて二〇一九年からの新型コロナウイルス感染症の拡大は、これまでの社会の在り方や人々の考え方に大きな影響を与えた。

気候変動などによる自然災害や人口構造の変化は、地域社会や国の経済活力に大きく影響する。デジタル技術の発達は、人や組織のつながりを大きく変え、その使い方により産業構造や社会構造を変化させつつある。また、突然生じた新型コロナウイルス感染症（COVID-19）の拡大は、人や組織ひいては国の関係性およびリスク対応を考え直す機会となった。

世界は以前と比べて小さく狭くなり、われわれの生活を支えている経済活動は国境を越えて緊密に結びついた関係性により成立しているということにあらためて気づかされた。さらに、感染拡大により都市に人口が集中している日本の脆弱性が明らかになったことは、象徴的である。経済合理性、効率重視の視点から冗長性をそぎ落としてきた政策や企業経営、そこにおける社会的なレジリエンス（復元力）とリスクヘッジの不十分さ、といった社会構造の矛盾が表面化したともいえる。また、社会のあらゆる面においてデジタル技術の導入が進む中で、人の活動における人と人の関係性、デジタルとアナログのバランスなど、様々な局面でこれからどうあるべきなのかという模索が続いている。

人口が減少傾向をたどっている地域社会では、そのような流れと向き合い、社会的な課題解決の方向を探っている。日本企業の特徴といわれた終身雇用と年功序列が崩れ、そこにデジタル技術が浸透していったことにより、組織の在り方や働き方も流動化している。特定の組織に依存するのではなく、組織も国家をも超越した個人と個人のネットワークを形成していく動きもある。一過性かもしれないが、新型コロナウイルス感染症対策のために企業におけるリモートワーク（テレワーク）の導入が進展したことは、個人のライフスタイルやオフィス需要にまで影響を及ぼしている。家族の形態や働き方の多様化が進む中で、働く場所や時間の物理的制約がなくなっていけば、社会構造や人々の行動や地域社会も変わらざるを得ない。その時にどのような新しい関係性を構築するのか、何を維持し何を変えるべきなのか、どうすれば活力ある社会を持続できるのかなど、知恵を集めて実践につなげていかなければならない。

その中で見出されてきたのは、人を中心とする考え方であり、経済合理性に従って行動する経済人の考え方とは異なる視点から捉えた、人と人とのつながり、地域における多様なセクターの境界を越えた結びつきによる社会構造のイノベーションである。そこでは、一人ひとりの「思い」や「信念」といった極めて人間的な要素、地域社会への貢献などに対する「共感」がベースになっている。

グローバル化が進む企業活動においては、持続可能性を重視するＳＤＧｓに対する実践が広がりつつあることに加え、ＥＳＧ（Environment、Social、Governance）投資が世界的な潮流になっている。ＳＤＧｓが提唱される以前から、もともと日本社会が内包していた「利他」の考え方が再評価されつつあることも、社会的な価値観が変革期を迎えていることの表れの一つといえる。われわれは、そろそろポスト市場原理主義へ向けて新たな社会の仕組みを考えるべき時期に来ているのかもしれない。

ドラスティックな社会の変化は、個人の目に見えない意識変容から始まる。近年、収益的にはそれほど大きな規模ではないものの「地域に貢献したい」、「自分が生まれ育った地域社会を変えたい」といった、利潤追求よりも社会性を内包した価値観を内発的動機として地方で起業する若者も多く見出されるようになってきた。これは、経済原理による行動とはやや異なった動きである。さらに新型コロナウイルス感染症の影響をきっかけとして、地方における仕事とゆとりある生活の良さについての再評価が起こりつつある。地方へ仕事の拠点を移さないまでも、リゾートで休暇を楽しみつつリモートで仕事をする「ワーケーション」(workとvacationを組み合わせた造語)を実践する人も増えてきた。

ただ、個人の力には限界があり、現代の複雑な社会的課題を解決していくには、他人との連携、人的関係性が必要であり、知恵を集め共創することが求められる。これらの動きが社会を変えていく大きな波紋となっていくのかどうかは未知数であるし、すべてが成功するとは限らない。しかし、踏み出さなければイノベーションは起こらない。

われわれが提示する変革のキーワードは、人に着目した「共感」による社会的関係の再構築と「境界のない(バウンダリーレスな)連携」による知識創造である。本書では、これまでの社会における機能分担関係に捉われず、動態的に変化し、新たな社会的価値を創造していく過程を事例により示してみたい。

特に、SNSなどデジタルツールにより個人や組織が構築できる関係の範囲は広がり、新たな連携構造が生まれ始めている。これらはメリットばかりではないが、そのつながりの本質にあるのは、経済的な利潤動機でもなく名誉欲でもなく、極めて人間的な「共感」を基礎とした相互理解、社会を良くしたいという目的の共有だと考えている。

われわれは、これまでも人間が持つ知の可能性に期待し、知識創造理論の視点から社会変革（ソーシャルイノベーション）につながる様々な活動事例について研究を行ってきた。その一環として二〇一四年には『実践ソーシャルイノベーション』を上梓した。本書は、その内容とは大きく異なり、理論的な記述を減らし、できるだけ現場の状況を伝えることによりそこに含まれる意義を読み取ってもらうことを重点において構成している。そのため事例の執筆者は、研究者にとどまらず実践の場で活動を担っているリーダーやコーディネーター、コンサルタントなどの実務家である。それぞれの執筆者の異なる視点から、社会的活動の実態を伝えることを重視した。本書は、それら多様な執筆者のインタラクションの成果である。

社会を変えていくのは人であり、イノベーションの源泉となる新たな知を生み出すのも人である。人と人との共感による関係性を基盤として、地域社会の新たな形を描いてみたい。その形は、決して一つではなく欧米への傾倒でもない。本書の多様な事例は、新たな日本的なソーシャルイノベーションの型を見出すための示唆となると、われわれは考えている。

二〇二一年一月

執筆者一同

共感が未来をつくる——ソーシャルイノベーションの実践知◆目次

第3章 地域医療の仕組みを変える 49

第6章 テレワークが企業形態を変える

第1章 変わる社会

1. 社会構造の変化を読み解く

1 仕組みが変わる

社会の変化は、時間をかけた積み重ねにより導かれるだけではなく、あるきっかけで急加速されることがある。イノベーションという言葉は、主として技術的な変化に対して用いられることが多いが、新たな仕組みへの脱皮という面では、社会的事象にもイノベーションという概念が当てはまる。社会構造や社会秩序の革新である。その基盤となるのは、社会の中に埋め込まれている人間的な関係性と、それまでの機能分担関係が個人や組織の境界（バウンダリー）を越えて変化していく動態性である。

近年においてもっとも社会的インパクトが大きかったのは、二〇一九年から二〇二〇年にかけて発生した新型コロナウイルス感染症の世界的拡大である。それは、社会における人や組織、国際間の結びつきを再考する機会となった。国の施策や企業経営、消費面まで多大な影響を与え、今後の社会を大きく変えていくだろう。

経済面では、国の内外を含め地域間の交流が一時期制限されたことにより、われわれはどれだけグローバルなサプライチェーンに依存していたのかが明らかになり、国や企業、個人の生活においては、感染の拡大に直面して様々な仕組みや行動様式の見直しを迫られた。それだけではなく、新型コロナウイルス感染症への対応を通じて、医療を巡る合理化政策の弱点の露呈、中小企業への支援・補償の遅延、解雇者の増加、貧富差による被害の影響度の違いといった様々な社会的課題が浮き彫りになった。また、規制を強化して感染防止を行い感染の収束を図るべきか、生活のために経済活動を優先すべきなのかという、政策的なジレンマも表面化した。

このような状況は、従来の社会的仕組みの見直しのきっかけとなった。たとえば、感染防止と事業活動両立のために、人と人との接触を減らそうと多くの企業で新たにリモートワーク（テレワーク）の導入が試みられている。それらの企業では、特定の場所へ通勤し仕事をするという従来のスタイルではなくとも、かなりの割合の業務が遂行可能なことが実証された。必要に迫られて導入せざるを得なかったとはいえ、今後も業務形態の一つとして本格的に定着させようという企業も見出される[1]。また、教育現場では、遠隔による授業方式が導入され、その功罪について論議を呼んだ。そこで作成されたコンテンツを、ネットワークを通じて積極的に外部公開し共有しようという試みも生まれた。もっとも、教育も仕事もリモートワーク一辺倒では、人と人のコミュニケーションや組織への帰属意識形成におけるデメリットがあることも明らかになりつつあり、アナログの重要性も再認識されている。このような経験は、今後の社会の在り方に活かせるはずである。

これらの新しい試みの積み重ねにより、インフラとしてのコンピュータ・ネットワークの活用が一層進み、人々の考え方も変化し、雇用形態や社会生活そのものも大きく変わらざるを得ないだろう。物理的な場所に捉われない勤務が可能となれば、地方への機能分散により都市への一極集中リスクの軽減や地域振興の在り方を大きく変えることになる。また、個人や組織の様々な境界が取り払われることにより、社会的な関係構造の変革（ソーシャルイノベーション）につながっていく。新型コロナウイルス感染症以降の新たな社会的な関係性をどう構築していくのか、このような変化が不可逆的なものなのか、いまだ答えは出ていない。いえることは、社会変化のベースにあるのは人間の価値観であり、それを基軸とした社会構造へ変化していくべきであるという点である。

2 社会や組織の「見えざる資産」

社会構造については、いくつかの見方、考え方がある。その中でも、本書の内容と関連するものについて簡単に触れておきたい。

社会は、物的資源の多寡や経済原理だけで動いているわけではない。個人、組織、国といった間の関係性、生起する様々な事象の影響が複雑に絡み合っており、それらが相互作用し不可逆な時間の中で動態的に変化している。それらの関係は、常にプラスの効果をもたらすとは限らないが、適切な組み換えと活用ができれば有用なものであり、社会的な資産と見なすことができる。

人と人、人と組織の関係は目に見えないが、そこにはそれまで培われてきた歴史や文化といった社会的文脈の中で形成され、個人や組織に「埋め込まれた」何かがある。善意による被災地支援などもその一つであり、一九九五年の阪神淡路大震災、二〇一一年の東日本大震災、その後の台風や洪水などにより被害を受けた地域には、自主的に多くのボランティアが集まり支援活動を行った。東日本大震災被災地においてボランティア活動を行った人々の中には、阪神淡路大震災において自らが支援される側だったことからその「恩返し」に参加したという人が多く含まれていた。いわば「善意の連鎖」であり、何らかの見返りを期待したものではない。

これらの多くのボランティアの活動は、被災者を精神的に支えただけではなく、直接間接に被災地域の復興に寄与した。このような「助け合い」、「絆」といった支え合いは、経済原理に基づく行動ではなく、相手の立場に立って「共感」すること、人間が持つ根源的な価値観や「何が社会的に良いことなのか」といった「公共善」に起因する。価値観や地域のコミュニティにおける相互信頼、時間的経過の中で形成される歴史や文化といったものは、価値評価が難しく市場取引の対象とはなりにくいものの、経済主体に対し影響を及ぼす社会的に重要な資産と見ることができる。

企業における経営資源は、物的な資産に加えて組織能力や風土、ビジネス・システム、ブランド価値といったような無形の資産が存在し、経営成果に何らかの影響を与えることが知られている(2)。それらは、会計学において定義される無形資産とは異なり、すべてをバランスシート上に計上することはできないが、これまでの研究から企業の価値に関係していることが明らかにされている。たとえば、生産システムであるトヨタのTPS（Toyota Production System）は、生産ラインの仕組みとそこで働く人が持つ無形のノウハウが相乗効果を発揮してはじめて有効に機能する。形だけ導入しても現場、特に責任者の意欲が欠けていると導入しても効果が薄いという。また、システムそのものも、現場の意見を取り入れて常に改善が続けられ変化していくのであり固定したものではない。そこには物的資産と目に見えない人的資産の結合としてのシステムがあると見なすことができる。

このように、社会の中には、人のつながり、関係性により形成されている「見えざる資産」が存在するのであり、ソーシャルイノベーションとは、そのような有形無形の資産を見出し、新たな形態を工夫し、社会的な価値を創造していくことである。

3 関係性がつくる「社会関係資本」

社会において、相互信頼や他人への思いやりなどといった人的要素は、社会の繁栄・進化にとって不可欠である。それらに基づいた関係性のつながり（ネットワーク）は、目には見えず市場原理では評価しにくいものの、社会の在り方に大きな影響を与えている。一九〇〇年代から、それらを社会関係資本（Social capital）[(3)]と捉え、どのように育み活かしていくのかについて論議されるようになってきた。

ロバート・D・パットナムは、その著書『哲学する民主主義』（二〇〇一）において社会関係資本を「人々の協調行動を活発にすることによって社会の効率性を改善しうる信頼・規範・ネットワークなどの社会的仕組みの特徴」と記述し、パットナムの考え方に影響を受けていたOECDは、二〇〇〇年の会議において「グループ内ないしはグループ間の協力を容易にさせる規範・価値観・理解の共有を伴ったネットワーク」と表現した。[4] さらに、『ＯＥＣＤ幸福度白書3（How's Life? 2015）』では、未来の幸福（Well-Being）のための社会的な資本として自然資本、人的資本、経済資本、社会関係資本の四つを挙げている。

社会関係資本の定義は、論者によって様々であり、用いられている分野によっても異なる。たとえば稲葉陽二は、社会関係資本の構成要素として「社会関係資本とは人々の間の協調的な行動を促す『信頼』、『互酬性の規範』、『ネットワーク（絆）』をさす」とし、それに「『心の外部性』を加えて、社会関係資本を『心の外部性を伴った信頼・規範・ネットワーク』と定義」している。[5] この中で互酬性とは人と人との有形無形のやりとりにおいて働く原理を意味し、互恵性ともいう。いわば「おたがいさま」、「情けは人のためならず」であり、人を助ければいずれそれは何らかの形で自分に返ってくる（恩恵を受ける）という、社会的関係をさす。また「心の外部性」とは、人々が心の中でどのように認識するかによって外部への影響が変わってくることを意味する。

地域コミュニティにおいては、互恵性が安定した地域社会を形成するうえで大きな役割を果たす。コミュニティ内部の結びつきや経済的利害関係に基づかない協力関係など、社会関係資本の形成は地域社会を望ましい形に成長させていくことにつながるのである。

2. ソーシャルイノベーションの生成

組織もしくはコミュニティにおける社会関係資本とは、具体的に何でありどのように形成されるのかである。われわれは、その基盤を人の主観性における共感の醸成と知識の相互作用に求める。主体間の関係から生み出されるのが社会関係資本であるならば、知識創造理論からは社会的な変革（ソーシャルイノベーション）を生成していく根源は、人が他人や事物や環境など、自分を取り巻く関係の全状況を、五感を駆使して感じ取り行動する中で、知を生成していくことにあると考える。

新たな知は、その関係性の中から創造される。本書では、知識創造理論[6]の枠組みを援用し、ソーシャルイノベーションを再定義する。価値観や関係構造といった社会関係資本を刷新し、「知の相互作用」により新たな知が創造され、社会的に意味のある価値を生み出していく過程がソーシャルイノベーションなのである。個人が持つ能力には限界があることから、自らの知の総体を他者のそれと相互作用させ、共に新たな知を生み出して実践（社会的課題解決）につなげていくプロセスが必要になる。いわば知の新結合による価値創造が社会的変革を呼び起こすのである。

1 「場」と「共感」

社会関係資本形成に関わるコミュニティもしくは共同体とは、もともとは一定の地域において意識や価値観を共有したまとまりを意味していた。近年ではインターネット上におけるコミュニティも存在しており、地理的境界により区分されるとは限らない。本来、独立した人格としての個人がこのようなコミュニティに参加し、他者との相互関係を形成していく局面を知識創造理論では「場」と呼ぶ。「場」は、いわば個人と他者との接点であり、その関係構造は時間経過とともに変化していく動態的なものである。この「場」において、個人や組織、コミュニティに埋め込まれた知、いわば知の生態系において衆知を結集するプロセスが展開される。

ここでいう「場」とは、単なる物理的空間ではない。人と人の関係性が形成され共感による知の相互作用が生まれる「知識創造活動の基盤であり、『知識が共有され想像され、活用される共有された動的文脈』である。共通の時空間における文脈の共有は、個人間の主観的理解を促進する」[7]のである。分かりやすくいえば、会議室は単なる物理的空間であるが、そこに参加するメンバーの間では対話やしぐさにより情報や感情の伝達が行われ、人間関係や雰囲気が形成され、それが時々刻々と変化する。このプロセス全体が場である。その意味で「場」は「共有された動態的コンテクスト(shared context in motion)」と定義される。また「共感」とは、場における他者との相互作用を通じて他者の気持ちや考え方に自らを同調させることであり、それによって他者経験や知識を深く理解することができる。[8]心理学の分野では、心の中で他人と自分を融合させるプロセスとして捉えられており、英語ではempathyにあたる。

心理学者のダニエル・ゴールドマンは、効果的なリーダーシップを発揮するうえで三種類の共感があると主張する。[9]第一は認知的共感であり他者の視点を理解する力である。これは、必ずしも無条件で相手の考えに同調することを意味しない。第二は、情動的共感であり、他者の置かれている状況を理解し他者の感じている情動と同じパターンを自己の中に直観的に感じるのである。第三は、情動的共感と密接に関係している共感的関心であり、相手が何を求めているかを察知する力である。また福田正治によれば、共感は感情成分と思考成分（同感）に分類でき、感情成分は情動的共感（感動的共感、反射的共感）と認知的共感（意識的共感）に分類されるという。[10]〝相手の心を知る〟という状況が生まれるのには、この共感が機能している。知識創造理論でいう、主観的知である「暗黙知」と客観的知である「形式知」の察知・共有においては、共感による相互作用が重要な役割を果たしている。[11]われわれは、現象学者エトムント・フッサールやマルティン・ブーバーの提示する「相互主観性」、「我—汝関係」、つまり相手に全身全霊で棲み込み一心同体になる共感が、知の相互作用の起点になると考えている。[12]

2 組織的知識創造プロセスとソーシャルイノベーション

新たな知は、個人の内部において暗黙知と形式知という二つの次元の間で相互変換が行われていることから生み出されるだけではなく、他者との共体験や深い対話などの相互作用を通じて異なる知識を取り入れ、新たな知を獲得し進化していかなければ、組織的・社会的なインパクトを持つことができない。

暗黙知から形式知への変換とは、共感を媒介にした知的コンバットによる、いわば〝ひらめき〟（仮説生成）であり、形式知から暗黙知への変換とは〝腑に落ちる〟とか〝ああ、なるほど、わかった〟という実践（組織知の身体化）に向けた状態に達することである。また、個人から組織への知の共有・発展のプロセスは、SECIモデル[13]として示されている。

なお、イノベーションを生起するには他者を巻き込んで実践に結びつけることにより、大きな波をつくり出していかなければならない。多くの活動においては、その推進役となるワイズ・リーダー、もしくはコーディネーターが存在する。

ワイズ・リーダーは、活動の方向性を決める重要な役割を果たす。その資質として求められるのは「賢慮（フロネシス）」であるとわれわれは考えている。賢慮とは「個別具体の場面の中で、全体の善（共通善）のために最善の振る舞いを見出す能力のこと」、つまり実践知であり、「善悪の判断基準を持つ能力」、「場をタイムリーに創発させる能力」、「個別の本質を洞察する能力」、「本質を表現する能力」、「本質を共通善に向かって実現する政治力」、「賢慮を育成する能力」により構成される。[14]活動に正当性と方向性を与え、地域社会に何らかの影響力を及ぼすリーダーは、活動の規模にかかわらずこのような資質を備えており、それゆえに関係する人々の共感を得、多くの知を綜合化し実践に結びつけることができるのである。

知識創造理論のアプローチでは、ソーシャルイノベーションとは地域や組織広くは国家まで含めて、社会における人々が共感し価値観を共有し、それにより新たな社会的関係性を構築して行く動態的プロセスである。その地域や組織に埋め込まれている特有の歴史、文化、伝統などの形で暗黙的に保有されている知を可視化・総合化し、新たな手法で活用することにより社会的課題を解決する、もしくは新しい社会的価値を創造する活動である。つまり、社会的な人間の「知」を基盤としたイノベーションである。[15]社会関係資本でいう人と人の関係性やその集合体としての社会、地域文化、自然環境などによって構成される関係の全体を〝生態系（エコシステム）〟と例えることもできよう。この生態系は独自性を持ち、異なる他の生態系との相互作用により新たな生態系をつくり出していくことにより社会的な変革がもたらされる。

3 本書のねらい

本書では、幅広い執筆者によるそれぞれの視点から、様々な社会構造の変革（ソーシャルイノベーション）につながる活動を紹介している。特に、われわれがもっとも気にかけているのは、人口減少と少子高齢化が進行する中で、地域社会の活力をいかに持続させていくかである。これまで、地域振興といえば、経済的な局面に焦点が当てられることが多かったが、われわれは経済原理に基づく振興策だけではなく、人と人の関係を中心において事例の集積を行い、そこにこれからの社会構造の在り方、あるべき姿に関するヒントを求めた。地域社会における活動は、地域住民、自治体、非営利団体、企業等の多様な主体の連携により担われ支えられているのであり、多様な局面からの事例を集積した。持続可能な社会の観点を踏まえ、いわゆるソーシャルイノベーションにつながる動きについて記述している。

本書に掲載した事例は、個人や組織の枠を超えた知の相互作用と実践プロセスの姿である。それらの事例におけるポイントは、人と人との結びつきの面での「コミュニティ」、既存の様々な境界（バウンダリー）を越える関係性や場の構築という点で「バウンダリーレス」であり、それを推進するのは「共感」により共有される主観的な「価値観」、「信念」や「夢」の存在である。それを踏まえて、本書の事例は、大きく二つに分けることができる。

第二章から第四章は、地域社会の構造を変えて行こうとする動きである。最初に、古くて新しい問題である地域活力向上の課題について、欧米で拡大しているリビングラボの枠組みに触れ、次にコミュニティ、医療、経済の三つの面から言及する。地域に関わる様々な人や組織が、従来の枠を越え当事者意識をもって共感し、相互連携し、よりよい地域社会へと変えていこうと試みている事例である。第二章の地域コミュニティの形成は、人の流動と人口減少、少子高齢化により人のつながりが希薄化し、旧来の地域コミュニティが崩壊していく中で、新たな関わり方によるコミュニティの再構築を進めていくプロセスについて触れている。第三章の地域医療プラットフォーム形成は、われわれの生活にとって重要な医療の面について、治療から予防へ、さらに病気になっても暮らしやすい地域社会の在り方とはどうあるべきかを考える、いわば地域全体でのケアの仕組みである。第四章の潜在的地域資源の活用は、地域に存在する資源の組み合わせにより、付加価値の高い商品やサービスを創造し人を呼び込もうという事業展開の事例である。むろん、これらはバラバラではなく複合的な関係にあり、地域の暮らしを支える重要な要素である。

第五章から第七章は、既存の様々な境界を越えた連携、すなわち人や組織、さらには国の間に存在する境界、障壁を超越する新たな相互関係形成による活動について記述している。いわば、衆知を集めて社会的なあるべき姿を探索していく事例である。第五章では、企業の新製品開発や金融など企業活動の範囲が従来とは変わりつつあり、組織の境界を越えた多様なステイクホルダーや地域社会との広いつながりから新しい発想を得てイノベーションを導いていくことが重要になりつつあることを示す。第六章では、デジタルの発展により空間的・時間的な境界が縮小し、アナログとデジタルの複合化が進む中で、働き方や女性のキャリアの在り方が大きく変わる可能性を示唆している。第七章は、日本社会は欧米的基準からしばしば特殊だと評されるものの、日本が持つ考え方、技術や仕組みは、欧米とは異なったアプローチにより国境を越えて社会変革に貢献することができる事例を提示している。また、それらは日本にとってもソーシャルイノベーションにつながる要素がある。

これらの事例の根底にあるのは、人間的な共感による関係性であり、これまでの社会的仕組みの枠を越えた価値観に支えられている。事例の一つひとつを見れば、社会的な影響度は小さいかもしれない。また、環境変化が激しい中で、今後どれだけ持続できるかもわからない面はあるものの、実践事例の中から学ぶべきことは多いはずである。新しい知は、知の集積と実践の中から生み出される。その意味でも、本書において取り上げた事例は、現代社会の在り方に一石を投ずる活動として、示唆に富むものである。ただし、地域社会にとって長期的に重要な人材育成、教育の事例については、紙幅と時間の関係で触れることができず、課題として残されている。

最後に、第八章では、これからの社会の在り方を踏まえ本書において伝えたい内容を五つのメッセージに集約した。そこでは、なぜ社会的な正しさ(公共善)が求められるのか、なぜ利他的な要素が必要なのか等について述べ、われわれが今後目指すべき方向を示唆し全体の総括としている。

註

(1) たとえば、二〇二〇年六月カルビーでは出勤者を三〇%にする「Calbee New Workstyle」の導入を、同年七月富士通では今後三年を目途に在宅などのテレワークを基本とした働き方を定着させグループ企業を含めたオフィス面積を半減させることを、ヤフーは同年一〇月からリモートワークを拡大し本格導入させる方針を、それぞれ発表している。

(2)たとえばJonathan Haskel, Stian Westlake (2020)。

(3)「社会資本」は物理的なインフラストラクチャーを示す言葉として使われることが多いため「社会関係資本」と訳されている。

(4)稲葉(二〇一一)、二三〜二四頁。原文はNetwork together with shared norms, values and understanding that facilitate cooperation within or among others.

(5)稲葉(二〇一一)、二三〜二九頁。

(6)Nonaka・Takeuchi (1995)、野中・遠山・平田(二〇一〇)。

(7)現象学でいう「相互主観」。野中・山口(二〇一九)。

(8)「共感」について詳しくは野中・山口(二〇一九)、野中・勝見(二〇二〇)を参照。

(9)Daniel Goldman (2013).

(10)福田(二〇〇八)。

(11)「場」と「暗黙知」について詳しくはNonaka・Takeuchi (1995)、野中・遠山・平田(二〇一〇)を参照。

(12)野中・山口(二〇一九)を参照。

(13)SECIモデルについてはNonaka・Takeuchi (1995; 2019)を参照。

(14)詳しくはNonaka・Takeuchi (2019)。

(15)野中・廣瀬・平田(二〇一四)。

第2章 新たな地域コミュニティを創る

1. リビングラボの考え方と機能

リビングラボ（Living Lab。以下、LL）は、事業者―市民―行政のパートナーシップをベースに、実際の生活・利用環境（リアル・ワールド）を舞台に、製品やサービス（以下、サービス）の開発者・提供者と市民やユーザー（以下、市民）がサービスを一緒に開発する活動である。[1]

1 リビングラボとは

LLのコンセプトは一九九〇年頃に米国で生まれたといわれている。その後二〇〇〇年頃に北欧で政府が普及を進め、二〇〇六年にEUが積極的支援を開始し欧州で広く利用されるようになった。現在、世界的に活用され、LLの代表的な組織であるENoLL（European Network of Living Labs）に登録されているLLは、全世界で四百を超える。

LLには共創（Co-Creation）とTestbed（実際の運用に近い状態で検証を行うプラットフォーム。実証基盤）の二つの機能があり、市民にはサービスを共創する時のパートナーとサービス利用のモニターという二つの役割がある。共創とはサービスのアイデアの提案や企画等を開発者などと一緒につくる活動であり、Testbedはサービスの評価および、その利用に関するコンテクスト（文脈、物事の流れ）の解釈・洞察の獲得を行うものである。なお最近では、LLの活動を通じて新たな問題を発見することも重要な機能になっている。

◆資金と活動

欧州のLLの主要な活動資金の六割が公的資金といわれ、公的支援を受けやすく、様々な人々を結集しやすく、コーディネート機能を果たせる大学や公的セクターが、LLの中心的な役割を担う。LLは現在でも、EUが主導するオープンイノベーション二・〇の重要な手法と位置付けられている。LLは、医療・健康、都市計画・スマートシティ、教育、製造や農業、行政サービス、空港やショッピングモールなど様々な領域で活用されており、地域レベルの活動も増えている。特に、北欧でのLLの導入の時期は、インターネットの普及によるユビキタスな環境が生まれた時期であり、LLではICTを使ったサービスの共創が多い。

行政や企業だけでは解決が難しく、市民、企業、大学、行政やNPOなど、様々なステイクホルダーが参加することが必要な時にＬＬが活用される。多くのＬＬは、大学や公的セクターが主導している。なお、独自にＬＬの拠点を設置し、顧客を対象とするプロジェクトを行う民間企業もある。顧客や消費者が、どのような行動の動機を持っているのか、何を求め、本当に必要としているのかを理解するために、声を聞き、観察する拠点である。

◆参加者とその役割

一般に、ＬＬは参加者が異なる価値を提供し合うことで成立する。ＬＬのプロジェクトに参加する目的には、サービスの新たな開発や改良、共創手法の開発やネットワーク構築が多い[2]。ＬＬの参加者を大きく分けると次のようになる。

①社会課題解決を目的にＬＬの戦略やビジョン策定、ネットワーク支援、金銭的な支援を行う公的セクターや金融機関のようなＬＬの支援者
②自らが提供するサービスを開発するために活用する企業や公的セクター
③ＬＬに必要な手法の提供やコーディネート機能を果たす大学・研究開発機関
④他の市民たちと一緒にサービスの共創に参加する市民

市民やユーザーは、ＬＬプロジェクトで自身のアイデアが社会貢献や課題解決に活用され、自らがプロジェクトの対象となるサービスやプロトタイプを使い、開発者による利用の洞察獲得への貢献、開発

や改良に有用な情報伝達や議論に参加して共創のパートナーとなる。

大学や公的研究機関は、ＬＬの中心的な役割を担い、ＬＬの手法の研究開発に加え、公的な支援を受けやすく様々な人々が結集しやすいという利点を生かし、ステイクホルダー間のコーディネート機能を果たす。さらに、ワークショップの運営や実験の評価、ＬＬの価値を市民に分かりやすく説明し、ＬＬの市民からの信用獲得に大きな力を発揮する。また、学生というアクティブな参加者を投入できる。

行政や公的セクターの参加形態は、制度面や金銭面の支援や、行政サービスの開発や改善では当事者として参加し、社会課題解決や新しい価値の実現を目指す。ＬＬは地域的な活動が多いので、公的機関であればＬＬに正当性を付与して活動の場を創造しやすくできるのである。また、その仕組みは市民参加型の経済・地域計画の策定や評価にも活用できる。ＬＬが域内外の関心を集め、社会的資本形成や地域資源の発見・活用を容易にすれば、より多くの参加者を集積することができる。

企業は、自社のサービスの開発・改良に加え、多様なステイクホルダーとの共創方法の開発やネットワークづくり、アライアンス・コンピテンシーを構築できる。

2 ▼リビングラボプロジェクトの展開プロセス

ＬＬプロジェクトの進め方は色々ある。代表的なやり方は、コアメンバーで方向性を決め、参加市民を募り参加者を決定する。その後、参加者に対象サービスとの関係性を確認し、一緒にプロジェクトとして具体化する。実際に利用してもらう実験を行い、利用データを収集する。そして得られたデータを解析・評価し、ユーザーとの意見収集やワークショップなどから、新たな企画や改良案を検討する。このようなサイクルを数回行うこともある。こうしたプロセスの中で、当初の目的や目標が変化し、参加者の意識や行動の変容が求められることも少なくない。ここではPierson and Lievens[3]を参考に、LL展開のプロセスを概説する。

◆LLプロジェクトの進め方

①企画段階

大学・公的セクターやサービスの開発者など、プロジェクトを主導するコアメンバーが結成され、その他の関係者を集め、プロジェクトの方向性や社会・経済的な課題解決、サービスのコンセプトを決める。その後に、参加市民を募集する。プロジェクトに応じ、性別や教育レベル、年齢、観察やインタビュー等どのような方法でデータ収集できるか等の観点から参加者を選定する。

②探索段階

参加市民の選定後、それらの市民もメンバーとして、シナリオ作成やワークショップなどにより対象サービスを具体化する。このサービスとの関係性やサービスに対する参加市民の意見や認識、日々の行動、関連するバックグラウンドを、アンケートやインタビューで確認する。

③実験段階

実際にサービスを使いテストを行う。できる限り実際の現場での行動を評価する。サービスのログデータを直接集計し、行動観察やインタビュー（グループや個人）、アンケートや日記などを使い、認識の変化や行動の分析を行う。②の段階でユーザーから得られた情報は、実験の前後でのユーザーの認識の違いの評価に使用される。

④評価・共創段階

参加市民のサービスに対する認識に関する実験前後の認識の変化を検証し、サービスを評価し、改善の提案を行う。その際、参加市民へのインタビューやアンケート、ブレイン・ストーミングなどを行い、次のサービスの企画や改良案を共創する。

以上、ＬＬは新しい取り組みであり、様々な参加者が参加し、その役割も多岐にわたる。ＬＬのコンセプトは理解しやすいものとはいえない[4]が、社会的な課題の解決やサービスの開発に活用されつつあるイノベーション活動である。これを踏まえて、地域社会における様々な活動事例を見ていくこととしたい。

2. 〝おたがいさまコミュニティ〟を創る

1 ▼新たな時代のコミュニティとは

都市圏や地方を問わず、高齢化の進行による地域社会の活力低下は深刻である。日本では今後さらに進行する超高齢社会にむけて、地域コミュニティが持つ意義はますます重要になりつつある。たとえば、新たな地域包括ケアシステムや地域共生社会といった多様なセクターが協働し、日常生活圏域において誰もが暮らし続けられる地域社会をつくるといった方向性が模索されている。

人口構造の変遷やライフスタイルの変化に伴って、地域では、買物難民、移動困難者、孤立死、子どもの居場所等々、様々な課題が生じてくる。特に単身の高齢者は、住居の確保をはじめ良好な生活環境を維持することが難しくなる。日本は、超高齢社会に入りつつあるにもかかわらず、地域社会の仕組みは旧来の形を残しており、それに追いついていない。このような複合的な地域課題に対応していくには、高度経済成長期に形成されてきたような、個人・家庭、企業、行政の各セクターが機能分化した縦割り構造の中でそれぞれが効率的に問題解決を図っていくようなやり方では限界がある。地域において内発的に地域課題を発見し、柔軟に役割を組み合わせることで問題解決を図れるような、いわば機能統合されたコミュニティをつくりあげ、そこが主体になっていく必要があるだろう。

しかし、そのような相互作用を有する関係性構築は、つながりの希薄化な現代社会において実現可能なのだろうかという問題がある。多くの地域で見られるのは、地域の問題には傍観者的無関心な態度をとっていて、行政機関や福祉関係者、もしくはどこかの誰かが解決することだと思っている住民である。あるいは自分や家族のパーソナルな問題や不安を抱えているけれども、それを「地域で解決する」という発想に思い至らないというのが、現代の地域住民の偽らざる姿ではないだろうか。

将来的な地域課題をある程度は自覚しつつも傍観者的な対応をとる地域住民の状態を改善するために、筆者(南)らは福岡市において研究プロジェクトを進めてきた。特定非営利活動法人アジアン・エイジング・ビジネスセンターと公益財団法人九州経済調査協会、福岡市の三者、および共同研究のパートナーである福岡市社会福祉協議会からなる研究グループを形成し、二〇一二年一〇月から二〇一五年九月までの三年間をかけて、住民と事業者(民間企業、社会福祉法人、学校法人、NPO法人など)、それに行政が協働し、内発的に地域課題を発見し解決できるコミュニティ(呼称「おたがいさまコミュニティ」)を形成するには、いかなる支援が有効なのかを実証し、その手法開発を試みてきた。地域による特性の差はあっても、地域コミュニティ形成においてある程度汎用性を持つ手法を見出そうという目的で行われた研究である。

本節では、福岡市内の小学校区に[5]「地域コーディネーター」というコミュニティ形成の支援者を配置し、多様な関係者とともに行ったアクションリサーチ研究の成果を紹介する。研究を通じて、地域住民が抱える課題を発見し、トライアルを行い、その解決に至ったプロセスの過程を示したい。現在、多くの地域で地方創生や地域包括ケアシステムの導入に伴う社会システムのドラスティックな改革が求められ、企業においても技術革新や新製品開発をコミュニティでの社会実験を通して取り組むケースが増えている。異なる組織文化を超えた研究や取り組みを市民生活に生かしていくためは、それぞれの方法論を学び、状況に合わせ応用していくことが重要になる。本節で示す多様なステイクホルダーとの協働のプロセスは、地域コミュニティに関わる人、そしてこれから関わろうとする人にとって参考となるだろう。

◆コミュニティ形成の支援アプローチ

超高齢社会がもたらす多様な課題を解決するには、コミュニティ構成員の間において「機能統合」、「社会的包摂」、「協働」、「互酬」といった関係性が必要とされる。しかし、そのような関係性は、構成員相互のつながりが希薄なままでは構築できないため、きっかけが必要となる。

課題に対応した研究グループでは、住民と事業者、行政が、行動原理の違いを乗り越えて地域課題を協働して解決する関係性を備えた、地域内における「おたがいさまコミュニティ」と呼ぶ形態を構築することで、様々に生じる課題に自ら対応していける地域社会を形成できるのではないかと考えた。「おたがいさまコミュニティ」は、関わり方(当事者間の関係や貢献の在り方)にいくつかのレベルを設定し、多様性を持たせていることが特徴である。

研究グループでは、地域支援策を開発するうえでの仮説として、関係の緊密性によりコミュニティとの関わりを分類した。地域に関わるステイクホルダーの参加度合いに五つの段階を仮定し、それぞれの段階において上位へのステップアップを支援する方法論と組織・体制を開発することとした(図2-1)。

図2-1 ▶ コミュニティ発展と支援のフレームワーク

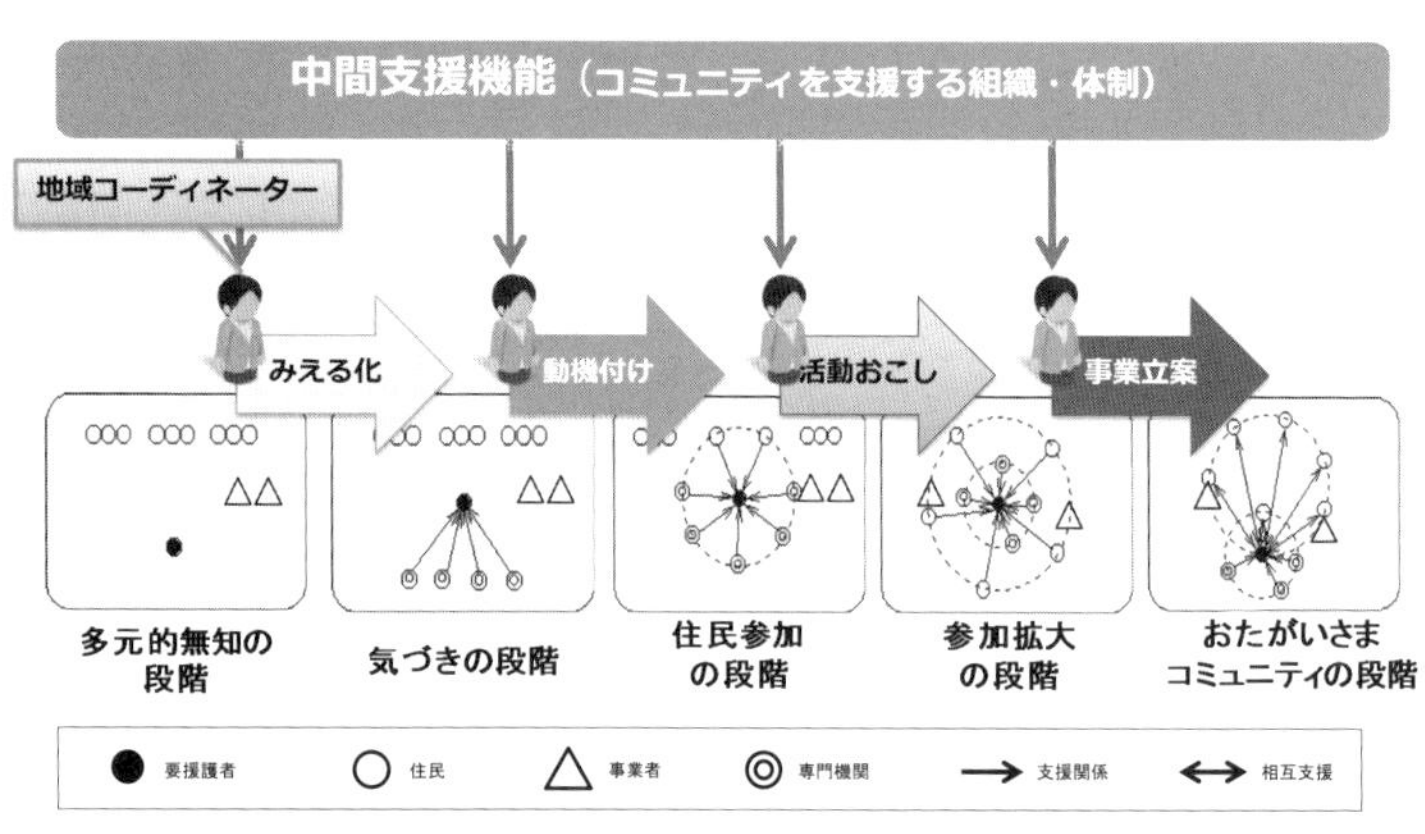

この段階を、より上位レベルへ移行させるためには、各段階においてステイクホルダーへの適切なエンパワーメントが求められる。特に、地縁血縁に基づく関係が強い地域では、事業者や個人を問わず外部からの人的支援を毛嫌いする傾向が見られ、保守性、排他性が強く現れる。研究グループではこの傾向に特に注目し、地域住民に対して第三者的な立場を持つ「介入者」を設定して支援体制を組み、どのような支援手法を講じることで、住民参加の段階をステップアップできるかを検討した。

第一の支援のステップは、地域課題の「みえる化」である。地域にある課題を可視化し、それに対して自分たちも関係する当事者であることを理解するための支援である。第二のステップは課題解決への「動機づけ」である。可視化した課題に対して、自分たちが解決に努力すべき課題であることを認識・理解し、具体的な活動を始めるための支援である。第三のステップは「活動おこし」である。ここでは、始めた活動に様々な立場・世代の人が関わり、活動に多様な意味が付与されて拡大する段階である。特に本プロジェクトにおいては、この段階で地域住民の活動に事業者が関わっていくための支援に注力した。第四のステップは「事業立案」である。特に地域住民と事業者が協働して事業を持続的なものにする(活動のためのコスト回収ができるだけの収益性を持たせる)ための支援である。最終的な第五のステップは、地域において何らかの支援を受ける必要がある人であっても、地域住民や事業者に何らかの働きかけや貢献のできるインクルーシブな関係性を構築することを、全体のプロセスの中での最終目標とした。つまり、すべての関係者が、できる範囲で何らかの貢献を行い、自律的・持続的に活動可能な状況を創り出す。このようなコミュニティを「おたがいさまコミュニティ」として位置付ける。このコミュニティには、住民だけではなく事業者や行政、NPOが含まれる。

◆媒介者としての「地域コーディネーター」

地域コミュニティの現場でステップアップのための支援を担うのが「地域コーディネーター」である。地域住民にとっては、地域コーディネーターは外部の人間ではあるが、地域課題の解決に向けて自分たちを力づけ、様々な社会資源を紹介し調整してくれる人である。いわば、媒介者であり、活動の触媒的役割である。当初は、地域住民の中からコーディネーターを選ぶことも考えたが、利害関係を考慮して第三者的立場の人材を選定した。これは、コーディネーターの役割は、地域における永続的な活動ではなく住民自身の自律性を引き出すためのスタートアップ支援のためであることから、地域住民を選定した場合は手を離せなくなる可能性を考えたためである。活動を行っていく中で、地域に関して知るプロセスを組み込むことにより、予備知識の無さを補完することができる。

しかし、こうした地域コーディネーターが孤立無援では、解決のための適切な住民のエンパワーメントができない。そこで、課題解決につながるよう、地域コミュニティの内外に存在する社会資源、主に事業者と地域のマッチングや、地域コーディネーターを訓練するといった後方支援を担う「中間支援機能」の整備を図ることにした。むろん、コーディネーターは、地域の状況を理解している必要がある。

そこで、本研究の実証実験では、地域社会に関係する人物の中から適切な人材を選択・雇用し、地域コーディネーターとして配置し、研究グループメンバーからなる産学官の参加するフォーラムによって中間支援機能を担った。以下では地域コーディネーターが行った実際の支援策を紹介する。

研究グループでは、福岡市内の小学校区での実証実験地域に対して、地域コーディネーターを配置して実際に仮説に基づく支援を行いながら、支援策を開発・改善する方法をとった。前もって、仮説として提示した五つの段階を一つずつ上げていくプロセスでの具体的支援策を想定していた。地域コーディネーターは、様々な活動における一つひとつの場面で住民に達成感を持たせ、次のステップに向けての動機づけを行うことを狙いとした。支援策をそのまま押しつけるのではなく、活動の波及効果や広がりを見ながら、地域コーディネーターを通じて調整を図るという支援プロセスをとった。その実施した内容をその都度評価し、また次の地域へ導入する際には、支援策の改善を図っていった。

以下では、実際に活動を展開した三つの地域の中でも、集合住宅型の金山校区、戸建住宅型の美和台校区といった、いずれも高齢化の進む二地域での主な支援プロセスを紹介し、それによって得られた知見や地域の変化などを示していきたい。

2▼福岡市金山校区のコミュニティカフェ〝たまり場〟

福岡市城南区金山校区は、UR都市再生機構が一九六八〜六九年に建設した公団住宅約一二五〇戸の入居者が、校区住人の約半数を占めている。高齢化率は三〇・一%(二〇一五年九月末時点)であるうえ、独居者も多い。集合住宅は、長年居住する高齢者層がいる一方、ファミリー層や単身層が五年ほどで入れ替わり、集合住宅部の人口流動性は高い。そのため、地域住民相互のつながりは弱くなりがちであり、孤立死の問題が出始めたことから住民も少しずつ危機感を強めていた。

◆地域住民の当事者性を高める

研究グループでは、地域内の関係者へのヒアリング調査を踏まえたうえで、二〇一三年二月〜三月に、主に校区の住民(高齢者中心)を対象とした、多世代交流の視点を踏まえた課題解決の活動アイデアを抽出する「おたがいさまコミュニティワークショップ」を実施した(図2-2)。ここでは、参加者からワンコインカフェやバザー、フリーマーケットなどモノを持ちよれる交流の場づくりや、特技や趣味を持った高齢者や女性の力を活用するアイデアが多く出された。この「多世代がモノ・力を持ちより交流がうまれる活動」は地域関係者から支持され、実現したいという発言が聞かれた。まず入り口として関心を持ってもらうことが、当事者意識につなげていくうえで重要である。

図2-2 ▶ おたがいさまコミュニティワークショップの考え方・手順

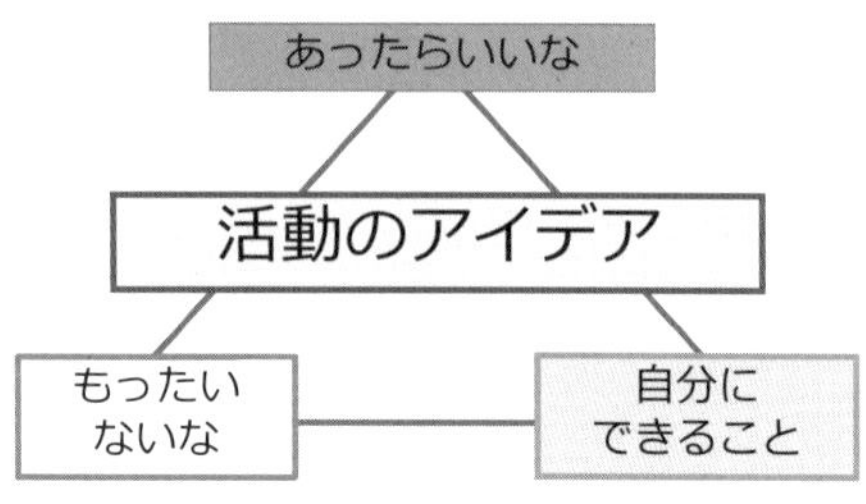

①普段の暮らしで、
「あったらいいな」と**「もったいないこと」**を出し合う

②**「もったいないこと」**と**「あったらいいな」**を組み合わせて、**「活動名」**をつける

③ ②でつくった活動に対して、**「自分にできること」**を持ち寄る

◆ワークショップ手法実行上のポイント

本事業で開発した「おたがいさまコミュニティワークショップ」は、「あったらいいな」、「もったいないな」、「自分にできること」の三つを組み合わせて活動や事業のアイデアが生まれる過程を、ゲーム感覚で楽しむワークショップである。このワークショップ単独でも効果はあるが、事前の関係者ヒアリングで得られた地域多世代のライフスタイルを提示したり、参加者に予め地域の多世代へのヒアリングを行うことを宿題として出したりしたのち実施することで、より本プロジェクトの意識する「多様な関係者によるおたがいさま」の解決策づくりに近づいていく。

このワークショップには二つのポイントがある。一つ目は「より個別的・具体的な地域のことを語る」ことである。社会問題について語るよりも、身近な「地域あるある」のような話題ができるとよい。また「もったいないな」は、一義的には資源を表す言葉だが、ワークショップの場ではより広く捉え「誰も使っていない公園がもったいない」というハードの視点だけではなく、たとえば「二丁目の奥さんは料理が得意だったけど、最近は旦那さんにしか料理をつくってなくてもったいない」のようなより個々の能力に焦点を当てた「もったいない」の語りの方が、アイデアに広がりが出てくる。なにより、いま地域にあるニーズと資源を組み合わせるので、すぐに実現できそうなアイデアができあがる。

二つ目は「『できるかも』という感覚を大事にする」ことである。アイデアを創出するワークショップでは、「課題解決の有効性」を目的にしがちだが、ワークショップの本旨はそこにはない。むしろ、みんなで話し合うワークショップを通じて、「自分以外にも、似たようなことを考えている人がいる」、「自分が考えていることに、興味を持ってくれる人がいる」、「何か活動を始めるとしたら、今日の同じチームの人たちなら声をかけやすい」といった感覚を醸成することを目的としている。もちろん有効なアイデアが出てくることを否定するわけではないが、実現可能性や事業アイデアの練り上げは、この後、実際に活動を進める段階で別途検討することになる。ここでは、ワークショップでは自由な発言とそれが受け入れられる状況づくりが大切になる。

たとえば、ワークショップに呼ばれて何となく来た主婦の方が、帰る時には「もしかしたら、子どもの頃の夢だったカフェのスタッフに地域の中でなれるかもしれない…！」と、ワクワクしていれば、そのワークショップは第一段階としては明らかに成功であり、意識を変えるきっかけとなる。

◆期待や共感を創出するトライアルイベント

地域活性化の現場では、会議やワークショップでは活動アイデアは出るが、実現する主体が出てこないという課題がよく聞かれる。この背景には、活動したい人は賛同者・協力者の存在が見えないため声をあげることを躊躇する、受益者は構想に過ぎないアイデアへの共感が十分にできないという心理状況があるのではないかと考えられる。

このような心理的なバリアを引き下げようと、研究グループでは地域ニーズの高い課題解決策のアイデアを一日から数日のトライアルイベントで実現する方法を試みた。地域住民などがこれら実行を伴った課題解決策を実際に見て体験し、活動の必要性や有効性が確認されれば、活動したい人や協力者を後押しする効果があるのではないかと考えたためである。

金山地区では、前述のワークショップで交流の場づくりへの感心が高かった。そこで二〇一四年一月と二月に「かなやまおためしカフェ」と称して、公民館にコミュニティカフェを設立する二度のトライアル事業を研究グループが主催となり行った。カフェでは、お茶・お菓子の提供に加え、研究グループが事業者や協力者に依頼し、本の交換市や保健師による健康相談、乳幼児の遊べるスペースなどをつくった。参加者にはカフェと併設してできる事業などのアイデアを書いてもらい、それらを壁に貼り出すことで、楽しみながら気に入ったものに投票する形式のニーズ調査も行った。このような投票を行うと、たとえば、「カフェ×八百屋」、「カフェ×ヨガ」、「カフェ×音楽」といったように、様々なアイデアが書き出される。それを見て、参加者が「人を紹介できる」、「こういうものがあれば、あの人も来るかも」など、さらに上乗せしてアイデアが発せられる。カフェの場を実体験しながらも、参加者同士が非同期的にブレイン・ストーミングをやるような効果がある。カフェが、アイデアを引き出す呼び水の役割を果たす場として機能する。

その結果、二日間で延べ約一六〇名が参加し、カフェと併設したいアイデアでは三六種類もの事業が挙げられた。来場者の二六・五％が、公民館に半年に一回未満もしくは初めて来た方で、参加者からは「カフェが接点となり地域活動に参加しやすくなる」、「福祉や見守り活動は堅苦しく、参加が億劫。カフェのような場で自然に情報交換できるとよい」といった声を聞くことができた。また、出店した事業者からも、顧客の生の声によるサービス反応やニーズ発掘、新規事業への気づきがあったという評価を得た。

このように、ワークショップの結果をアイデアだけに終わらせず、賛同する人たちの生の声を集めることができ、それを現実化していくプロセスをトライアルという形で組み込むのである。また、そこに事業者にも参加してもらうことで、外の力を借りればいろんなアイデアが実現できることも体験できる。最初は研究グループがきっかけをつくり、このような体験を皆で共有することで、自分たちのアイデアに基づいたこの事業をやりたいという人たちの背中を押し、関係を広げていくのである。

◆多義的な「たまり場」を創る

トライアル事業への賛同の声を受け、事業終了後、多様な人が集まる「場」の必要性を感じた公民館と校区の社会福祉協議会により「多世代交流を促すたまり場」というコンセプトでコミュニティカフェ事業が二〇一四年度から自主的に継続されることとなった。

一方研究グループとしては、コミュニティカフェ事業は、単なる交流促進のためのカフェではなく、その場で地域課題が共有され、解決のための取り組みや協働が生まれる場として設計すべきであると考えた。そこで、運営に関係した住民、事業者、行政関係者、団体関係者によるふりかえり会を開催し

「たまり場」実施時以外にも参加者のニーズや地域課題を共有できる仕組みを提案した。また、事業者が参加できる場ともなるよう、地域と事業者とのコーディネート支援も行った。

コミュニティカフェ事業は、「カフェ・たまり場」という名前で二〇一四年七月より地域団体の主催によって本格実施され、年度内に公民館で全六回開催された。基本的な形は無料の飲み物、安価な昼食を提供して、あとは特に目的を決めずに自由に過ごせる場とした。また、子ども連れでも来やすいようにと、子どもも遊べるスペースを設けた。

その特徴的な点は、これまでワークショップやトライアル事業で出されたアイデアを、外部の事業者等の力を借りながら、無理をせず少しずつ実現することにある。第一回目の開催前には、地域主催者の伝手(つて)や、地域コーディネーターによる紹介によって、福祉作業所やNPO法人による出張パン・野菜販売、TSUTAYA天神駅前福岡ビル店の協力による本の交換市などが行われ、参加者からも好評だった。このような場が実現すると、次第に地域住民自身がやり方を理解し、自ら外部からの協力者に打診し、メニューを増やしていくようになった（表2－1）。それは物販から、健康相談、レクレーションなど多岐にわたる。また、このような場があることを聞きつけ、相談会をやらせてもらえないかと、事業者から企画が持ち込まれることもあった。

参加者も回数を重ねるごとに、参加の仕方が変わった。第一回カフェでは一人で本を読んでいた高齢男性が、回を重ねるうちに新しい友人をつれて談笑するようになった。当初の目的であった孤立を防止するという趣旨に立ち返り、一人で来た来場者が知り合いをつくる工夫が必要という意見も挙がるようになった。また、ふりかえり会では、女性ボランティアを中心に仕事が集中し負担が大きいとの指摘が

表2-1 ▶ 「カフェたまり場」への協力事業者等

2014年7月～2015年3月実績

取組	企業名・団体名
本の交換	TSUTAYA天神駅前福岡ビル店
パンの販売	福岡市立つくし学園
野菜の販売	NPO法人　Happy Forest みどりのその
健康相談	城南区保健福祉課保健師
歯の相談	福岡歯科大学　地域医療センター
お菓子	石村萬盛堂（2月開催まで）
まわし読み新聞	西日本新聞社
子どもの宿題相談	福岡大学　学生
落語	福岡大学　落語研究部
音楽	中村学園大学アコースティックギター同好会
備品購入・事業者紹介	城南区地域支援課
運営支援・視察対応	城南区社会福祉協議会

され、男性ボランティアの役割、受付や案内などの業務とその分担が明確化されるなど運営に関する問題や、当初の目的である「接点の場づくり」のために多くの方に参加してもらうには、地域に対してどういった声掛けや案内、サービスが必要なのか検討も行われた。特に地域の活動やカフェ運営に直接関係のない問題（見学者の増加等）も浮上することもあったが、そういった問題の解決に関しては、地域コーディネーターがサポートした。しかし、カフェの運営の仕方を住民自身が学び取り、次第にコーディネーターの関与は薄くなっていった。

カフェのある日には、大学の落語研究会の学生の演目を聞く高齢者の後ろで、子どもが遊んで、子育て世代の主婦が談笑しているという、ある種ごった煮な、しかし同じ体験を共有する、なんとも不思議な空間が生まれていた。

◆コミュニティカフェ事業を通じた地域の変化

研究グループによって事業を支援した結果、多くの事業者（社会福祉法人・学校法人・民間事業者）や保健所なども関与する活動に発展し、参加者層も子育て中の母親から一人暮らし高齢者まで多種多様となった。またカフェの運営を通じて、運営者が成長していく様子も見てとれた。地域住民へのグループインタビューの結果からは「場づくり」により当初の地域課題であった「見守り」、「孤独死」の解決策を見出したことに満足をしていることも明らかとなり、取り組みの必要性と自主運営の継続可能性を地域自らが積極的に考えるようになった。研究グループの支援が終了した二〇一六年度も、引き続き地域住民による自立的な運営や事業者のコーディネートが実施されている。カフェに視察に来た他の地域住民が、自身の校区でコミュニティカフェを開始するなどのケースも見られ、取り組みは校区内外に良い影響を与えている。地域は変わり始めたのである。

3 ▼福岡市美和台校区の地域内協働事業——学校法人との協働事業立案

福岡市東区美和台校区は、一九七四年に住宅地が造成され、一九七五年には一一八五戸の住宅地となった戸建て住宅中心のニュータウンである。二〇一五年九月末時点で、人口は一万五五三三人、高齢化率は二五・七％に達している。古くから住む多くの居住者が高齢化している一方、駅前の一部地域ではマンション開発によって一時的にファミリー層も増加していることから、多世代型のコミュニティ形成が必要となっている。また、高齢者に対する移動支援が必要になっている実情から、地域で独自に事業者と交渉しコミュニティバス運行実験も行うなど、地縁コミュニティ活動が活発な校区である。

研究グループでは、二〇一二年一一月から二〇一三年二月にかけて、多様な地域資源・課題を発見するため、人づての紹介で対象者を広げていく「多世代へのヒアリング」を実施した。ヒアリングでは、自主的な地域活動が活発だが、担い手が高齢化しているという課題が明らかになった。また高齢者自身の課題よりも相対的には子育て世代の課題が深刻であること、地域へ協力的な意識を持つ事業者が多いものの十分に地域に関われていないことなども明らかとなった。

その後二〇一三年六月には「おたがいさまコミュニティワークショップ」を実施した。参加世代は四〇代から七〇代まで幅広く、校区内に立地する生徒数五百人超の不登校児を積極的に受け入れ、自律生活を送れるように生徒に寄り添う教育を実践する学校法人立花学園が経営する私立立花高等学校（以下、立花高校）教職員からの参加もあった。ワークショップで検討した活動アイデアでは、地域の高齢者の能力を活用する「地域の達人・人材バンク」や共働き世代の子どもと単身高齢者の孤食問題を解決する「空き家を活用した食堂」などが挙げられた。

ワークショップのアイデアをもとにトライアル事業を開催し、この事業に積極的に関わった立花高校は、他のアイデア実現にも主体的に関わりたいと意思表明をした。研究グループでは、二〇一四年度より一年ほどかけて地域での拠点探しや文化祭などのイベントでの地域との協力関係づくりを支援したものの、立花高校による事業計画づくりには時間がかかった。その理由としては、事業者内でのビジョンの共有が十分でなく、一事業者だけで事業立案するにはマンパワーや資金面など様々な困難があったことが考えられる。

◆地域と学校法人との協働に向けた支援

研究グループでは、地域との協働事業の創出を支援するため二〇一四年度の支援を行って得られた課題をもとに、まず地域・事業者の双方のアセスメントを行った。地域向けのアセスメント（個別インタビュー）では、地域の高齢者支援活動において現状は七〇歳代が八〇歳代を支えており、次世代の担い手の不足が問題として挙げられた。また、引きこもりがちな高齢夫婦世帯、高齢単身世帯の地域活動への参加も課題であることが分かった。

事業者向けのアセスメントでは、すでに地域で活動している社会福祉協議会から地域の状況の報告を受けながら、立花高校との間で地域と何をやりたいのかを検討した。立花高校は、生徒の就労体験、卒業生の就労支援、在校生のソーシャルスキルの獲得に関して、地域の住民、特に高齢者の協力を求めており、この情報が地域住民と共有化された。また、地域への生活支援・福祉サービスの提供、地域の高齢者にゲストティーチャーとして来校・講義してもらうことなども合わせて検討された。その後、双方の顔合わせの会議が設けられ、それぞれの課題ややりたいことを表明し、双方の足並みが揃った段階で、ワークショップで具体的な協働事業を検討していくこととした。そして、それぞれの内部でのビジョンややりたいことを明確化させ、ワークショップで対話の場を形成していくプロセスを設計した。事業者側が地域と関わるための方針を固めるために社会福祉協議会も立花高校と地域の間に入り、対話の中で、地域とやりたいこと・やれることの具体化を行った。そのうえで、協働事業を立案するためのワークショップを実施した。

第一回のワークショップでは、事業を具体化するために「一緒に取り組んでいくべき活動の優先順位付け」と協働での実施を意識づけるため「ビジョン共有」を行った。地域からは、生徒が学びながら働ける場を提供することで住民たちが安心して暮らせる環境になる、という意見が出た。立花高校からは、立花高校の中にも地域の核になる場をつくり、生徒と地域の方の双方の活躍の場をつくりたいという意見が挙がった。これを基に協働ビジョン「出番と居場所がある美和台」を創出し、賛同を得て共有された。

第二回ワークショップでは、協働ビジョン「出番と居場所がある美和台」に近づくためのロードマップを提示し、そのトライアル活動の実施に向け、具体的な活動を検討する「活動シート」づくりに取り組んだ。たとえば、生徒が地域で困っていることを解決しようと就労して賃金をもらうことができるような活動や、校区の高齢者ふれあいサロンや子育てサロンに生徒と先生が参加する「サロンデビュー」などの具体的活動が提案され、活動シートに盛り込まれた。地域の方の要望を生徒たちが直接、聞く必要があるとの意見も出され、生徒がサロンに出向き、自分達ができることを地域の方に宣伝すればよいのではないか、という実現イメージも共有された。この協働ビジョンは、戦略マップのかたちに落とし込み、現在実施していることが目標に対して、どのような意味合いがあるのかを共有した(表2-2)。

◆インクルーシブな取り組みの展開

ワークショップで出された活動アイデアを基に、立花高校では、二〇一五年九月から始まる後期の授業や二〇一六年度のカリキュラム作成に向けて、地域と連携した授業づくりを検討することとなった。二〇一五年一一月には、地域の方からすぐ実施できると意見を頂いた「高齢者ふれあいサロン」

表2-2 ▶協働ビジョンに至るまでの行程をみえる化する戦略マップ

実施の順番（下から上へ）

（全体目標） 地域と立花高校の協働ビジョン **出番と居場所のある美和台**		
実施の内容と目的	立花高校	地域
各自の目標設定（協働事業）	・生徒の就労機会の創出 ・地域と生徒の関係づくり ・デュアルシステムのモデル	・地域住民の困り事の解決 ・特技を生かした生きがい創出 ・地域包括ケアのモデル
カリキュラムづくり（相互調整）	（例） ・便利屋さんの御用聞きプロジェクト ・100円朝食プロジェクト ・スポーツフェスプロジェクト ・買い物難民の解決プロジェクト ・・・ など	
トライアルの実施（内部調整）	・体験授業の時間を活用	・サロンの場などを活用
段取り・目標を共有する会議（相互理解）	・トライアル、カリキュラムづくりの段取り・調整 ・トライアル成果や課題の報告、共有 ・目標や取り組みの確認、見直し	

や、公園の清掃活動へ生徒と先生が参加した（図2－3）。その他にも、立花高校の新校舎開設が予定されている二〇一六年七月をマイルストーンとして、様々なトライアルを重ねた。かつては不登校などの経験を持つ生徒たちも、地域の方々からコミュニケーションのポイントやその他の実践的な技術を学ぶことができた。さらに、地域の方々には活躍の場が生まれ、ほかの協働事業への発展も期待されている。

当初の立花高校は、自らを事業者側として位置付け、自分達のニーズを反映して事業計画を完成させようとしたため、地域の方のニーズを聞き取れずうまく計画が進んでいかなかった。それが、協働事業立案のワークショップやトライアルなどのステップを通して地域との対話を重ねることにより、地域の活動に参加して学びながら事業計画を立てるというスタンスに変わってきた。

図2-3 ▶ 協働事業立案に向けた実施フロー

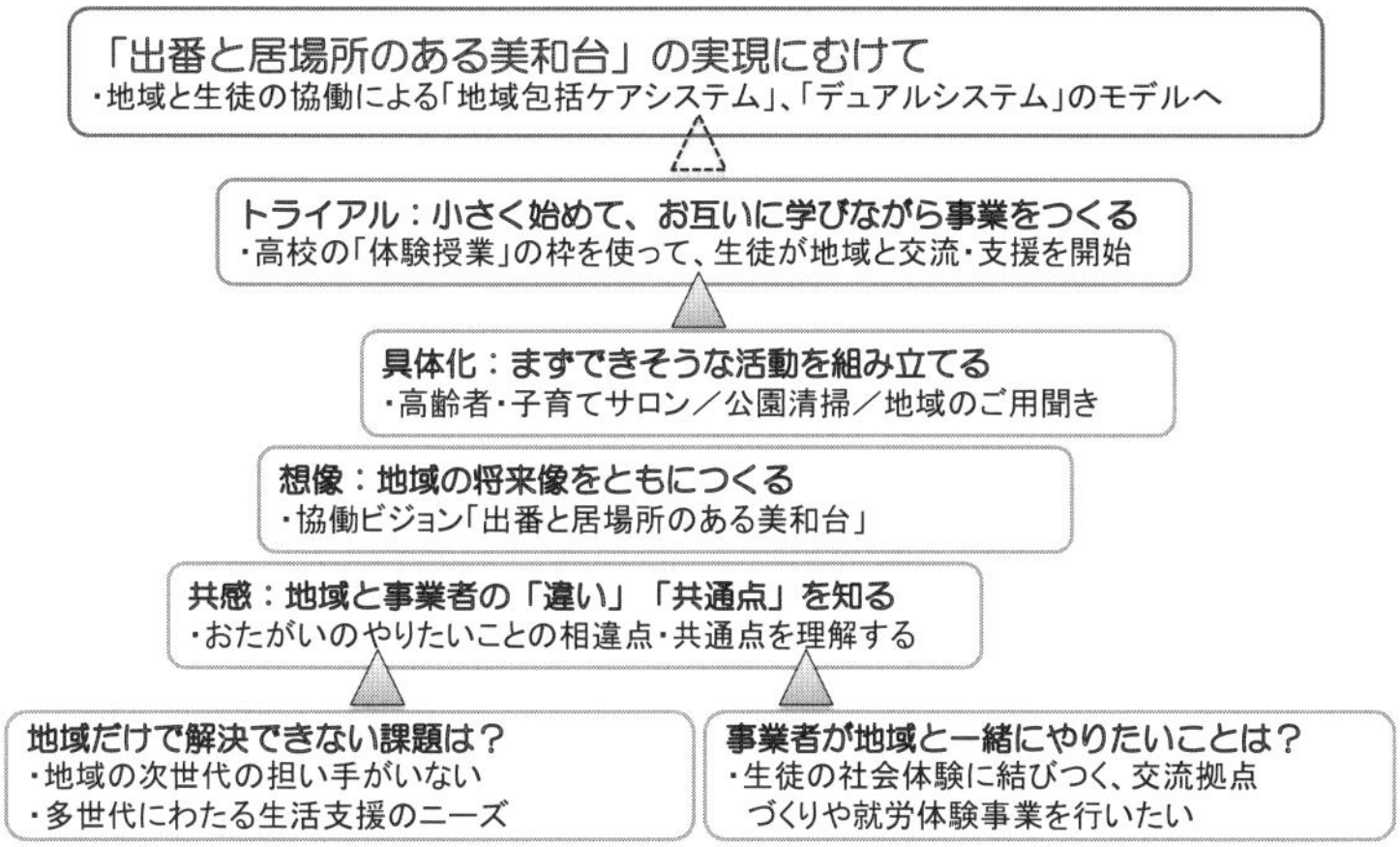

「出番と居場所のある美和台」の実現にむけて
・地域と生徒の協働による「地域包括ケアシステム」、「デュアルシステム」のモデルへ

トライアル：小さく始めて、お互いに学びながら事業をつくる
・高校の「体験授業」の枠を使って、生徒が地域と交流・支援を開始

具体化：まずできそうな活動を組み立てる
・高齢者・子育てサロン／公園清掃／地域のご用聞き

想像：地域の将来像をともにつくる
・協働ビジョン「出番と居場所のある美和台」

共感：地域と事業者の「違い」「共通点」を知る
・おたがいのやりたいことの相違点・共通点を理解する

地域だけで解決できない課題は？
・地域の次世代の担い手がいない
・多世代にわたる生活支援のニーズ

事業者が地域と一緒にやりたいことは？
・生徒の社会体験に結びつく、交流拠点づくりや就労体験事業を行いたい

研究グループが地域と事業者（立花高校）の仲介者となって、地域との共通ビジョンを共に検討し創りあげていくプロセスを加えたことにより、事業者のためだけでなく地域のためにもなるビジョンという点を認識し相互共有できたことが大きく影響している。共に「何のために事業をやるのか」が明確化し、事業の優先順位をつけながらの協働体制をつくりやすくなっている。

立花高校は二〇一六年七月に新校舎に移転し、校舎内で生徒と地域の方が一緒に活動できるための準備を行っている。地域と学校法人が自ら定期的に対話の場をつくり、高齢者が学校の先生になる、もしくは、不登校児が高齢者の生活を支えるといったソーシャルインクルージョンとも呼べるような取り組みが生まれているのである。

4 協働の段階的発展とリビングラボの可能性を探る

金山校区へのコミュニティカフェや美和台の協働事業などの事例から、事業者が地域とパートナーシップを組むことで、事業者と地域が地域の課題解決を図りながら、事業者が新たな事業領域を発見できる可能性が見える。しかし、営利企業の行動原理としては、売買という一時的な取引でしか顧客との関係を捉えないため、持続的な関係が構築できにくい現状にある。そのため、コミュニティの中の合意形成プロセスには時間がかかり高コストになりがちで、単独の営利企業では地域市場に根ざした事業展開は厳しいことになってしまう。このような課題に対して、研究プロジェクトでは、営利企業であっても社会課題の解決を図る新たな事業への展開ができるように、企業と地域とのパートナーシップを形成することを試みた。三年間の実証研究の中での研究グループの取り組みは、地域・事業者・行政の協働するコミュニティに向けたステップアップを図ることができた。その中で見えてきたのは、課題とステイクホルダーの関係性の段階的な変化である（図2－4）。それぞれの取り組みは極めて小さなものであるが、関係性の変化を通じて、地域における場の意味が多様になり、その多様性が課題解決の可能性を広げていっている。

◆場の多様な意味付け

金山校区のコミュニティカフェの事例を例にとると、コミュニティカフェを開催している公民館は、元来、社会教育の場として位置付けられており、その意味で行政的な制度で規定された場である。しか

図2-4 ▶課題に対するステイクホルダーの協働の段階的発展(金山校区)

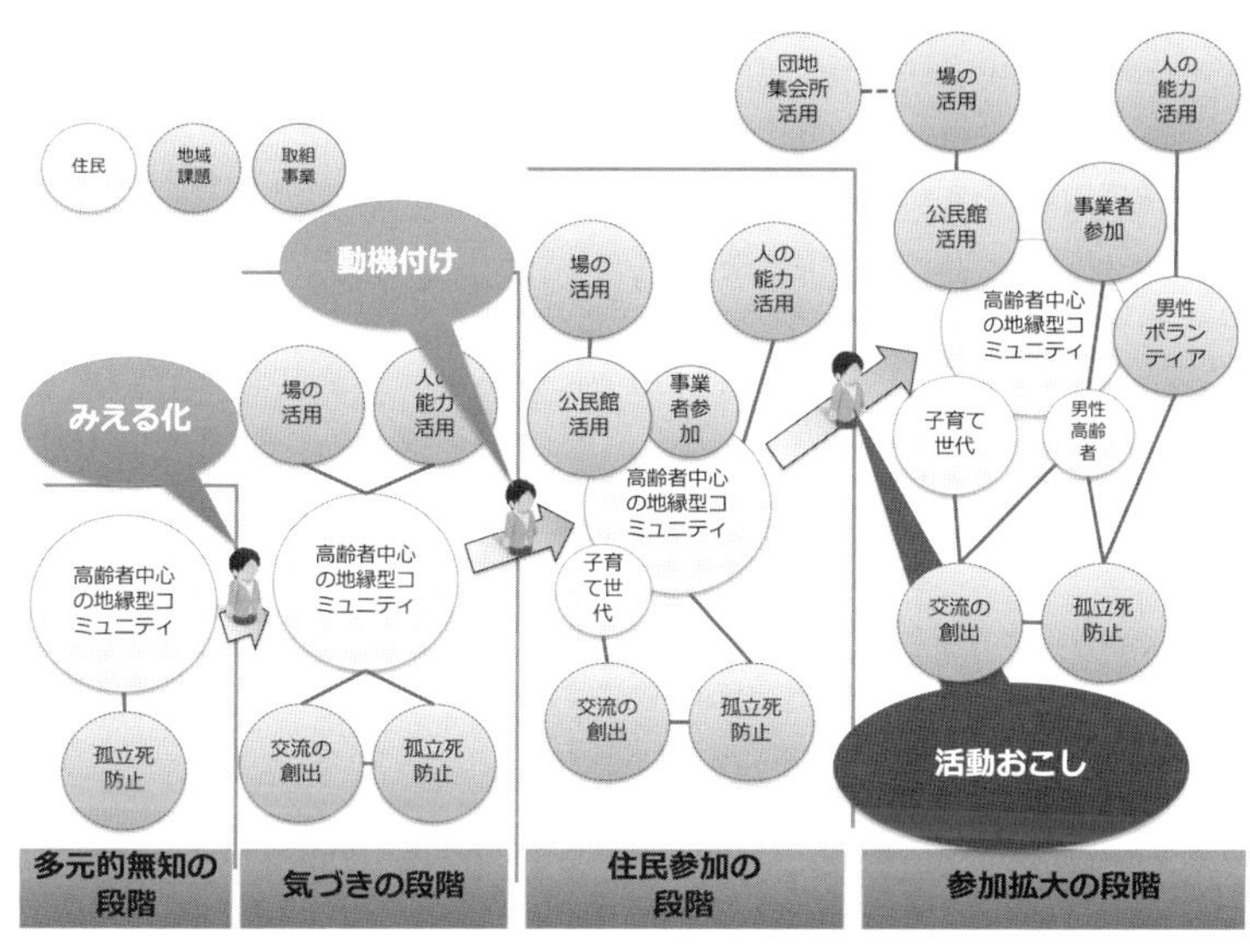

し「カフェ・たまり場」の開催によって、多様な意味付けが付与された。まず、高齢者や子どもが気軽に集える場となることで、多様な目的を許容でき、地域住民が相互に可視化される場となった。また、事業者が参加することで、買物や健康相談ができるようになり、特定の課題解決を図れる場となっている。参画している事業者から見ると、サービスを試せる場として機能しており、課題発見や取り組み試行の場の意味も持つようになった。

　また、美和台校区の事例を例にとると、私立高校は教育の場、地域は生活の場として、双方はこれまでまじりあうことがなかった。しかし協働事業を進めていくことで、地域は学生にとって社会体験・職業体験のできる場としての意味づけが新たに加わった。また、学校にとっても、多くの経験のある高齢者が学生に教えることにより、それまで未活用だった高齢者の能力を活用する場となっている。

前述のような意味の多様性が生じていることを、コーディネーターが関係者と逐次確認していくこと、そしてそれを地域住民や事業者がコミュニティの中で気づき、学ぶことで、課題解決に向けた関係性を構築することができる。このような、様々なステイクホルダー間の関係を構築することにより見出される「地域における意味」の多様性への学び・気づきが、おたがいさまコミュニティの価値の本質ではないかと考えられる。

◆個人にフォーカスした分析枠組み

このような関係性の基礎にあるのは、団体・組織ではなく、地域に関わる個人に向けたアプローチである。本研究プロジェクトの実証過程の中で、ステイクホルダーを動機付け、協働の関係性を築くには、団体・組織の持つ機能を活用することだけではなく、それぞれが問題・課題を自ら明確化し、その解決方法を模索できることが重要になると推察した。たとえばすべての小学校区に配置されている組織・団体であっても、その肩書き・役職よりも、人物(キーパーソン)の志向や問題意識・行動特性を把握して、関係性を構築することが重要であるからである。

このような推察を説明し、アウトカム評価を検討できるものとして「当事者性」、「専門性」の分析枠について考察した。国連におけるコミュニティ開発原則(国連コミュニティ開発一〇原則の中の「住民の態度変容の原則」(一九五五年)や、奥田道大らのモデル・コミュニティ論における「主体—客体」というパターン変数を参考にすると、住民の当事者意識が高まらなければ、どれだけ行政がイニシアチブをとって

図2-5 ▶ステイクホルダー変化の分析枠組み

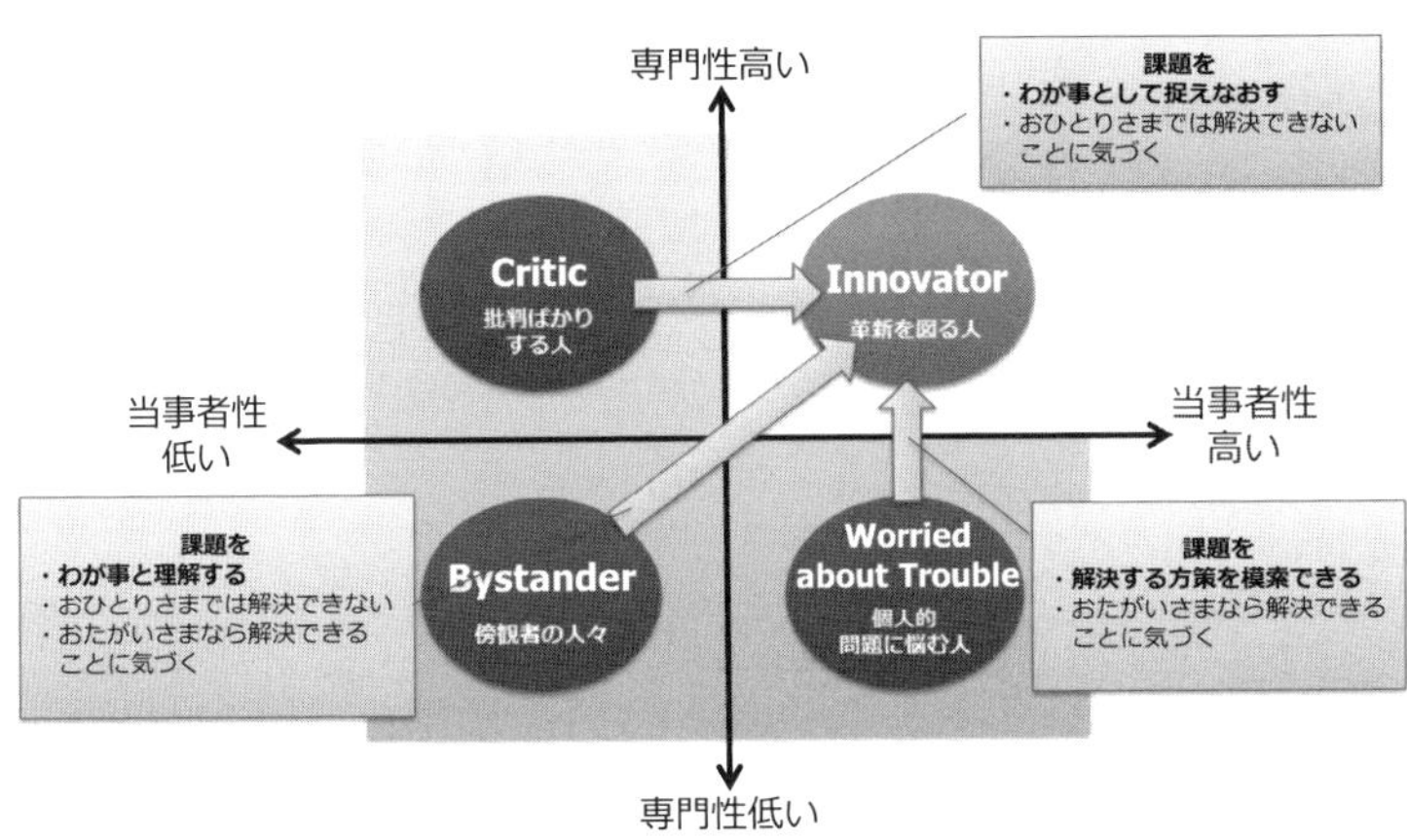

支援を行っても事態は変わらないという指摘がある。また、米国の社会学者タルコット・パーソンズの理論や、英国王立芸術大学院のジュリア・カセムのインクルーシブ・デザインにおけるリードユーザー、エクストリーム・ユーザーといった考え方を参照すると、専門家が「一般性の水準」を高くしたところから支援を再構築しないと、どれだけ批評しても事態は変わらないと指摘されている。この考え方を地域での実践にひきつけ、本研究プロジェクトでは、地域課題への理解や、当事者としての問題意識がなければ、事業者や行政による専門的な支援が有効に機能しないという仮説を検討した。

分析枠組みでは、ステイクホルダーの特性を対象として、当事者性の高まった状態を「問題・課題を自ら明確化できる／自らに関係のあることとして理解を示す」、専門性の高まった状態を「問題・課題の解決方法を模索できる／関係者と協力できる」と定義した。この枠組みから、関係する人物の特性を類型化した(図2-5)。

「地域コーディネーター実証実験地域での試行と、実際の地域での活動状況を当てはめると、金山校区と美和台校区では、矢印の上方ベクトルの項目が多い人物が活動の中心的な役割を果たしてきたことが確認できた。また、それらは複数人いることが重要であり、矢印の下方ベクトルの項目の多いセクターでは、情報提供や働きかけを行っても、活動への参画が少なかった。

この分析枠組みは、これまで地域に関与する人物が感覚的に捉えてきたキーパーソンの特性を可視化することができるので、地域コーディネーターが「みえる化」段階の支援を行っていくうえで戦略的な行程の組立がしやすくなると考えられる。たとえば、専門性と当事者性が高い項目が多いほど、その人物は地域課題の解決に向けた活動の推進や、事業者との協働において中心的な役割を果たし得ると仮定できる。また、低評価が多い場合にも、その点をいかに補うか(たとえば、啓発的なアプローチや、他の人物とのパートナーシップで補完するアプローチなどが考えられる)という観点から示唆を得ることができる。これとは別に地域での役職の重要性もあるため、その兼ね合いも検討することができる。また、一律に点数化することは避け、この評価を参考にしながらアプローチを検討していくものとして作成した。

◆支援者の実務フローの作成

これらの研究成果によって、支援の全体像を整理し、地域コーディネーターと中間支援機能が持つべき支援実務をフロー化したのが図2-6であり、フローに沿って手引き書を作成した。

この支援実務フローは、六つのステップで構成されており、前半の「①コミュニティのみえる化手法」では、まず地域に対して現在から将来にわたり起こってくる課題のみえる化と「おたがいさまコ

図2-6 ▶ おたがいさまコミュニティの支援実務フロー

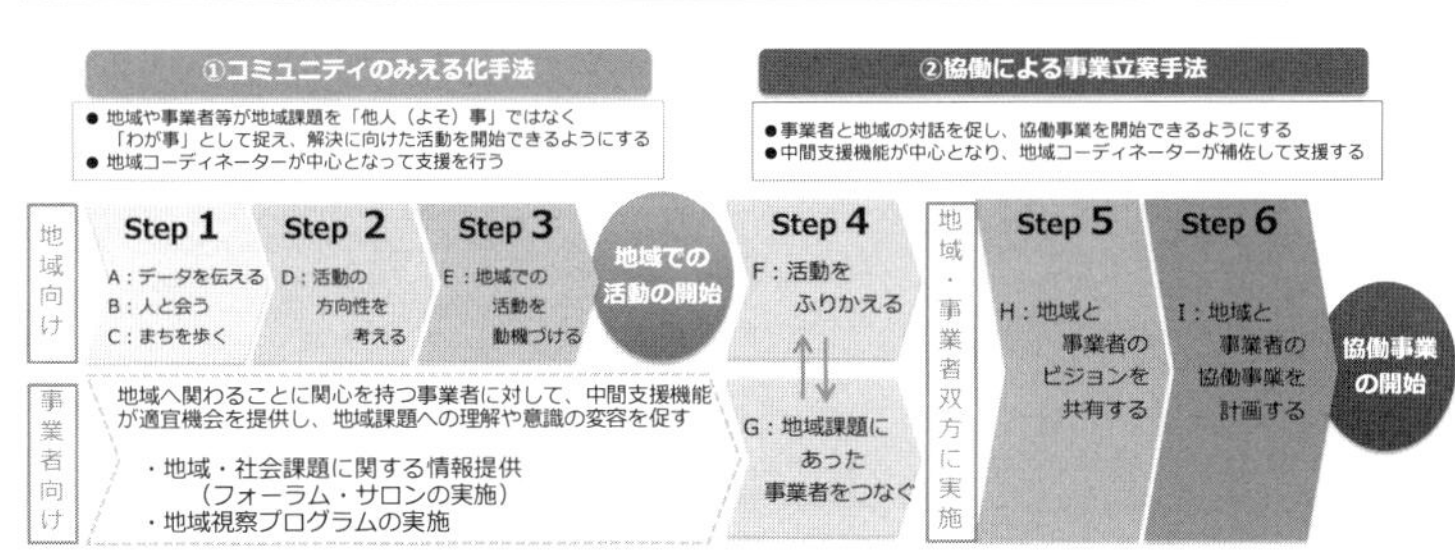

ミュニティ」に対する活動の必要性をエンパワーメントし、実際に活動が開始されるまでに必要な支援を示している。また、ステップ三が終了し地域の活動を開始した後には「②協働による事業立案手法」の工程へと移行する。この工程では、地域の活動や課題とあった事業者を探し、その中核事業と地域の要望をすり合わせ、段階的に協働事業の開始まで高めていく方法を示している。

◆地域と事業者の相互理解と協働の実現へ向けて

本研究により、事業者は、多様な主体とネットワークを構築して彼らと連携・協働することで、地域課題解決と新たな価値を創造する可能性があることが分かった。しかし、地域課題解決を目的とした地域への参画は事業者にとって決して容易ではない。本研究への事業者の関わりを見ても、公的役割の強い業種の方が、協働事業への参画に取り組みやすい傾向にあるといえる。そのため、事業者が多様なステイクホルダーと効率的に関係性を構築・維持していくためには、様々な事業者や地域が交わるパートナーシップを構築できるような仕組みづくりが必要であると考えられる。

その仕組みは、図2－7のようなイメージであり、図中の(1)と(2)

図2-7 ▶ おたがいさまコミュニティからリビングラボへの展開概念

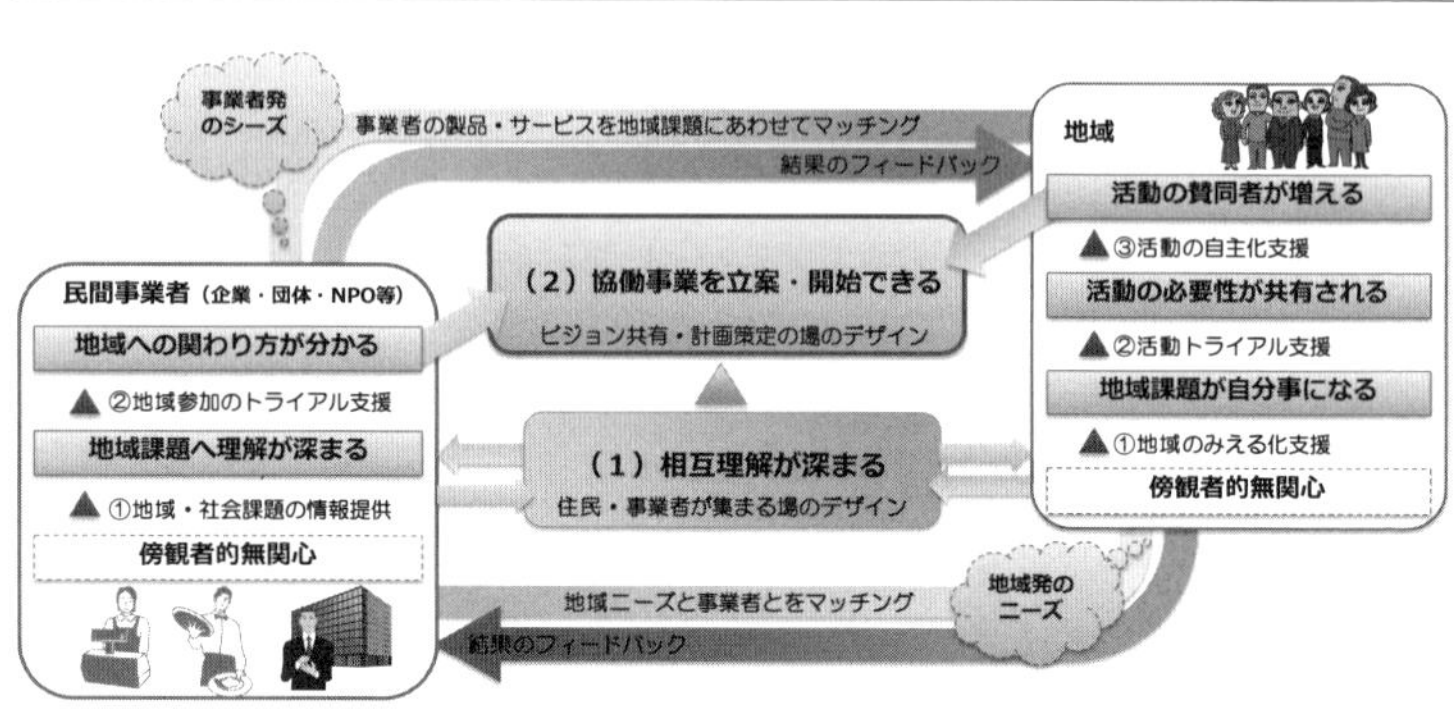

は、地域と事業者がつながる場を示している。具体的には双方がまず(1)相互理解が深まるための場を設けることと(2)協働事業を立案・開始できる関係性を構築するために、ビジョンの共有や計画策定を地域と事業者が一緒に行うことが必要である。この(2)はユーザー・市民参加型のイノベーションが起こる場、地域内のプラットフォームとなり、リビングラボの展開時にも参考になると考えられる。

本研究プロジェクトでは、地域課題の解決を主眼とした「ボトムアップ型」を志向しており、ユーザーイノベーションの深化を狙い、多様なステイクホルダーの参画により、地域と事業者の間でシナジー効果が起こることを期待している。ただし、ボトムアップ型の方向性を模索した際に、幅広い事業者が関わるリビングラボ形成のためには、トップ型テストベッド寄りの施策との融合、つまり事業者の参画支援が必要となるだろう。

事業者が連携・協働することで地域住民には、民間事業者からの支援が得られ、地域課題解決の持続可能性が担保される。事業者は、社会的責任を積極的に実現でき、さらにソーシャルマーケティングなどの販売促進効果なども含めた新事業開発への効果、社員の育成などの活性化も期待できるだろう。事業者は、一旦地域での信頼を勝ち取り、事業として継続できれば、地域での活動に長く安定的に取り組める。ニッチな市場かつ地元密着のため、確実に需要があるというメリットもある。よって一つひとつは小さな事業でも、複数地域で展開できれば大きな事業になっていくだろう。今後、地域課題解決の視点を持ち地域の課題解決(社会貢献)だけでなく、自社の新規事業開発の可能性にもつながるといった視点で多くの事業者が地域への参画・協働が起こることを期待したい。

謝辞

本章第二節は、国立研究開発法人科学技術振興機構(JST)戦略的創造研究推進事業(社会技術研究開発:コミュニティで創る新しい高齢社会のデザイン)による研究成果の一部で構成されている。

註

(1) 西尾(二〇一二、二〇一六)。
(2) European Commission (2009).
(3) Pierson, J., and B. Lievens (2005).
(4) Mulvenna, M., and S. Martin (2012).
(5)「校区」は、小学校の通学区域。

第3章 地域医療の仕組みを変える

1. ヘルスケアを推進する二つの地域

本節では、①健康産業の振興や健康寿命延伸を推進する長野県松本市と、神奈川県三浦市地域のデイケアサービス「風の谷プロジェクト」の二つの活動を取り上げ[1]、地域ヘルスケアの推進におけるリビングラボの役割を考察する。

1 「健康寿命延伸都市・松本」と松本ヘルスバレー構想

松本市長(二〇一九年当時)は、第一期目に超少子高齢型人口減少社会の急速な進展を予測し、まちづくり政策の第一段階として「健康づくり」、「子育て支援」、「危機管理」を掲げ「三K施策」として展開した。そして、任期二期目の二〇〇八年六月に、三K施策を充実・強化するため、第二段階として、国に先駆けて「健康寿命の延伸」を打ち出し「健康寿命延伸都市・松本」の創造を掲げた。さらに二〇一一年に「松本市基本構想二〇二〇」において、「健康寿命延伸都市・松本」を将来の都市像に位置付けた。さらに二〇一三年には「健康寿命延伸都市宣言」を議決し、まちづくりの普遍的な理念とした。健康を二〇年・三〇年後を見据えた「活力ある超高齢社会の源」と捉え、市民一人ひとりが自立し、健やかに暮らし健康寿命を延伸することを、世界に先駆けて超少子高齢型人口減少社会における最も基本的な姿とした。現在は、市民一人ひとりの「命の質」や「暮らしの質」の向上を基本理念とし、人の健康、生活の健康、経済の健康、環境の健康、地域の健康、教育・文化の健康という六つの健康づくりを反映させた総合的なまちづくり政策を進めている（図3－1）。

二〇一一年七月に「健康、医療産業の創出・誘致を図り、雇用を拡大する」ことを掲げ、「健康寿命延伸都市・松本」の創造に向け、翌二〇一二年に「松本ヘルスバレー構想」を打ち出した。この構想は、予防医療・生活習慣病の改善（要介護や寝たきりの人が少ない）、社会的な絆の充実（孤立した市民が少ない）、アクティブシニアの活躍（活動的な生活を送る人の割合が高い）など、健康時から終末時まで安心して暮らし続けることのできるまちづくりを、産業の視点から実現することを目的に策定された。現在は、松本市総合計画（第一〇次基本計画）に掲げられた五つの重点目標の一つとして、住民の健康増進およびヘルスケア産業の育成を同時に実現するための松本ヘルスバレー構想を推進している。松本市には、健康に関する業務を担当している主な部署として、健康福祉部や商工観光部労政課、同健康産業・企業立地課があり（二〇一九年当時）、本節では健康産業・企業立地課の活動を取り上げる。(2)

図3-1 ▶ 松本市ヘルスバレー構想の概要

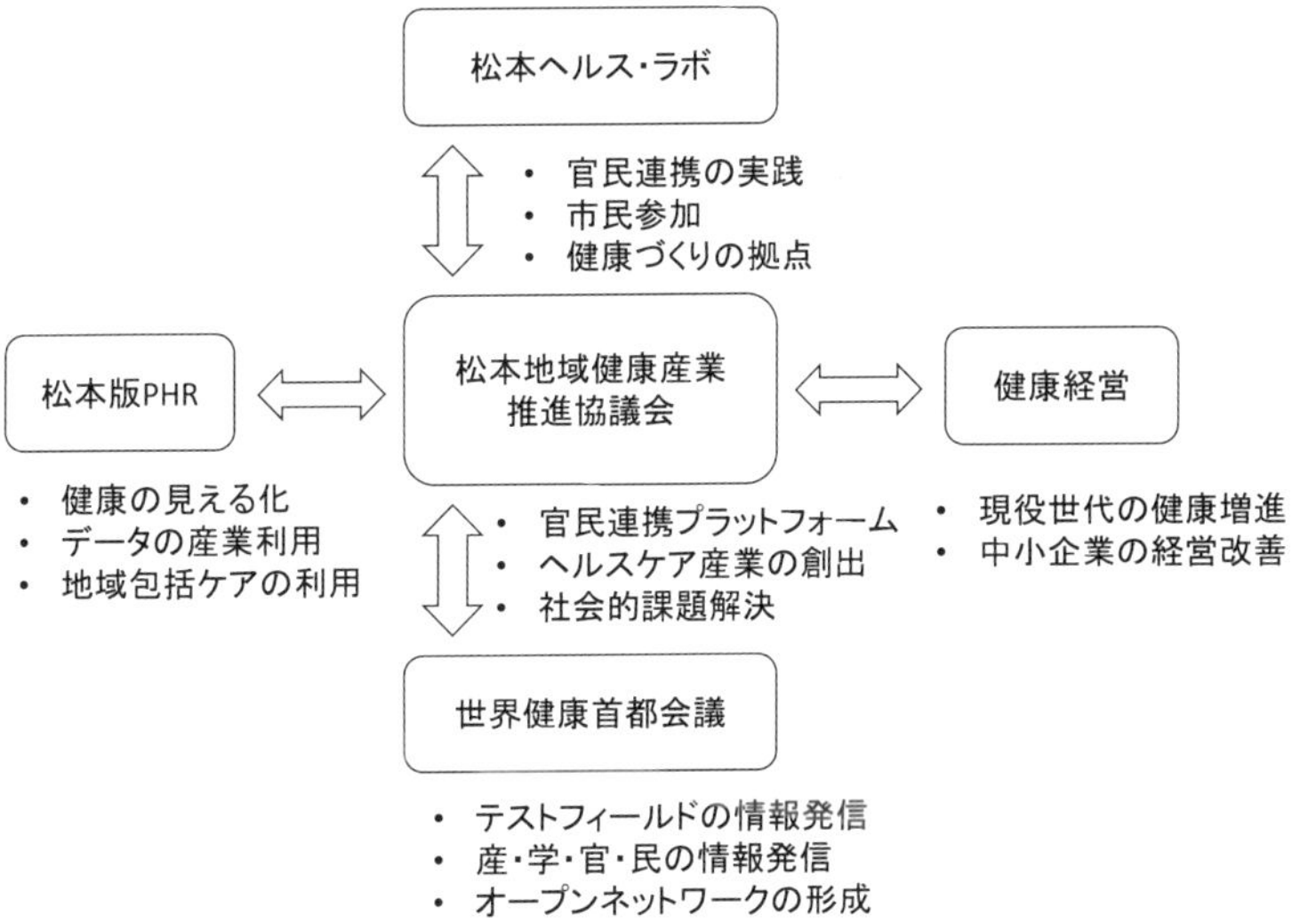

出典：松本市資料

松本ヘルスバレー構想では、①市民が健康に関し高い意識を持ち自らの健康づくりを日々実践、②健康意識の高い市民の協力・支援により、健康・医療・福祉関連の産業が優れた商品やサービスなどを創出、③この連携が地域経済の発展・好循環を促進し、雇用の場の創出、併せて健康器具などの活用により、市民の健康度がさらに向上する、「暮せば健康になるまち」を目指し、同時に、「健全な地域経済を創る」という姿を描く。

◆施策の展開

松本市が展開していった施策の具体的内容は、一つは、行政として重要な役割である地域的プラットフォームの整備とそれを維持する仕組み、二つ目は、そのプラットフォーム仕組みの周知を進め、松本市の取り組みに関わる専門家や市民など参加者を増加させていくことである。前者は協議会方式、後者は世界健康首都会議開催である。

①松本地域健康産業推進協議会の設置

松本市は、健康寿命延伸を行政の施策だけで実現するには限界があり、一方で企業側の考えでは市民の健康増進とはマッチしない部分も多いと考えた。サービスの検証の場が欲しいという企業ニーズは高いことから、企業がサービスをつくるためのニーズを提供（獲得）する仕組みが必要と考え、関係者が集まる「プラットフォーム機能」を果たす「松本地域健康産業推進協議会」（以下、協議会）を二〇一一年七月に設置した。

協議会では、世界健康首都会議の開催、実用化検証助成事業の実施、健康産業フォーラム[3]の開催、健康経営に関する地元企業への普及啓発、国や長野県などへの補助事業への申請支援・相談業務などを行っている。令和二年三月末現在、会員企業・機関は三六五団体（当初は三八団体）。会費は無料である。最近は、県外企業の関心が高いことが特徴である。

②世界健康首都会議

世界健康首都会議は、健康を活力ある超少子高齢型人口減少社会の源と捉え、市民一人ひとりの健康増進を図るため、健康・医療産業がサポートする持続可能なまちづくりについて考えるとともに、世界に向け情報の発信を図るものである。世界健康首都会議実行委員会（会長　松本市長、副会長　松本市医師会長）を主宰者として、二〇一一年から毎年開催している。また、二日目の開始前の午前九時から地元の松本工業高校生向け特別授業（約八〇名参加）や松本看護専門学校、松本短期大学の看護学生など約一二〇名が講演を聴くなど、毎年、若者が参加している。

二〇二〇年度は、これまで二日間開催していたのを一日に短縮し、一〇月二三日に開催された。〃松本Innovation「ポストコロナの世界を見据えて」〃をテーマに、「これからどうなる？新型コロナウイルス感染症と日本社会」と「データとデジタル技術が変える未来～ポストコロナは地方都市の時代～」をセッションテーマとして、ポストコロナの世界を見据え、目指すべき社会や松本市が進む新しい方向性について検討した。

◆実用化検証助成事業

協議会では、会員企業の提案によるサービスの実用化検証を支援する実用化検証助成事業を実施している。これは、企業が社外に拠出した資金を対象に、企業負担の四分の三を助成（上限百万円）するものである。この事業は、年間五件程度、プロジェクトごとに分科会を設置して進めている。松本市は、プロジェクトがスムーズに進められるよう「行政の部局間の縦割りに横串を入れる調整」、「医師会や薬剤師会など外部機関への事前説明」などの調整機能を果たす。このような調整を企業が独自に行うと相当の手間と時間がかかることから、行政側が主体となって活動するのである。また、大学との連携が必要な場面が多くなるため、松本市では信州大学と松本大学との間に、それぞれ包括連携協定を締結し相互協力体制を組んでいる。

本事業では、松本信金「健康寿命特別金利定期積金」、「健康寿命延伸ファミリーサポート定期積金」

等の開発、アルピコ交通社等のヘルスツーリズム（白骨温泉・健康を感じるツアーなど）開発、デリカの電動アシスト付四輪自転車「けんきゃくん」の開発（松本大学と連携）などを実施してきた。この他に、企業からの提案を受けて市担当部署とのマッチングを行い、市での事業化につながった糖尿病重症化予防プログラムなどがある。

①実証支援事業の例一──第一興商との連携

第一興商では、カラオケシステムをベースに「DKエルダーシステム」という「うたと音楽」の力を使って楽しみながら継続できる機能訓練・介護予防システムを提供している。二〇一四年に三カ所の「福祉ひろば」[4]で、このシステムを使い一年間二〇名ずつ参加し実用化検証を行った。翌年には、このシステムが定年退職後の男性の地域社会へのつながりの確保やひきこもり対策に有効ではとの意見が出され、定年退職後の男性のひきこもりの解消、男性シニアの外出機会の創出やコミュニティ創出、男性シニアの地域の担い手の期待（生涯現役）などに対して、「スポーツボイス大学院」（同社の商品名となっている）という定年退職後の「ボイストレーニングとエクササイズ」を組み合わせた健康講座を、男性特化型で週一回一時間三カ月間実施した。翌二〇一六年度は、女性も参加する活動にし、二〇一七年二月に実施した発表会では五チームが登壇した（男三、男女混成一、女一）。また、実践例として二〇一五年度にサークル「男組」を結成（定年退職後の男性限定）し、自主的な活動を展開している。

この事例では、信州大学の心理的効果検証から参加者の自己評価や心理的健康の向上や夫婦間コミュニティケーションの向上が認められた。さらに、松本市健康福祉部（保健師や歯科衛生士実施）による口腔機能に関する検証では、咀嚼力の改善や反復唾液嚥下回数の増加という結果が得られ、介護予防への可能性が見出された。また、受講者の地域活動への参加機会が増加しているという。

②実証支援事業の例二――車いす牽引装置開発

ベンチャー企業のJINRIKI社による車いす牽引装置「JINRIKI」の開発では、障害を持つ子どもやその家族とまち歩きができる機会をつくり、実際に街中や店内で体験してもらい、利用者と課題や良かった点を議論して、災害発生時にスムーズに移動できるように防災上の工夫を加えた。同社は、実証実験の中で、松本まち歩きイベント「ユニバーサル散歩 松本らくらく」を開催し、その参加者一八名は二人一組となり、JINRIKI付車いすを往路と復路で引き手、乗り手を交代しながら市街地を巡り、段差や坂、狭い通路等を体感しながらJINRIKIの使い勝手を検証した。

③普及促進の支援

協議会のこの事業で開発して販売する製品については、販売価格が五万円以上の指定製品について購入価格の二〇％（上限五万円）を購入者へ補助する「健康寿命延伸製品普及事業補助金」が設けられている。二〇一七年度は、予算額百万円で、計一〇件の補助を行った。

助成例の一つにテスコム電機社の真空ミキサーがある。肌や消化器の健康に有効と推定されるレシピを作成し、真空と通常のミキサーの二群を使用してスムージーをつくり、三カ月間の飲用比較検証を行い、肌センサ等で効果を測定した。このスムージー実飲モニタリング事業においては、長野県工業技術試験センター食品部への委託研究により、メラニン生成抑制効果や肌の赤み改善効果、ＢＭＩ値・体脂肪率の減少効果が確認できたという。

◆松本ヘルス・ラボの設立と健康パスポートクラブ制度

松本市は、健康・市民介護サービスや医療産業を興し、それに市民が恩恵を受けるという循環により、市民と企業が一緒に健康価値を創造するために、市民の健康づくりのための民間企業が活用できるフィールドづくりを行政が支援できないかと考えた。特定の企業と進めると他社が参加しにくいため、行政が主体的にフィールドをつくる活動を二〇一四年一二月に開始し、二〇一五年九月に任意団体として「松本ヘルス・ラボ」を設立した。二〇一七年三月には、中央公民館が置かれている施設内に松本ヘルス・ラボの拠点を、オープンした。この拠点をオフィスと呼び、市民の交流の場、各企業間のマッチングやワーキングスペースとして、健康に関する情報発信、製品やサービスの展示など幅広く活用する健康寿命延伸都市・松本の創造のための拠点としている。なお、同じ建物に松本市の所管部署があり、両者は一体的に活動している。

松本ヘルス・ラボの目的は、健康に関心のある多くの市民を募り、市民ニーズの視点から新製品・サービスの提案やモニターとして参加し、健康に対する市民意識の醸成と健康・医療産業の振興を同時に実現する。市民向けに健康づくりの機会を提供し自分自身の健康について考える場として、企業向けに市民参加により市民と企業が共創して新しいビジネスを実証・創出する場と位置付ける。目指す共通価値として、次のことを想定している。

●企業は市民ニーズに対応した研究・開発に取り組み、モニタリングやテスト等を効率的に実施でき、大学との連携（信州大学、松本大学、松本歯科大学）も推進する
●市民は自分の健康状態をデータ化・みえる化し、継続的に管理。健康づくりへの意識の醸成、健康産業への理解を深める。製品やサービスの開発に市民ニーズを反映する
●行政は健康づくり、健康投資を推進し、企業誘致や雇用創出を推進できる

二〇一六年度に専任の事務局長を置き、同年末に一般財団法人化した。松本市は単独で出捐金（しゅつえんきん）三千万円を拠出し、市長が理事長に就任した。法人化後も松本市の担当課が一体となり支援し、評議員会には地元企業関係者等が参加する。法人化の理由は、経営方針および責任の範囲を明確にして社会的な信頼性を確保し、特定企業の色をつけず、できるだけ中立性・独立性を担保することにある。松本市が全額出資することは、経営方針や決算の議会への報告義務を負うことを意味する。また、専任の人材育成も法人化の理由の一つである。

健康パスポートクラブ制度は、豊かで健康的な社会の実現を目指す仲間が集う市民の会員制クラブとして発足した。会員の健康づくりの支援を行うもので、本制度創設の背景には、一九九七年四月から実施している「松本熟年体育大学」という松本市のプロジェクトがある。これは、市内在住の四〇歳以上を対象とする二年間のプログラムであり、当時の市長が、「市民に運動・スポーツを浸透させ、健康な市民生活が実現できる」ことを目的に始めた。この松本市熟年体育大学のOBを中心に、運動習慣・生

活習慣を維持提供する市民参加プログラムとして「健康パスポートクラブ」をつくった。松本市熟年体育大学は期ごとにリーダーがいて連絡網がつくられている。会員集めの効果と効率を考えて、最初の募集ではOB二千五百名に声をかけ百名が入会した。会員になると仲間ができることもアピールポイントの一つである。会員は、健康な人よりも健康に関心が高い人、健康に不安のある人が中心である。現在、年間三千円の会費で、年二回の血液検査や体力テストを無料で受けられる。血液検査費は通常は計六千円相当かかるが、松本市の公費助成もあり会費三千円だけで二回受診することができる。また、会員ごとに健康データベースへの記録が行われ、松本ヘルス・ラボにおいて民間保健師による健康指導も行う(毎週火曜日)。様々な健康イベントを月二回程度行い、会員は優待参加(通常無料だが一部有料)でき、後述の企業のサービス開発のプロジェクトにも参加できる。会員は現在千人を超えている。

健康増進は、理念だけでは前に進まない。自分自身の健康について考え、取り組む機会として、健康増進のお得感、個人的なメリット感を出せるようにすることが重要である。健康づくりセミナー、健康運動教室、ラジオ体操講座、ウォーキング・イベント、医学生との健康に関するワークショップや、骨粗しょう症デーなどのイベントを行い、オフィスでのミニコンサートや製品のデモンストレーション、料理教室なども開催している。現在、健康パスポートクラブの会員が外出する機会を増加させる対策やコミュニティ形成を支援するために、飲食業などの企業と連携して応援事業を進めている。これは、応援事業に参加している店舗にそれを示すステッカーを貼り、このステッカーのある店舗では健康パスポートクラブの会員は割引などのサービスを受けることができる。

図3-2 ▶企業への支援・連携活動

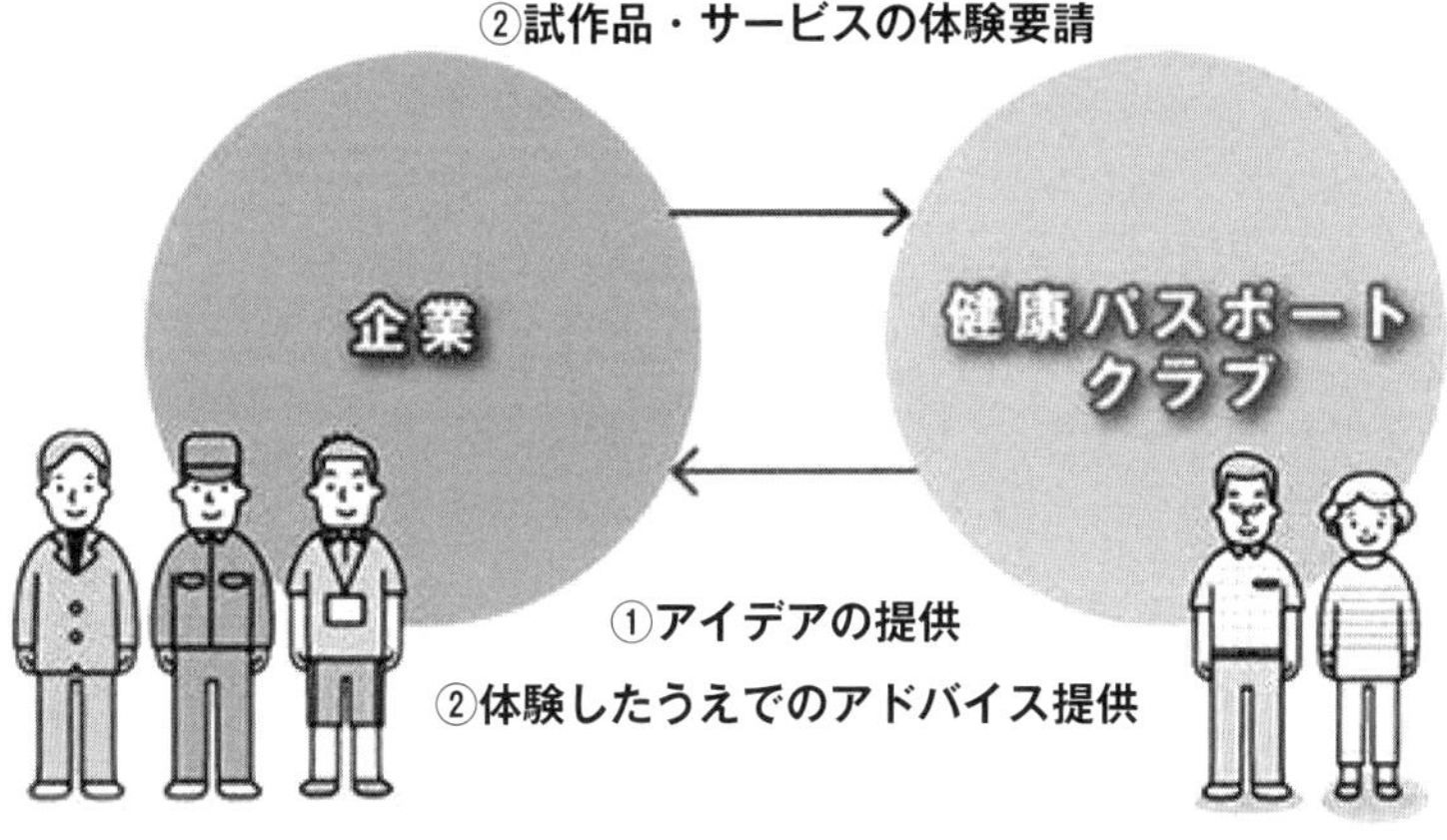

出典：松本市資料（https://m-health-lab.jp/club）

◆企業への支援・連携活動

活動を持続させていくには、すべてを公的機関でカバーするのではなく、企業との連携により行ったほうが効率的で柔軟な対応が可能である。そのため、次のような連携活動が展開されている（図3－2）。

①サービスの概要

企業は、松本ヘルス・ラボを、消費者との共創（アイデア出しのワークショップ）や実証の場として活用することができる。松本市は、松本ヘルス・ラボを通じて「健康パスポートクラブ」の会員が事業開発プロセスに参加することにより、健康産業に関わる企業・団体が、新しい製品やサービスを開発することを間接的に支援している。

アイデアベースの段階では、企業による新製品やサービスの企画・開発時に、健康づくりに関心の高い健康パスポートクラブ会員（五～一〇人程度）と、健康づくりに関わる企業・団体がワークショップ[5]を行い、企業の企画に対して、「こんな機能があったらもっと良い」というような、市民目線（ユーザー目線）での意見やアイデア交換を通じて、市民ニーズに近いかたちでの開発を支援する。ワークショップは、健康志向の高い仲間同士との交流の機会とも考える。

テスト段階では、実際に市民が製品やサービスを試し、検証を行う（ただし、市の倫理委員会の審査を受けたうえで活動する）ことにより、健康づくりに寄与する製品やサービスのエビデンス取得や魅力度向上を図る。試作品ができた段階で、会員に試験的に体験する機会を提供し、実際にユーザーからの声を聞きながら改善することで、質の高い製品やサービスをつくることを可能にし、体験した感想や効果を収集するテストマーケティングの場として活用する。その際、会員の個人データは、松本ヘルス・ラボ側で匿名データに変換して企業に提供され、製品開発のための解析に活用できるようにしている。個人情報が直接企業に渡されることはない。

健康関連の製品においては、効果のあることを示す根拠の提示が必要な場合がある。松本ヘルス・ラボでは、連携している大学の研究機関や医療機関をコーディネートし、健康づくりの効果をきちんとした証拠として示せるような体制整備を支援することも行われている。

②プロジェクトの進め方

このようなプロジェクトの進め方は、次の手順で行われる。企業が松本ヘルス・ラボ側から受けられるサービスには、モニタリング等の対象者の抽出、モニター参画による新製品やサービスの検討、手続きの支援、倫理的な審査がある。それに関わる契約は、一般的には松本ヘルス・ラボと企業との間で締結される事業実施契約と、大学や医療機関等との共同研究契約の二種類がある。なお、松本ヘルス・ラボのプロジェクトの資金は全額企業が負担する。利用したい企業は、利用すると決めた場合に、前述の協議会に入会しなければならない。

企業のテストフィールドの支援には、協議会で行う実用化検証事業と松本ヘルス・ラボで行うものがある。松本ヘルス・ラボでは、健康と公益を重視し、大学(実施機関)等の倫理審査後に松本ヘルス・ラボの倫理委員会が審査する。委員は五人で、案件に応じて専門委員を置く。信州大学、一般社団法人松本市医師会、弁護士、長野県工業技術振興団体、市民団体および松本市から構成され、プロジェクトが会員の健康増進に寄与するか、社会貢献度や満足度、個人情報の保護や安全性の担保などの観点から審議する。最初にプロジェクト実施前に倫理委員会を開催してOKが出たら、参加市民の募集に入り、参加者を選定し、各種連絡、検査日程・場所の調整、データを個人に返却し、報告会の開催などを事業実施契約において行う。契約のチェックが必要な場合には、倫理委員会の弁護士にお願いすることがある。

たとえばセイコーエプソン社のプロジェクトでは、最初に、脈拍、活動量等を計測するウェアラブル端末を使用し、生活習慣と健康状態との関係を調査した。

- 二〇一三年に、同社が信州大学医学部に共同研究の協力依頼を行う
- 二〇一五年六月に同社・信州大学および松本ヘルス・ラボ事務局が、調査事業の概要を確認
- 同年六月〜九月に、スケジュール、調査項目、実施方法、経費等について調整
- 同年一一月に、同社と信州大学にて倫理委員会等、社内・学内の所定の手続きを進める

●同年一二月に同社から事業計画書が提出され、正式なプロジェクトとして申請
●二〇一六年一月に倫理委員会を開催して、モニター募集を開始

これには、六〇歳以上の男女一七〇名が参加し、一五七名が最後まで参加(二〇一六年三月から七月)した。六〇歳未満についてはエプソン社員を対象とした。途中でワークショップを開催し、二四名が参加し四名×六チームの議論を行った。エプソンの開発者も参加して意見交換を行った。

③プロジェクトの例

森永乳業株式会社では、前述の実用化検証事業にてラクトフェリンを配合したヨーグルトの冬期感染症の予防効果の検証を目的に、千三百人規模の保育園児等が参加する試験を実施した(二〇一四年一一月~二〇一五年三月)。本事業では、松本市こども部を窓口に参加を依頼した。次に二〇一六年に松本ヘルス・ラボにて松本大学と連携し、牛乳由来のペプチドを配合した粉末飲料の健康増進効果の実証試験を、三五歳以上男女六〇名を対象に三カ月間実施した。二〇一七年には、「お口の健康に関する検証事業」として歯周病やそれに伴う口臭など、お口のトラブル予防の可能性のあるタブレット食品の効果を、松本ヘルス・ラボ会員および市内企業一〇社計二七六名を対象に検証した。また、市内保育園児一〇九名が参加して、感染性胃腸炎の予防可能性のある食品の効果を検証した。

ワークショップの例では、二〇一五年度にリハビリ特化型デイサービスを行った大心社のプロジェクトがある。これは、夜間や休日などの施設が使われていない時間帯に、健康な中高年向けの介護保険

外サービスの開発を目的としていた。対象は概ね五〇歳以上の男女八名が参加して、「中高年の登山教室」をテーマに、ダンベル運動や山岳ガイドの講義を行い、登山の体力と知識を習得するサービスを体験してもらい、サービスを共創した。

◆松本ヘルス・ラボによる健康経営の推進

松本市では、中小企業の健康経営を実践するために、「健康経営研究会」を二〇一五年三月に設置し、従業員向けの健康づくり事業を開始した。中小企業経営者は、健康経営に関心はあっても、実践のための人材や資金、時間が不足し、健康経営推進方法にも通じていない等の課題があり、健康経営の普及啓発のために小規模企業健康経営促進ブック(二〇一五年)を作成した。さらに、健康経営の意識向上を図るために、二〇一六年七月に松本商工会議所、松本市勤労者共済会、松本大学、全国健康保険協会長野支部、松本市の五者で連携協定を締結し、松本市健康経営研究会において情報共有と連携による推進を図っている。具体的な支援としては、市職員が事業所を訪問し、健康経営の背景や意義、メリット等、すでに健康経営に取り組んでいる事業所の「できることからの取り組み」の事例紹介(労政課)や松本市の保健師・栄養士・歯科衛生士・健康運動指導士等が職場を訪問して健康に関する話をする「働く世代の職場で健康講座」を無料で実施した。また、主に働く若い世代の健康づくりのために、通勤や就業中に徒歩や自転車利用を通じて身体の活動量を増やす「歩こうBIZ & Cycle BIZ」に取り組んでいる。

中小企業の福利厚生の向上のために設立された「一般財団法人松本市勤労者共済会」では、共済給付金制度に加えて二〇一五年度からフィットネスクラブを活用した健康増進プログラムをモデル事業として実施した。これは健康経営実践に向けたパイロット事業で、松本市勤労者共済会（加入事業所数千六百社、会員八千四百人）の一三〇名を対象に各人に相応しい運動プログラムを最寄りのフィットネスクラブと連携し利用できるようにしたものである。

二〇一八年七月から松本ヘルス・ラボでは法人会員制度をスタートした。本制度は、企業の健康経営を具体的に推進し、現役世代の会員獲得を同時に実現することを狙う。会費は、会社が従業員数分を法人会費（従業員一人で三千円×従業員数）として一括で支払う。

従業員の健康に対する経営者の認識を高めるため、保健師や松本ヘルス・ラボ職員を企業に派遣して面談を行う。企業から従業員の健康データの提供等を受け、または、一般会員同様の健康チェックに参加してもらい従業員の健康チェックを行う。健康チェックは企業が希望する場所に出向いて年一回実施する。健康経営の支援サービスは、経営者に運動（コミュニティケーション促進）、ストレッチ、講座（例：生活習慣、食生活、メンタル等）などメニューを提示してプログラムを決定する。その他一般会員向けの健康プログラムにも参加できる。健康パスポートクラブの健康診断は年二回だが、この制度では年一回となる。現在はトライアルに参加した企業三社（従業員計七三人）が法人会員である。

法人向け健康経営プログラムは年六～一二回実施する。たとえば、健康運動指導士が来社し、メニューを決めて、運動する。会社を窓口にして日程調整や郵送案内もできるので、効率的に運営できる。保健師が経営者ときちんと話をして、たとえば、会社の平均値に着目するだけでなく、社員の何人かのデータが平均値を大きく下げたりすることもあるので、個別に見ることにも注意を促す。健康運動指導士の来社を勤務時間外にするのではなく、勤務時間内にして、その分業務を早く済ませるようにしても

図3-3 ▶市民参加促進の全体図

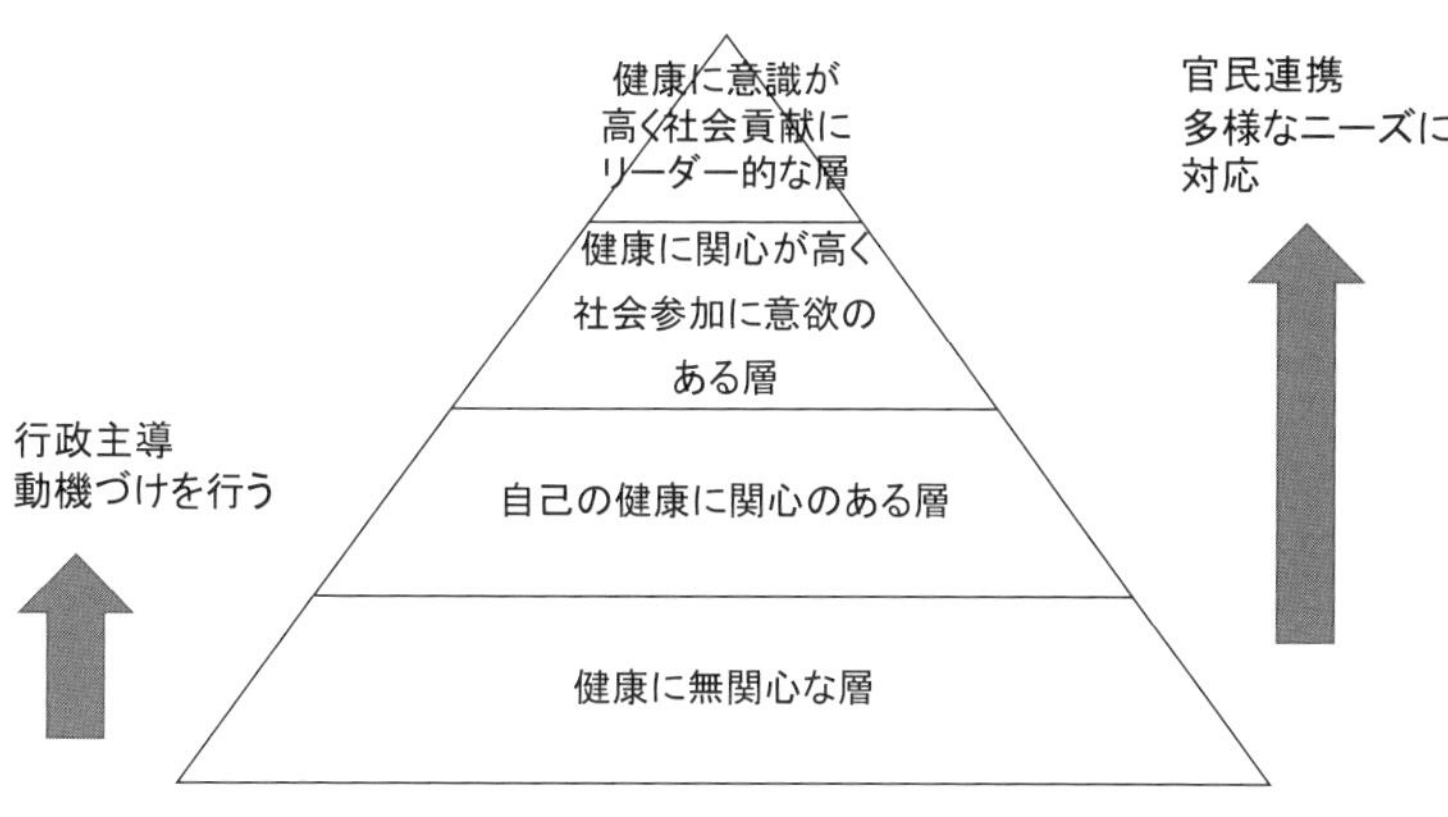

出典：松本市資料

らい生産性も向上すると考えている。

◆市民および企業の参加を拡大していくために

松本市は、健康に無関心な人に関心を持ってもらうことを第一の課題とする。会員数を拡大し、松本市の一％が会員になり、松本市の世代構成と同じ会員構成にしたいと考える。仮に一％が会員になると、同じイベントを各地で分散開催するなど方法も変える必要がある。次に、健康に関心を持つ人に健康増進の実践の選択肢を増やすためには「健康パスポートクラブの会員数を増やし、イベントに多く参加してもらう」、「積極的に関与したい人を増やし活動へのコミットを深めるようにする」といった具体策が求められる（図3－3）。

①市民参加拡大へ向けて

イベントに多く参加してもらうためには、小規模なモニタリングやワークショップを多く開催して、スタッフと会員や会員間のつながりを強化することが必要となる。共創への参加を促すには、「あなたのアイデアは、健康のための新しい製品・サービスを生み出す手助けになります」や「健康志向の高い仲間との出会いや交流の機会としても楽しめます」といった呼びかけを行い、Testbed（実証基盤）への参加を促すために「企業が開発中の製品やサービスを世界で最も早く体験できます」、「一定期間使用してみた感想や意見、要望を企業へ伝えることで、より優れた製品やサービスを世に送り出すことができます」、「試作品の体験そのものがあなたの健康づくりに役立つことでしょう」とアピールしている。

会員の約二百名は、松本ヘルス・ラボ関連で実施するイベントの約八割に参加している。積極的に関わりたいと思っている人が一割おり、この中からイベントでの司会や受付、計測サポートを有償ボランティアとして引き受ける人が出ている。主催者は、こうした積極的な市民に、もっとイベントに関与してもらい、積極的な市民を増やし、底上げを図りたいと考えている。

②企業の参加拡大に向けて

実証試験などの企業側の企画は、そのまま実施できることは少なく、内容や期間、規模（参加者）など色々な修正が必要となる。金額については、行政に依頼すれば安くできると考える企業も多く、金銭面でのギャップが想定されていた。しかし、松本ヘルス・ラボでは、財団法人として黒字化・持続性を持たせる方針であり、ワークショップやテストフィールドは、全額企業資金で賄うことで事業採算性が取れることを原則としている。健康パスポートクラブに、松本市は毎年二千五百万〜二千八百万円程度の負担金を計上しているが、会費と市の負担金だけで経費は賄えず、企業からの収益の一部を充当する。

参加する市民は、健康でありたいという意識があって初めて参加につながる。その意識を醸成する健康パスポートクラブに企業資金を利用するということで、プロジェクトの費用は、サービス開発に直接資するだけでなく、市民の健康増進プログラムにも活用され社会貢献、CSR（企業の社会的責任）になっていることを伝えている。成果については公表してもらうように依頼しており、公表により松本市のイメージアップにつながる効果もある。松本市は、営利企業の力を重要視しているが、市場メカニズムの限界も理解して取り組んでいる。

2 ▼高齢化に対応する「風の谷プロジェクト」――三浦市

ここでは神奈川県三浦市にあるデイケアサービス「風の谷プロジェクト」を取り上げる。(6)

二〇一二年に三浦市立病院から神奈川県立保健福祉大学に、リハビリテーション科拡充のため同校のリハビリテーション学科の卒業生採用申し出があり、学生の就職だけではなく技術指導に大学から石井慎一郎教授（当時。現在は国際医療福祉大学教授）を派遣することにつながった。石井は、三浦市で活動していく中で高齢者の在宅生活を支援するためには在宅リハビリや生活支援、社会参加、未病を治す取り組みなど、複合的な機能を持つ施設をつくり、市内の介護保険事業者や病院と連携して公的なサービスの隙間を埋めるきめ細かいサービスを提供できる枠組みが必要と感じるようになった。そこで二〇一三年から、高齢者の生活を支援する「ライフサポートセンター」の設立に向けて活動を開始した。当初は、公的資金の獲得を目指したが採択されなかった。そこで二〇一四年八月に株式会社「風の谷プロジェクト」を設立し、介護保険事業を経営主体とするライフサポートセンター「風の谷リハビリデイサービス」を開設した。このように公的資金が得られないまま事業を開始した理由は、後述のリビングラボ（風の谷プロジェクトでは「リビングラボラトリー」と呼ぶが、本節ではリビングラボと記載。以下、ＬＬ）のような活動の原資となる収入が必要であり、利用者の本当に必要なニーズを集めるためには実際にリハビリサービスを立ち上げ、利用者と直に接することで本当のニーズが掴めると考えたからである。

「風の谷プロジェクト」は、三浦市に「高齢化率四〇％でもビクともしない街」をつくることを目的に活動を開始した。しかも、公的資金に頼らず、高齢者の生活支援を地域経済の活性化と一体化させた地域創生ビジネスとして進めている。「風の谷プロジェクト」は、三浦半島の個性を活かし、まち全体を「地域共創型のオープンプラットフォーム」とする地域創生を実現することを考えている。二〇一五年度には、地方創生大学連携事業（横須賀三浦地域版）として採択され、ＬＬの活動について、産学官民金の連携協定を締結した。そして、風の谷プロジェクトにおけるリハビリデイサービスの活動から、高齢化と経済基盤の弱体化という二つの課題は表裏一体であり、地域力を衰退させる要因であることが分かってきたので、以下の取り組みをスタートさせた。

◆「風の谷プロジェクト」開始後の取り組み

このプロジェクトにおいて、まず着手したのは活動拠点としての「三浦市民健康大学」と「未病センター」の設立である。

①市民健康大学と未病センター

三浦市民健康大学は、高齢者が抱える食事、転倒や普段の運動に対する不安について、管理栄養士やリハビリ専門職などがチェックや指導を行い、不安の払拭と健康な身体づくりをサポートする活動であり、介護予防や未病対応への効果を目的として、二〇一五年九月から活動を開始した。以後、栄養状態の評価、転倒リスクの評価（神奈川県立保健福祉大学で三次元歩行計測）、栄養教室や体操教室を実施してきた。神奈川県立保健福祉大学、市民病院、社会福祉協議会、三浦市、地元の介護保険事務所などと連携して年一回開催している。

また、「風の谷プロジェクト」では「風の谷＋（プラス）」という神奈川県認証の未病センターを運営している。ここでは、理学療法士や生活相談員が常駐し、健康への相談やアドバイス、運動指導を行い、地域資源の情報提供を行うとともに、運動スペースを提供し、自身の身体に合わせた自主トレーニングを指導し実践する場を設置した。そして、この風の谷＋（プラス）では、神奈川県認証の未病センターとして、地域の方々がいつまでも元気に過ごせるよう「健康状態のみえる化」や「健康に関する相談・情報提供」を行っている。土曜日に開催して、健康状態のチェック、健康の講義を実施している。

②高齢者支援サービス

当初は、高齢者の買い物難民化の解決を目的に、買い物支援サービスを考えていたが、買い物支援は白タクになる懸念、地元のバスやタクシーとの利害関係等、制度や地元の関係者との利害関係が予想された。また、仮に高齢者に食材を届けることができても、料理をしない可能性があり、風の谷でのランチの提供や惣菜の販売を開始した。風の谷に来てもらうためにデイサービスの送迎を活用し、風の谷で食事を取り、惣菜を購入してもらうことで高齢者の外出を促し、食事に来ている高齢者と会話をするのである。さらに、教室や個展の開催ができコミュニティカフェとして機能する「風の珈琲」を開店し、そこで未病センターを火曜日に開催している。また、横須賀市のクリニックや三浦市の訪問看護ステーション、市民団体「グリーンハイツ　ゆいの広場」に理学療法士を派遣している。

◆リビングラボとしての活動概要

リビングラボ（LL）の目的は、市民が介護を必要とするようになっても、生活の場を変えず、自宅で継続して生活できるまちをつくることである。基本スタンスは、「個人の抱える問題の解決」、「生活環境による問題の解決」、「地域特性による問題の解決」という三つの障壁を越えなければ本当の課題解決にならないと考え、まず一人ひとりの課題を解決することを重視する。多様なサービスの開発は手段であり最終目的ではない。このLLの真の強みは、一人ひとりの症例の問題に向き合えることにある。

①サービス運営体制

運営体制は、石井と風の谷プロジェクト代表取締役の理学療法士をリーダーに、風の谷リハビリデイサービスのスタッフ一一名（理学療法士四名、看護師一名、管理栄養士一名、栄養士一名、介護福祉士二名、ヘルパー一名、ドライバー一名）、三浦市立病院一〇名（理学療法士八名、作業療法士二名）などが参加している。

②プロジェクトの進め方

プロジェクトの方向性は、介護が必要になっても生活の場を変えることなく、自宅で継続した生活がおくれるように支援できる機器やサービスを開発することである。企業からは自社製品やサービスの評価を依頼されることが多いが、それだけで現実の課題解決に使用できないのが大半である。企業一社の製品やサービスでは、課題は解決しない。たとえば、見守りセンサはどの企業も考えるテーマであるが、何か異常を検知したとしても、家族が介入しないと解決できない。課題解決のためには、様々な製品やサービスを組み合わせることが必要である。そのため、石井がシナリオをつくり、複数企業と連携して開発を進めるようにすべきと考えている。

活動場所がデイサービスなので、企業等から製品やサービスを持ち込んでもらい、実際にデイサービスの利用者に使ってもらうことでLLの機能を果たす。プロジェクトは、風の谷プロジェクトという本業から出てくる課題が直接テーマとなることも多い。石井がシナリオを決め、産業技術センター経由での企業へのアプローチや、企業が直接石井や風の谷プロジェクトに話を持ち込み、プロジェクトに参加する。ほとんどの場合、企業側が当初考えていた製品の仕様や開発の方向性を変えてもらうことになる。そのため、企業の三割は話を聞くだけで終わってしまい、プロジェクト開始後に中断する企業も二割ある。

活動資金は、風の谷プロジェクトから実際の運営費や人件費を支出する。この中には、企業からの研究費が一部含まれる。個性あふれる地域づくり事業補助金（二五〇〇万円）のような公的資金（県）も活用していたが、企業からの資金が中心となる。企業との契約では、現物支給（タブレット、スマホ等）の企業が多いが、月三〇万円ぐらいの共同研究費を支払う企業もある。また、プロジェクトを立ち上げる場合に契約交渉・共同研究契約の事務作業は風の谷プロジェクトの持ち出しで実施する。

③プロジェクトの例

これまでのプロジェクトは、大きく製品の開発（ハードウェアの開発とソフトウェアの開発）とヒトの育成（開発）に分けられる。ハードウェアの開発としては、認知症の高齢者に対するGPSを使った見守りシステムの開発や家を見守りの拠点とすべく、トレーラハウスを使った見守りシステムのスマートケアハウス開発である。後者のスマートケアハウスの開発は、企業から様々な形で持ち込まれる製品のほとんどがそのままでは現場で活用できないので、様々な製品を「家」に集約して実際にどう使えるかを研究するという狙いもある。このプロジェクトでは、二〇一七年三月から複数企業が参加するコンソーシアムを結成し、行政や公的研究機関も参加して、月一回の意見交換会を開催した。神奈川県立産業技術総合研究所や横浜国立大学と介護リハビリロボットの開発や企業とパワーアシストスーツの開発プロジェクトも行われた。さらに、ソフトウェアの開発については、高齢者に使いやすいタブレットにするための開発がある。

サービスの開発に関しては、最初は、湘南長沢グリーンハイツにて高齢者集合住宅の先進モデルケースづくりを行った。音声情報を文字情報に変換したメールをボランティアに一斉配信して、生活支援サービスを希望する高齢者とボランティアスタッフとのマッチングの円滑化や対話型ロボットによる見守りシステムの構築である。タブレットを使ったサービスマッチングシステムが開発されており、このサービスは、支援を希望する高齢者等が、希望する支援内容と希望時間を端末に入力すると、その時間帯に支援活動が可能なボランティアを割り出し、サービス希望者とボランティアスタッフのマッチングを行える。しかし、タブレットやスマホを高齢者が使えないためサービスを活用できない状況に直面した。そのため製品やサービスの開発だけでなく、利用できるようにするために人の育成に向けた取り組みも行った。風の谷プロジェクトのスタッフや地域ボランティアの協力を得て、高齢者がタブレットやスマホを扱えるようにするための講習会の開催である。

◆リビングラボとしての課題と今後の活動

風の谷プロジェクトでは、リビングラボ（ＬＬ）の活動のために八機関と協定を締結している。ただ、参加機関も手弁当の活動になるため、必ずしも参加機関の全面的な協力を得ることが容易ではない。実質的には大学、風の谷、三浦市立病院、神奈川県立産業技術総合研究所が中心である。しかし、本業の傍らで活動するため、多くのプロジェクトを並行で実施できず、効果的に機能させるには限界がある。

また、参加者の中に実際に製品開発に携われる人が大変少なく、大学、風の谷プロジェクトのスタッフで活動することになる。このように体制が不十分なため、企業の研究開発の手伝いで終わってしまう場合も多く、成果を地域や参加者に還元できる形にするためには、ＬＬ独自の開発資金を捻出しなければならないと石井は考えている。

現在は、デイサービスに通う人がプロジェクトに参加するので、ドロップアウトの問題は生じていないものの、サービスに通う必要のない人が参加する場合にこの問題が顕在化することを懸念している。

本当に役に立つ製品やサービスの開発には、一人ひとりの症例の問題に向き合い、一つひとつ問題を解決していく経験の蓄積が不可欠だからこそ、企業の開発が難しいと石井は指摘する。身体が動かない人ではなく、少し行動がおぼつかなくなった人を支えるロボット、リハビリトレーニングマシンの開発は、開発のハードルを大幅に下げるので、企業はそのあたりから取り組むべきとも考えている。

なお、中核となっていた石井が神奈川県立保健福祉大学から国際医療福祉大学へ異動したことに伴い、リビングラボの窓口は国際医療福祉大学大学院福祉支援工学分野へ実質的に移行している。石井の研究室の大学院生の研究フィールドとしてデイケアサービスの通所高齢者のデータを取ることも多いことから、高齢者の人には研究から分かったことを伝えるようにしている。また、実証試験では在宅で生活できるように試行錯誤を進めている。

地元での「風の谷」の認知度は高いため、デイサービスの活動のイベントの広報は支援してもらえるが、製品やサービス開発の広報は難しく、地域の人に活動実態を伝えられないという課題がある。デイサービスの通所者のニーズは掴めるが、他の人のニーズを掴めず、ニーズの集積の場の構築に課題がある。介護施設にはいかないが、介護予防の意識が高い人、七〇代で元気の人などが参加してもらいたいと考えている。

3 ▼事例からリビングラボの役割を展望する

本節で取り上げた二つの事例から、リビングラボ（LL）がソーシャルイノベーションに寄与するための要件を考察し、その役割を考える。

◆事例のまとめ

最初にソーシャルイノベーションとはどのようなものかを確認し、二つの事例の特徴をまとめることから始める。ソーシャルイノベーションとは、地域や組織の人々の価値観の共有と新たな関係性の構築により、地域や組織に特有の歴史・伝統・文化など人々の暗黙知を可視化・綜合化し、それを新たな手法で活用することによって新しい社会的価値を創造する活動である。[7] 技術的な変化というより、社会サービスの提供の新しい仕組み、さらに社会関係や制度の変化に注目する。[8] 社会的課題の解決に取り組むビジネスを通して、新しい社会的価値を創出し、経済的・社会的成果をもたらす革新[9]のようなビジネスの要素に着目し、社会的成果と経済的成果の両方を追求するという議論が多い。これらの議論を踏まえれば、今回の二つの事例は社会的成果と経済的成果の両方を追求しているように、ソーシャルイノベーションの取り組みということができる。

取り組みでは、市民、行政、企業、大学やNPOなどが参加するので、緊張や衝突が生じやすく、これを乗り越えるためにソーシャルイノベーターや社会的起業家の存在が必要となる。野中ほか[10]は、このソーシャルイノベーターに、①社会的ビジョン（共通善）を持ち、個人・組織のミッションと適合させる、②社会の関係性に変化をつくり出し、新たな価値観を創出する、③既存の仕組み・ビジネスモデルに捉われず、新たな仕組をつくり出す、④自身の経験や知識、手持ちの資源を活用しつつ、周りを巻き込み、協働し、新たな知識や資源を創造する、⑤自らの活動に責任と覚悟を持ち次世代へつなぐ、という五つを求める。

そこでもう少し具体的に両事例の特徴を見る。共通点は、①松本市が世界健康首都会議、協議会や松本ヘルス・ラボ、健康経営、風の谷がデイサービス、三浦市市民健康大学、未病センター、ＬＬなどの様々なトライアルを行い、その過程で自身の仮説の変更など学習をしていること、②松本地域健康産業推進協議会や松本ヘルス・ラボ、風の谷プロジェクトのようなオープンな企業参加の仕組みをつくり、しかも企業側に企画の変更など変容を求めること、③活動の認知度を高め、企業や市民などの参加を増やすためのシンボルとなる物理的な拠点をベースに活動していること、④参加市民のコミュニティづくりを進め市民の意識変容を促すことである。①や③に関して、松本ヘルス・ラボのオフィスは、参加者が継続的に集まる場であり情報発信の場となっている。実際に市民がまちに出てサービスを試している。

風の谷プロジェクトのデイサービスは、日々の課題に直面し利用者のニーズに気づく場である。④に関して、松本市は健康パスポートクラブを創設し、風の谷プロジェクトではデイケアサービスだけでなく、食事の支援サービスにより通所者以外の高齢者も来訪することでネットワークづくりを進めている。これらのＬＬは市民や企業が参加し、サービスや事業、政策をチャレンジする場になっている。

◆リビングラボにおける主要ステイクホルダーの役割

次に新たな関係性を生み出すＬＬの課題を明らかにするために、両事例から主要なアクターの役割を考える。最初に企業を取り上げる。日本のＬＬプロジェクトでは、一企業の製品の実証試験に偏り、複数社が参加するものはほとんどない。欧州でも利用のコンテクスト（文脈、物事の流れ）の探求や市民との共創は少なく実証試験が多い。[11] ＬＬは共創とTestbed等の複数の手法を用いた実際の生活環境と開発現場をつなぐ存在だが、コンテクスト研究と共創を重視するコンセプトは、実際の活動と乖離している。[12] 欧州の事例では、共創が生じるのは経済価値よりも社会価値が重要な時もしくはプロジェクトの企画段階が多い。[13]

現在、企業は顧客に資源やプロセスを開放した共創[14]により、顧客との関係性を豊かにし顧客の共創経験のパーソナル化を進め、顧客価値を高めようとしている。さらに、顧客価値創造を超えＣＳＶやＳＤＧｓ等の社会価値創造を目的に、問題発見や新たな解決方法の開発に向け、協力したい市民との共創も進められつつある。企業は、「コラボレーションの専門家」[15]となるべく、マネジメントが難しい相手とのアライアンス能力構築を試みている。

ＬＬは、当初の目的や方法の変更が生じ、様々なステイクホルダーが参加する場合には参加者も代わることもあり、このような不確実性から企業や行政などが嫌がることも多い。しかし、マネジメントが一層難しくなるからこそ、模倣が難しく属人的経験依存になりやすいが、それらの広範囲の知を組織的に獲得すれば戦略多様性を増やすことができる。自社だけのＬＬで得られない価値が、様々なステイクホルダーが参加するＬＬプロジェクトから得られることになる。

次に市民の役割を考える。市民がイノベーションに重要な視点を提供するためには消費者ではなくデザイナーや共同開発者となるべき[16]と指摘されている。[17] 事例からは、健康増進は参加のインセンティブではなく、健康や介護という言葉を使わず、むしろ楽しむことをアピールする方がうまくいくことが指摘できる。しかも、ＬＬの共創への市民の参加はモニターの参加とは異なる。確かに欧州でも、参加市民が必要なタスクを行わず、ドロップアウトも少なくない。[18] 時間不足、参加目的が曖昧になること、サービスが自分に合わないと判断するからである。この課題を克服するためには、ワークショップのように問題を掘り下げ、多角的な観点から捉え市民同士の相互学習[19]から解決策を考える方が有効となる。興味や関心への刺激、情報共有や学習過程、感謝の言葉など参加を楽しめることで参加者の満足感が生まれる。[20][21]

最後にLLの支援者として重要な役割を担う行政の役割はどうであろうか。これまでの行政手法では解決できない問題や行財政の悪化や人材不足により、問題発見や課題設定、政策策定など対話型政策立案のようなコラボレーティブな取り組み[22]が求められている。こうした状況下で行政は、LLの活動の機会、市民の信頼確保や認知度向上のためのPR、活動への正当性など独自の価値を提供できる。資金や人以外にも行政は独自の役割を果たすことができることに留意すべきである。

◆リビングラボが新しい関係性を生み出す公共空間となるために

LLはソーシャルイノベーションにおいてどのような役割を果たすべきなのか。ソーシャルイノベーションは、社会的な人間の知を基盤とするので、顧客、サプライヤー、地域コミュニティ、政府などの社会的相互作用を通じて、これらの暗黙知を活用することが成功の鍵となる。[23] 暗黙知を共有し活用するためには、共同作業が必要となる。LLが対象とするような利用のコンテクストは、モノの属性情報と異なり、曖昧さがあり、人により異なる、特定の人が特定の時だけ経験できる、他の情報を組み合わせて全体像ができ、初めて意味ある解釈ができる。[24] 解釈を行う場とは、参加者が信頼を育みながら、時間と手間をかけていき、異なる職業や多様な経歴、幅広い視野を持つ人々が参加して自由に語り合う開放的な「対話」ができる公共空間である。[25]プロジェクトというものは、結合の機会として多様な人達を一時的に結束させる特徴があるので、[26]ＬＬのプロジェクトから新しい関係性を築き、社会的な価値を共創する公共空間がＬＬである。

社会的価値共創の要件として野中ほかは、[27]①何が問題なのかという「社会的課題や危機意識の共有」、②仕組みを変え持続性を確保する「生態系アプローチ」、③知が埋め込まれた地域や組織の生態系や文脈を把握し衆知創発の「知識創造プロセス」の三点を挙げる。当事者の課題やニーズを含む現場知識の醸成、それを基盤とする多様な認識の枠組みがブリコラージュのように結びつきあい問題解決の方法を生み出す。[28]ここで重要なことは、市民のネットワークと企業や行政などの専門家と市民の関係性である。企業は自社のサービスの効果という観点から、健康に関心のある人が参加する共創を望む。したがって、企業の参加を増やすためには、健康に関心のある人のコミュニティづくりが必要になる。一方、市民にとっても、同じ関心を持つ人とのネットワークを拡大して関係を深めることができ、市民を様々な健康増進活動に参加することにつなげられる。後者については、フォレット[29]が指摘したように、専門家任せにせず、全体状況を自らが考え判断すること、各人が自らの相違に気づき他者の相違性と結びつけ、経験により多様な価値を統合して、新たな多様性を生み出すこと、その中で専門家の使い方を学ぶことが必要になる。そして、異質性を徹底活用し、複数の価値観から新しい価値観を創る[30]ことが求められる。

利用のコンテクストを深く探求する必要があるからこそ、専門家よりも利用の構想力を持つ市民が必要となり、[31]参加者の力を相互に引き出しシナジーを生み、利用の構想力を組織化する方法としてＬＬ

が重要になる。対話は、問題を一緒に明らかにし、意見の数を増やし、代替案を排除せず案の可能性を広げ、共に理解し会話を継続させようとすることで活性化する。[32] テーマよりもビジョンづくり、利益や顧客満足等の個別目的よりも共通善や社会的目的を掲げる方が機能する。[33] つまりＬＬでは、異なる価値観や動機を持つ関係者が出会い、対話し協働することで、参加者の暗黙知を共有する共同作業という新しい社会的価値創造を行うので、多様な関係者による目的や目標づくりから始めることになる。しかも途中で目的や計画を変更しながら社会的価値を生み出すことも多く、参加者の意識や行動を変え、流動的、状況依存的な状況をベースに多様性を組織化して新たな関係性をつくっていくのである。

ＬＬでも資金は大きな課題であり、公的資金や企業資金に依存するだけでなく、クラウドファンディングを活用すべきである。クラウドファンディングは、応援から愛着へと「深化」させ、プロジェクトのファンから地域のファンへと変容させ、[34] 同時に、外部の資源をもっと取り込む手段として活用できる。こうしてＬＬは、ユーザー、企業、大学、行政やＮＰＯなど、様々な参加者が異なる価値を提供しあい、一緒にサービスを開発して課題を解決していくプラットフォームとなる。こうしてＬＬは、ソーシャルイノベーションの原動力になり、参加する様々な参加者が自己を変革する場になる。

2. エーザイ株式会社による地域包括ケアの仕組み形成

地域社会における医療費は、高齢化の進行に伴い増加の一途をたどっている。国民皆保険制度は、誰であっても医療を受けやすくした半面、国民の予防医療への意識を下げたといえるかもしれない。持続可能な制度にするためには変革が求められることは明白だが、〝健康長寿国〟に向けて、この問題を解決するにはどうすれば良いのだろうか。また、人口減少地域は、医療機関の経営が立ち行かなくなり、病院の廃止統合が進んでいる。地域の医療をどうするかは、住民にとって重要な問題なのである。

1 ▼地域包括ケアシステムの必要性

高齢化社会において重要なのは、高齢者を含めた住民全体が積極的に身体的にも精神的にも、生きがいを持った健康的な生活へシフトすること、医療機関が治療中心の医療から予防医療に向けた支援体制を充実させること、地域行政が住民に対して健康的生活の必要性を積極的に啓発すること、さらに、健康長寿社会への変革をヘルスケア関連産業全体が住民と連携し、健康的な社会づくりを推進していくことが大切である。

このような状況は、これまでの地域社会の医療構造、医療の考え方を大きく変えなければならないことを示している。それは単に行政の問題として捉えるのではなく、企業も含めた地域社会の多様なセクターを包含した仕組みの構築が求められる。特に、高齢者のＱＯＬ(quality of life：生活の質)を高め、誰もが健康長寿を望む社会であるためには果たして何が必要であるのかについて、住民主体の知識創造活動を通じた社会的イノベーション創出への取り組み事例について考えてみたい。

◆健康維持の重要性

健康の四要素は、身体的健康、精神的健康、生きがいのある人生、社会的なつながりのある人生である。病気を持つ患者や生活者、高齢者の想いとは何か、それは健康で生き生きと人生を全うすることである。そのためには人生のすべてのステージで、病気にならない予防、病気になる前に対応する未病、病気になっても早期に診断し悪化させずに健康を取り戻す治癒、病気になっても支障なく生活できる介護と社会的生活支援がスムーズに機能する仕組みが必要である。この一連のヘルスケアをコミュニティレベルで実現しようとしているのが二〇二五年を目標に整備が進められている「地域包括ケアシステム」である。これは医療と介護を地域ごとに融合させ、治療だけではなく、予防・ケアを含む包括的対応を視野に入れ、患者や高齢者が住み慣れた土地で自分らしく人生を全うできる社会を目指すものである。病気になってから治すのではなく、予防・悪化防止に力を入れる。むやみに入院させるのではなく、自宅や高齢者住宅で自分らしく過ごしてもらう。「病気」モデル(Illness body system)から「健康(Wellbeing)」モデル(Health-mind system)へのシフトである。しかし、これを実現するには、住民を主体とするコミュニティにおける新たな仕組みが必要である。

誰もが健康長寿を願い、経済の豊かさと医療技術の発達によって健康長寿が可能になれば社会は必ず高齢化する。高齢化対策ということではなく、高齢者をかけがえのない新たに出現した存在として位置付けることが可能である。WHOが提唱している健康の四要素である身体的健康、精神的健康、生きがいのある人生、社会的なつながりのある人生を、コミュニティレベルで実現していく必要がある。予防、治癒、介護の統合性のある仕組みと、健康で安心して生き生きと暮らせるまちづくりの結果として健康寿命の延伸につながる。地域を見渡せば豊富な資源が見つかり、人と人をつなぎ、資源を生かすことによって新たな資本(たとえばヘルスケア関連事業)を創り出すことによって医療費や介護費の負担が相対的に少ない、健康で生き生きと暮らせるコミュニティになる。

◆病気になっても暮らせるまちづくり

エーザイ株式会社(以下、エーザイ)では、国内の事業活動の大きな目標の一つとして、病気の方々にとって安心して暮らせる「まちづくり」を掲げている。エーザイの考える「まちづくり」とは、たとえば認知症の方との相互理解を実践し、そこから得た有形無形の多くの知見を医療・介護の専門家や行政・自治体、そして地域の住民の方々と共有したうえで連携し、認知症の方にやさしい「まち」を実現することである。病気の早期診断や治療へのアクセスが十分に確保され、寝たきりになる方が一人でも少なくなるような「まち」を目指している。これまでエーザイでは、次のような内容で地域ごとに患者様を取り巻く社会環境を整備する仕組みを構築してきた。

●認知症の方との共同化の実施
●認知症に対する理解を深め、早期受診を促すための啓発活動
●患者様や一般生活者の方々を対象とした認知症フォーラムの開催など
●介護マニュアル作成
●保健・医療・福祉関係の方々と協力し、介護に携わる方々を対象としたマニュアル作成
●MRIを活用した認知症の画像診断を支援するツールであるVSRAD（早期画像診断システム）の開発と医療機関への設置
●地域における医療と介護、かかりつけ医と専門医とのネットワークづくりの支援

こうした活動をさらに推進するため、二〇〇八年一〇月に「まちづくり」支援の専門組織として、コミュニティ・ネットワーク支援室や、二〇一六年には認知症ソリューション本部を設立した。現在、多くの社員が、全国各地で医療のみならず介護・福祉の面から地域が抱える課題の把握につとめ、課題解決に向けた取り組みを展開している。「まちづくり」はエーザイの企業理念である*hhc*を具現化するための活動であり、全社員が心を一つにして取り組んでいる。

2 ▶ 住民主体の知識創造活動コンセプト

エーザイは*hhc*理念実現に向けた新たな挑戦として、地域コミュニティの場に伺い、住民との共同

化活動を二〇一五年よりはじめた。その活動から二〇一六年四月から開始した住民主体の知識創造活動は、欧米や日本の他地域で行われている企業技術や学術論文による仮説実証、あるいは国や地方自治体の政策実証などの一般的なリビングラボとはまったく異なる住民をベースとした革新的な取り組みである。

◆共創の社会システム

エーザイは、住民ニーズを中心にしながら知識創造理論の実践をコーディネートすることで、薬のみならず新たなソリューション創出によるヘルスケア・ニーズと課題の解決、さらにはSocial Capital創生からSocietal Innovation創出により、意味や価値で結びつけられた共創の社会エコシステムの構築を図っている。

住民が地域社会に対して持つそれぞれの主観は、あくまで個人のものであり独立しているが故に、地域住民の共通価値となっておらず、そのままでは住民の行動変容に結びつくには至らない。しかし、この住民の想定する不安要素を抱える当事者間において、それを認識し理解することにより意識・行動が一変する。住民は当事者との交流と相互理解を進めていくことにより、共感を醸成し意識・行動変容につながる強い動機づけを得る。そして、住民は住む地域や心の根源に潜む憂慮を抽出し、地域をよりよくしていくための真のニーズや社会的課題は何かと考えはじめる。この住民の意識・行動変容のプロセスを通じて見出された真のニーズや課題を共有し、自らの実生活にリンケージさせたストーリー化を通じて、より現実的かつ具体的な解決に向けた策(戦略)を立案する。それがエーザイの考える住民主体の知識創造活動であり、エーザイの社員は地域に入り込みつつ様々なサポートとコーディネートを行う。

◆戦略立案プロセス

住民主体の知識創造活動の戦略立案プロセスは住民自身による知識創造理論の実践にある。住民自身と、想定される不安要素を持つ当事者との直接的な共体験による暗黙知の交流があってはじめて可能となるストーリーであり、既存課題のみを捉えたこれまでの企業やアカデミア、行政が考える技術や論理、政策とは根本的に異なる。日常生活に即したシームレスなストーリー化をもとに創出する戦略は、物語アプローチとして実生活での出来事との親和性と連続性を持つ。

この住民自ら課題を見出し、考え、解決策を創造していく戦略に、地域ごとの特徴やコミュニティにあるリソース、あるいは企業技術や社会的仕組みなどを連結させることで具体化し実現性を高めるよう支援するのがエーザイの役割である。最終的には、実際に住民自らが戦略を実践することを通じて真のニーズの解決を図るとともに、その戦略の高質化に向け新たな暗黙知の交流から再び次の段階の戦略立案に着手する。

この住民主体の知識創造活動の実践は、さらに興味深い現象を生み出す可能性を持つ。住民は実践活動を通じ、社会・地域の人々との結びつきや信頼関係をより強く持つようになり、コミュニティを形成する。この相互の信頼や協力は、社会課題である治安・経済・教育・健康・幸福感に加えて新たな価値創造につながり、結果として社会的な効率性を高めるSocial Capitalを創生し、新たな社会エコシステムの構築につながる可能性を持つ。当事者との共感・課題の共有プロセスを通じて地域社会の構造が変わっていくのである。

3 住民主体の知識創造活動実践事例

エーザイは、二〇一五年四月から知創部により、地域コミュニティの場に伺い、住民との共同化活動をはじめた。そのきっかけは、一九九九年の認知症治療薬の発売以来取り組んできた「認知症の方々が安心して暮らせるまちづくり（以下、まちづくり）」を顧みたことがきっかけとなる。「まちづくり」の取り組みの社会的意義は大きく、認知症の疾患啓発により国民の理解、かかりつけ医の診断技術向上、専門医とかかりつけ医さらには介護従事者との連携体制構築など、認知症当事者や介護者への医療・介護領域における対応力を飛躍的に向上することができた。

◆まちづくりへの関与

認知症と軽度認知障害の人数は八六二万人（二〇一二年時点 平成二八年高齢社会白書）であり、二〇二〇年では一千万人を超えていると推計される。すなわち六五歳以上の認知症有病率は三割を超えている。それであっても住民にとって認知症は未だ他人事であり、認知機能セルフチェックなどの取り組みはほとんどなされておらず、潜在化している患者様が多くいる。

この状況は「まちづくり」あるいは行政の認知症対策において、医療・介護制度が適応される〝非日常〟への取り組みは進んだものの、住民の〝日常生活〟に対するアプローチが適切に行えていないことが主な要因となる。特に、認知症は日常生活におけるちょっとした変化からはじまることが多く、医療・介護制度の適応ではなく日常生活との融合が重要となる。住民の方々が日常生活において認知症に対し我が事として意識することが不可欠である。

これらの状況を捉え、エーザイ知創部は二〇一六年四月から住民主体の知識創造活動をはじめた。住民が自らあるいは地域に現実としてある認知症等のヘルスケア課題と向き合い、共生する社会を築くための意識改革と行動変容を起こせるような仕組みを創るため住民主体の知識創造活動を住民とともに生み出した。住民の意識改革と行動変容を起こし、認知症を含め様々な疾病を有する方の共生社会を創生するためには、強い動機付けとともに住民が中心となり実践する仕組みが必要となる。一方的な啓発活動や専門家からの情報、企業の技術や一律的な行政政策は、マクロ的な仕組みとしては機能するが、地域コミュニティに暮らす住民の日常生活として機能することは難しい。さらに、これらの他者から与えられる主観は、その理想像や論理は理解されるものの共通価値や共通善(社会全体にとって善いこと)とならず、日常生活に潜在する真のニーズを見出し解決に向けた取り組みを行うモチベーションへは繋がらない。

◆先行実践事例

現在、エーザイが関係する住民主体の知識創造活動は、首都圏、地方都市圏で先行して実践している。以下に現在進行中の事例について述べる。

①相互理解への取り組み

両地域の実践では、地域活動の中心的な役割を担っている住民団体とエーザイとが直接共催契約を締結し、全国的にも極めてまれな仕組みで実践されている。当初、住民団体側は民間企業と協業することに対する不信感があったが、エーザイは対象地域への訪問を繰り返しながら両地域事情や生活実態を深く共有するとともに地域活動にも参加を続け、共に同じ時空間を過ごすことにより相互理解を図り住民との深い信頼関係を築いた。

②住民意識の把握とテーマの設定

住民は各地域のよって個別の様々な理想や課題・ニーズを抱えている。住民主体の知識創造活動の実践に向けては、住民がしっかりとコミットして議論が散漫とならないよう考慮し、深く解決策の実証まで知識創造プロセスを実践するために、数多くある課題や住民ニーズの中からテーマを共有することが必要となる。地域住民の意識や興味あるいは不安を総合的に捉えつつ、住民主体の知識創造活動の実践テーマを住民の意思をもとに共有することは重要なスタートとなる。地域団体代表者とともに「より安心していきいきとくらす」という重要なビックビジョンを掲げ、より多くの住民が関心を持って参加できるようなプログラムとした。その結果、両地域とも最も深刻な課題は高齢化であり、生き生きと暮らすために最も必要なことは「健康」との意見が最も多く出された。さらに、健康に関し「将来最も不安な病気」については、「認知症」と考える住民が約半数以上になった。この結果を踏まえて、地域団体代表者との検討を行い「健康」ひいては「認知症」をテーマとして、住民主体の知識創造活動を実践することとした。しかし、この段階では参加住民は「やっぱり皆が課題と考えることは認知症だね」と三人称的に捉えており、我が事となっていなかった。

③住民主体の知識創造活動構築

テーマを「健康」ひいては「認知症」とした住民主体の知識創造活動の実践に向け、住民の意識について地域団体代表者の方々と現状の共有を図った。地域団体代表者は、「認知症」についてはテレビ放送や医療・介護従事者、行政担当者からのレクチャーで症状や対応法などの話は聞いていた。しかし、実際の住民意識としては、認知症に対し漠然とした不安感はあっても当事者意識はなく、自らの行動や地域での支援について考えるに至っていなかった。まさに「まちづくり」を顧みて捉えた課題認識と合致しており、住民主体の知識創造活動のコンセプトの実践に大きな意義があることを住民代表者と共有できた。

◆住民主体の知識創造活動のプロセス

地域の社会的課題は、地域住民でなければ理解できない面が多々ある。さらに、その課題を具体的に提示できなければ、解決策を導くことができない。つまり、生活の中で感じている様々なことを、体験し、理解し、共有化していくことで、課題が明らかにされ、解決するための方法・技術・プロセスが見出されていくのである。エーザイでは、社員が地域住民の生活の場に赴き、共体験し、地域住民と協力して分析を進め、知識創造理論の実践を通じてして解決につなげていく。両地区では、次のようなプロセスにより住民主体の知識創造活動を展開していった。

①第一段階――共感を導き意識改革と行動につなげる

エーザイでは、住民代表者との検討を重ね、これまでの認知症についてのレクチャーや疾患啓発ではなく、認知症当事者や介護者とともに時空間を過ごし住民の内在的自己と認知症当事者や介護者の内在的自己を交流させる〝場〟を形成していくこととした。

住民団体とエーザイは、地域住民の方々と若年性認知症当事者や介護者との交流、介護経験と認知症に関わる様々な課題に取り組み続けた方との対話、グループホームや特別養護老人ホームへの訪問で一緒に昼食をとるなどの施設生活の共体験などにより、地域社会や地域住民の生活そのものにおける認知症への課題を内発的に見出すように努めた。認知症当事者の方の見守りや老老介護の実生活など知るために、ドキュメンタリー映画鑑賞とその監督、ご家族との対話を通じてその実態を理解した。そのうえで、約一年半をかけて、それらの活動から得られた知識や直観を地域住民が共有する対話の場を地道に積み重ね、両地域合わせて二〇回以上、認知症当事者やそのご家族との共同化を実施した。

共同化を重ねていくことにより、段階的かつ着実に認知症に対する住民の意識や行動が変わっていった。住民の一人ひとりは、これまでのレクチャーや疾患啓発では十分理解できなかった認知症当事者や介護者の持つ価値観や心層を実感し、自らの人生価値観と照らし合わせることにより、徐々に意識改革と行動を起こしていくことになった。その過程では、驚くべきことに住民の中から、涙ながらに自らが認知症であることをカミングアウトする方も出てきたのである。表層的ではない相互理解の深まりや共感が、その後の地域課題やニーズの抽出から解決策の立案までを自分たちで実践しようという、住民の強いモチベーションを生み出した。

②第二段階——課題抽出から解決策（戦略仮説）の策定

認知症当事者と介護者を交え、住民自身が自らの言葉として課題抽出を行った合計六千枚にも及ぶ付箋には、これまでのアンケートや市場調査では得られない地域特性や住民の実生活に即した想いや課題・ニーズが記されていた。また、初期の段階では表層的なものでしかなかったが、共同化を重ねるうちに次第により心の奥底にある想いやこれまで見えなかった潜在的なニーズが見出されてきた。

この付箋をもとに、地域の俯瞰図、各部屋の間取り図を用い、生活場面に即した認知症当事者や介護者の生活ストーリーを作成し、どのような課題・ニーズがあるのかを整理し表出化していった。このストーリー化は、断片的に課題・ニーズが発生する一場面ではなく、課題・ニーズ発生の前兆から、その後再び日常生活にもどるリズムや流れを捉えられ、非日常への対応だけでなくこれまで成し得なかった日常へアプローチする新たな解決策（戦略仮説）設定を可能にする。一連の関連付けられた事象として全体の流れを客観的に見ることができるのである。

実際にストーリー化され見出された課題・ニーズに対する解決策（戦略仮説）は、前後の日常生活を含めて俯瞰的かつ連続性を持ったアイデアとなっている。さらに、住民主体の知識創造活動では、付箋に加え音声や映像のデータを取っている。これらはテキスト化されたうえでＡＩ解析を行い、住民ニーズを整理している。この結果は、認知症当事者と住民との共体験によるリアルな場で見出された課題・

ニーズと合致していただけではなく、医療・介護関連分野の論文内容とのギャップも明らかになった。つまり現在の医療介護保険制度や医療介護従事者の研究・報告には含まれておらず、いまだ対応がなされていないと想定される住民の課題・ニーズが見出されたのである。このリアルな場における共感ベースで抽出された憂慮と、得られた住民の実生活における課題をデジタルラッピングによって整理・分析するというアイデアは、新たな手法として有効性が高いことが示された。

③第三段階――地域コミュニティと企業の連携による解決策の具体化（戦略立案）

二〇二〇年三月末時点では、見出されたアイデアや解決策を地域コミュニティに存在するヒューマンソリューションや企業技術等とのマッチングによる連結化、解決策をより具体化させ実践する内面化に向けたフェーズへの最終準備が進められている。地方都市圏においては、新たな課題・ニーズに対するアイデアを創出する役割であるこれまでの住民主体の知識創造活動の開催と並行し、ヒューマンソリューションとして地域住民が認知症をはじめとするヘルスケアに関して気軽に相談でき、知識創造活動において見出されたアイデアとマッチングした企業技術等の使用感などを共有する「ヘルスケア・カフェ（仮）」をはじめることとした。

また、住民ニーズに即した技術を有する企業検索は、ＡＩ解析を用いて全世界的にマッチングさせることも併せて行っている。このリアルな地域コミュニティであるヒューマンソリューションに加えて、課題解決のアイデアと技術をマッチングさせ、解決実現のために最先端の企業技術を探し出す新たな仕組み等を活用することが、*hhc*（ヒューマン・ヘルスケア）理念に基づく知識創造理論を実践するエーザイと連携した住民主体の知識創造活動の醍醐味である。

④第四段階――住民が自ら見出した解決策を住民自身が実践する

最終的に立案された解決策はそのアイデアを見出した住民自身が試してみる実践の段階へと移行する。地方都市圏で準備に入っている「ヘルスケア・カフェ(仮)」など住民が集うコミュニティプレイスでは、たとえば解決策が実生活においてどれだけ活用されているのかといった利用状況や改善点に関する情報を収集していく。また、現代社会における著しい技術進化を踏まえ、住民の課題・ニーズにすばやく対応できるように最新技術とマッチングできる機能を持つ住民主体の知識創造活動を継続していく予定である。エーザイでは、それらの住民が実践する知識創造活動を住民とともに実践していく。

◆住民主体の知識創造活動のまとめ

住民主体の知識創造活動は、*hhc* 理念を掲げ人間性を中心に位置付けた企業理念を基軸に、知識創造理論を長年にわたりビジネス現場で実践してきたエーザイであるからこそ成し得る戦略的な仕組みである。そのベースは、主役である地域住民へのリスペクトとより輝く地域づくりへの強い想いを持ち、住民とともに過ごす時空間を通じて信頼を増幅していくことにある。そのうえで、住民が中心となる知識創造理論の実践面では、暗黙知の交流で湧き出る共感から憂慮を抽出し、これまで表出されていない真のニーズを住民自身が見出す。この過程で住民は相互の信頼と共生に向けたモチベーションを抱き、Social Capital創生、Societal Innovation 創出に向けて、自らの人生の価値を深める取り組みとなる。最終的には、今回のテーマとなった「健康」、「認知症」の枠を超え、まさに次世代の地域コミュニティの在り方、地域社会エコシステムを構築する。住民主体の知識創造活動は現在継続中であり、実践結果はこれから明らかになるが、少子高齢化で多くの課題を抱える地域社会にとって、これまでにない社会変革を起こす可能性を十分に有していると考える。

註

(1) 西尾(二〇一七、二〇二〇)。
(2) 本事例は、松本市商工観光部へのインタビューや資料をベースに作成している。
(3) 先端的な健康・医療情報の共有化を図り、要介護者・介護者のニーズ、病院・介護施設・高齢者関連施設のニーズを調査研究して情報提供を行う。
(4) 小学校区ごと(三五カ所)に設置され、相談窓口、住民のふれあいの場、地域の健康づくりの場、福祉の担い手づくり、地域の福祉づくり、ボランティア支援など、九百名の健康づくり推進員が活動。
(5) 当初は「リビングラボ」と呼んでいたが、活動がワークショップなどによる議論から共創につなげる取り組みであることから「開発ワークショップ」と呼んでいる。(https://m-health-lab.jp/club)
(6) 本事例は石井慎一郎国際医療福祉大学教授(元神奈川県立保健福祉大学)へのインタビューをベースに執筆している。
(7) 野中・廣瀬・平田(二〇一四)。
(8) 谷本(二〇〇六)。
(9) 谷本・大室・大平・土肥・吉村(二〇一三)。

(10) 野中・廣瀬・平田（二〇一四）。

(11) Steen, K. and E. van Bueren (2017).

(12) Følstad, A. (2008).

(13) Vanmeerbeek, P., L.Vigneron, P. Delvenne, B. Rosskamp and M. Antoine (2015).

(14) Prahalad C.K. and V. Ramaswamy (2004).

(15) Bartlett C.A. and S. Ghoshal (1997).

(16) Fischer, G. (1998).

(17) 谷本・大室・大平・土肥・吉村（二〇一三）。

(18) Georges, A., D. Schuurman and K. Vervoort (2015).

(19) Veeckman, C. and S. van der Graaf (2015).

(20) Leminen, S., R. DeFillippi and M. Westerlund (2015).

(21) Logghe, S., B. Baccarne, and D. Schuurman (2014).

(22) 行政や公共イノベーションの研究や実践を行う組織が設立されている。英国のNesta、デンマークのMindLab、オランダのKennislandなどが代表例である。

(23) Nonaka, I. and T. Takeuchi (1995).

(24) 石井（二〇〇四）。

(25) Lester, R.K. and M.J. Piore (2004).

(26) Boltanski, L. and Chiapello, E. (2013).

(27) 野中・廣瀬・平田（二〇一四）。

(28) 藤井・原田・大高（二〇一三）。

(29) Follett, M.P. (1924).

(30) Stark, D. (2009).

(31) 松村（二〇一六）。

(32) Bauman, Z (2016).
(33) Tsai, W. and Ghoshal, S. (1998).
(34) 渡邉（二〇一八）。

第4章 地域の価値を創り出す

1. 地元資源の活用による価値創出

多くの日本人にとって、自分の故郷や日本的な原風景を残した地方に出向くと、不思議と心も表情も穏やかになり、ある種の安堵感を覚える人が多い。さらには、この日本の豊かな自然環境や地域の食材は、インバウンドで来日する海外の人々にも知られつつある。それらは、具体的な経済価値としての注目を浴びることは少なかったが、日本各地に残されている重要な地域資源なのである。しかもそれらは、まだまだ価値評価が低く未活用な面が多いのである。

1 周防大島「瀬戸内ジャムズガーデン」の活動

近年は、海外においても日本食への評価が高まっていることから、地域の食材の潜在的可能性に注目が集まっている。しかし、これまではその地域の一次産品の価値を活かした地域ならではのメニューや食材の組み合わせ、新たなおいしさを醸し出す「フードペアリング（食材の組み合わせ）」による付加価値をいかにして生み出し、商品価値につなげるのかについては、十分な研究が行われてこなかった。大量生産大量消費の時代は、独自で多様な価値形成を目指す動きは鈍かったが、量的に少ない地域の独自産品でも加工方法や販売方法が進歩したことにより採算ベースにのるようになりつつある。特に、インターネットにより流通が大きく変化している。その地域活性化の事例をベースに、個別具体的な活動事例からの学びと共に、根底に存在する共通の普遍的な意味を探っていく。

◆地域特性と経営者のバックグラウンド

本章では、地元農産物の商品化に成功した事例を紹介し、地域社会に変化を起こすことの本質価値を共に考えていく。ここで取り上げるのは、地方での起業プロセスである。

「瀬戸内ジャムズガーデン」は、瀬戸内海の周防大島（すおうおおしま）にあり、自然豊かな島内において生産されている果実や野菜のおいしさを凝縮したジャムを自ら製造販売している事業体である。立地している周防大島は、気候温暖、山口県でかんきつ生産量トップの地域である。活動の中心となっているのは京都出身の松嶋匡史であり、妻の松嶋智明の実家である周防大島地域にJターンし、夫婦協力して「瀬戸内ジャムズガーデン」を設立して地域ブランドに育て上げた。夫妻の創意と工夫により島の活性化を推進すると同時に、栄養価が高くおいしいジャムの販売を通じ、周防大島地域から全国の人々に健康と幸せを発信している場所でもある。

周防大島は、瀬戸内海では三番目に大きく、現在は山口県大島郡周防大島町となっている人口約二万人弱の島で、住民の四割超が六五歳以上の高齢者である。歴史的には、村上水軍の統率者であった村上武吉の居住地であり、風光明媚で歴史ファンが多く訪れる。一九七六年に大島大橋によって本州側の対岸の柳井市と結ばれ、現在では交通の便も良くリゾート的な価値も有する。

そんな周防大島でまったく新しい事業である「瀬戸内ジャムズガーデン」を創設した松嶋は、一九七二年京都生まれで島の出身ではない。彼は、大学時代を京都で過ごし卒業後に技術系の職員として中部電力に就職した。周防大島の出身である妻と京都で出会ったことにより地元との縁が生まれた。妻は、周防大島のお寺の娘さんで、京都の仏教系の大学に在籍していた。

たまたま新婚旅行で行ったフランス・パリで素晴らしい手づくりジャム(1)との運命的な出会いがあったことが、その後の夫妻の運命を大きく変化させることになる。そのフランスで出会ったジャムは、いろんな食材を組み合わせてつくるもので、日本人がジャムとしてイメージするものより調理品、加工食品、料理品というべきものであった。そして、それを口にした時の感動は、言葉にできない程のものであり、新婚旅行の間に複数回も立ち寄ったという。しかしながら、そのジャムは、日本人には甘味度が強すぎたため、もし日本で製造・販売するとなれば、甘過ぎず素材の自然味を活かした組み合わせを工夫し、醸し出す複雑な奥深い味を提供すべきと考えた。帰国後もその思いは心の中に存在し続け、本当のジャムのおいしさを日本でも生み出したいという強い願望と意志があった。しかし、松嶋は会社で優秀な技術者として将来を嘱望され、新たな仕事のチャンスも与えられていた。電力会社という性格上、調理や料理の世界とも関係する機会が多く、調理のプロたちの話や拘りに触れる機会もあった。そのような中で、フランスでの食体験を振り返りつつ自分の人生をあらためて考え直していた。休みを利用してジャムの試作を続けていた松嶋は、ジャムづくりをやるための計画書をつくり、ある時、思い切って妻にジャム工房立ち上げの話を相談した。

◆周防大島での起業

出産のために周防大島へ戻っていた妻の松嶋智明は、育児を行いながら夫の依頼で地元産の朝採れの果物を使い、少量のジャムをつくって道の駅でのテスト販売を試みた。その結果、通常のジャムよりも五割ほど高い価格で販売し、完売することができた。その後は周防大島へ二カ月に一度帰省し、二週間ほどの滞在期間の間に実家のお寺を手伝いつつ一人で原材料探しとそれを使った二百本のジャムを製造し、インターネットでの販売を開始した。価格は高く販売量も少なかったことが希少性を呼び、順調に売れていった。ある程度の手ごたえが得られたことで、委託販売ではなく自分たちのジャム工房の設立を夫婦で決心し、二〇〇四年に社屋を完成させた。

周防大島は、夏季の観光客が多いことから、初年度は夏季四七日間のオープンとし、三年目まで夏季のみの営業で六〜八千本の売上を達成した。ある程度の固定客もつき、事業の手ごたえを感じたことから二〇〇七年七月より通年営業に切り替えた。直後に地元新聞社の取材があり、それをきっかけに客足は増えていった。しかし、冬季の客足は鈍く、対応に苦慮していた。

智明は、実家である寺の運営にも副住職として協力をしていくことになり、その活動が事業においても大きく役立った。副住職として檀家の家々を回っていくと、いろんな相談事があり様々な島内情報が集まる。その中には、当然、農作物に関する多様な情報がある。作柄、価格動向、換金作物の選択、規格外品の発生量や処理の問題など、島内の切実な困り事や課題を知ることができる。それらについての相談を夫の松嶋としていく中で、創作的なジャム製品をつくり上げ、原材料生産者としての地元農業者を支援することになる。そこから原材料を地元調達し地元でジャムに加工する工房設立の発想に至った。

だが、軌道に乗せるまでは並大抵の苦労ではなく、特に冬季の売上をどう確保するのかが最大の課題であり、試行錯誤を続けていた。

ある時、知り合いの農家から周防大島特産のサツマイモ東和金時の情報を得る。それをジャムにしてみた結果、つくり立ての熱いうちは非常においしいが、冷めてしまうと味が落ちてしまう製品ができ上がった。いわば失敗作だが、逆転の発想でパンに塗ってからオーブントースターで焼くジャムとして売り出した。これがきっかけで「焼きジャムシリーズ」を売り出し、マスコミでも取り上げられたことにより評判を呼んだ。現在では、ネットを利用したジャムと季節の果物のセット商品も好調で、安定した売上につながっている。二〇一〇年には店の横に摘み取り体験型ブルーベリー農園をオープン、島になかった果実は耕作放棄地を利用した自主栽培にも取り組み、事業は軌道に乗っている。

いろんな種類の果実を確保して試作を試みる一方で、調理ジャムという新たな可能性を考えながら、果実のブレンドや完熟と若い果実の組み合わせを試行錯誤し、さらには紅茶とのブレンドまで試みた。

その行動は、地元の人たちにも幅広く実施され、島内の人々の様々なアイデアを組み込んで開発に反映させていった。

2▼食材の本質価値から発想する

松嶋は、島内で取れる地元産の柑橘類や果実類を原料にしたジャムやマーマレードを製造販売しているが、一般的なジャムに使用されているｐｈ調整剤、ゲル化剤、着色料、保存料などは、一切使用していない。また、加工工程においても薬品を使用せず、手作業で行っている。砂糖は国内産サトウキビを原料とし化学漂白していない洗双糖を用い、ジャムの糖度を四〇度に抑えて素材の味を活かしている。

手間がかかるうえに季節ごとに原材料が変わり、大量生産できないため、価格は高く設定せざるを得ないが、価値を評価してくれる消費者は次第に増えている。このように季節によって入れ替わる製品の深い味わいや商品コンセプト、さらには島内における他の食品製造者との連携などの実績を以て、松嶋は六次産業化の最高栄誉である農林水産大臣賞などいくつかの賞を受賞している。

◆フードペアリング

松嶋の基本コンセプトは〝フードペアリング〟である。ジャムのおいしさも組織づくりも、適切な組み合わせ（ペアリング）により価値を高めることができると考えている。食材でいえば、単に最高の材料の組み合わせが最高の味になるというのではなく、最高の味になるような組み合わせ方を探求していった。さらには、島全体での最適性を考え抜く中で、多くの方々とのコラボレーションを推進し、ジャムという形態に加工することが最もおいしさを訴求できるだけではなく、生活者にとっても身近で馴染みやすいことに着目した。

生活者は、ジャムを食生活の様々な場面で用いる。パンに塗って食べる、紅茶に加える、料理に使う、など、モノとしてのおいしいジャムを提供することだけではなく、生活者が食べるシーンにおいて最もおいしく感じられるような「組み合わせのおいしさ」を実現する食品を生み出すことを追求した。

企業の設立当初は、素人が始めた事業であり、採算が取れるまでには相当の苦労があった。その中で学んだ徹底した顧客視点、顧客志向が生み出した新たな付加価値が、今までにない島内調達原料によるジャムの製造販売を可能とした。松嶋の食材加工の考え方は一貫しており、原料となる果物の特性に合わせて加工、製品化を行うことを重視している。単に甘味だけではなく程良い苦さや爽快な酸味を有するもの、完熟のおいしさのあるもの、未熟だからこそ香りの強いものなど、島内において生産される原料果実の特性を知り尽くしているからこそできることである。そのために、地道に夫婦で生産農家を回り、島内農家の多くがサポートしてくれる人間関係をつくり上げてきた。だからこそ完成度の高い製品につながる原材料の確保が可能になっている。

◆高品質化へのプロセス

松嶋は、品質の高い商品を生み出すために、わざわざジャムの原料となる食材からスタートし、製品に合わせて最適化する手法を採用した。そのために、農家とともに原料へのこだわりを共有し、独特の栽培方法である「樹上追熟」なる非常に手間も時間もかかる方法を採用している。通常、完熟状態の果実を流通に乗せると傷みやすいことから、早めに収穫をして収穫後に熟すのを待つが、そうではなく樹上で生命を保ったまま自然に完熟するのを待って収穫を行う。このことにより、ジャムの原料となる果実の成分は、本来のおいしさを発現させ、非常に優れたものとなる。つまり、栄養成分を最高値になるような段階まで収穫を待ち、ジャムの原料としている。これは、加工地と生産地が同じ場所にあることの強みを活かした方法といえる。他方で、規格外や未熟なものであっても、組み合わせにより、その香りの強さや酸味などの特徴を活かせることから、一定以上の価格で購入している。その生産に対するこだわりを共有するために、島内の農家とも徹底的に話し込み、生産者が納得のうえで、独自の生産方法を採用している。現在では、もともと栽培技術の蓄積がある生産農家側からも、松嶋に対して多くの新しい提案が成されるようになった。

人の味覚の機能の一つに、摂取したものが身体に対して良い成分であれば、その成分を再度摂取すべく、その味を良い味として長く記憶に留めさせ、複数回の摂取を促すいわば「おいしさ」による認知機能も存在する。その意味で「樹上追熟」は、必要な栄養成分の存在の証でもある「他に無いおいしさ」価値となり、最高の成分をジャムの原料にしていることになる。さらに松嶋のジャムの製法へのこだわりが素晴らしいのは、普通なら完熟追及で十分と思うところだが、わざわざ未熟な果実の優位性の活用をも導入している点にある。

若い果実は、香りが強く、酸味も強い。そこで、先の「樹上追熟」の果実と、若い果実を組み合わせて活用するという方法で、今までにない新たなおいしさを有するジャムを製造し、新規顧客の創出を推進している。この組み合わせのノウハウは、暗黙知として、極めて優れたものであり、これらのコツに瀬戸内ジャムの優位性がある。さらに松嶋の生産者との関係を重視する姿勢は、その原料の購入価格の高さにも表れており、大手食品加工メーカーの原料買い付け価格の一〇倍以上で購入している。農家の苦労や協力を考えると、その高値での購入こそが原材料の価値に見合った適正価格水準であるという。

農業生産は自然環境に左右されるため、その生産物には必ず一定の未成熟や流通規格外のものが発生することは避けられない。それらは、自家消費や廃棄されるのが通常であったが、それも含めて原材料として生産者への対価を支払い、かつ事業として採算がとれるレベルまでの仕組みをつくり上げた。この相互信頼・相互協力により生産から顧客までをつなぐ関係性が重要なのである。

新たなジャムづくりのチャレンジは、労力と時間がかかったものの、島内外の多くの国産原料のマッチングを試し、さらにはそれらをブレンドし、一二〇種類を超える製品の品揃えを実現した。これは、見る者にも強いインパクトを与える品数の多さであり、決して飽きさせない味の豊富さを目に見える形で提示していることになる（筆者（久塚）は、実際、店内にある喫茶コーナーで飲んだ紅茶とジャムの相性の良さにも感激した）。店内の棚には、味も、色も、香りも異なる多様なジャムが並び、それらの一つひとつにストーリー性と特徴が存在している。購入した顧客を通じて、口コミやSNS等で情報発信され、評判を呼んでいる。

今の瀬戸内ジャムズガーデンは、フランスで得た事業の夢をさらに進化させた結果である。今では、特別なアイテムのジャムまで含めると、年間一八〇種類のジャムが店頭に置かれ、総計で約一五万本ものジャムが販売されている。瀬戸内ジャムズガーデンは、現在八名の正社員を含め三〇名の従業員を擁する立派な事業体となって、島の活性化に貢献している（図4-1）。地域の社会性を重んじながら、地

図4-1 ▶瀬戸内ジャムズガーデンのスタッフ

出典：瀬戸内ジャムズガーデン提供

元の資源を使い新たな価値を生み出そうとする強い信念が、全国一位の農林水産大臣賞を受賞するジャムを生み出した。

今では「来年はこんな作物を」、「こんな品種をつくろうか」という相談や、こんな種を買って栽培していけば新しいジャムができるかも知れないと、農家側からのアイデア創出による開発型提案型の関係になりつつある。

農家の人々も、松嶋からいわれたアイテムをつくるのではなく、自らが考えた作物をつくるという自律性が生まれている。その結果、品質管理された原料供給体制が進化し、新たな製品につながるというプラスのスパイラルが自然発生的に生まれている。

◆瀬戸内ジャムズガーデンの特徴

瀬戸内ジャムズガーデンの特徴は、フードペアリングの大切さを反映させた無添加の製品開発を行っていることである。この数年、食のおいしさの科学的研究が進み、味覚センサーや分子レベルでの成分分析、味覚に対する脳波の反応測定等も駆使される中、調味料と食材の組み合わせなど、味のみならず香りも含めてのペアリング解析が進められ、経験則で正しいとされていた組み合わせが物理的数値として実証されている。たとえば、われわれは経験上チョコレートとオレンジソースの組み合わせが優れているということを知ってはいたが、それが科学的測定によりデータで追認されることとなった。このようなマッチングこそが、誰にとっても違和感なく、味覚にとても素晴らしい余韻を与えているのである。食品を購入している顧客は、おいしく食べたいのであって、必ずしも単品のおいしさを求めているのではないという分かりやすい事実こそが、食品にとって大切な本質価値ということになるだろう。

その事実から鑑みるに、周防大島は海の幸も豊富であり、民宿やリゾートホテルでの海産物の料理も多く存在している。この海産物に合うソースやスープも、島の特産果実をベースにしたもので新たに生み出すことも可能となるであろう。実際、肉や魚との組み合わせでは、果実に消化を助ける酵素類も含まれていることから、その効果をフレッシュなソースや生ドレッシングとして活用し、島の新たな特産品に仕上げていくこともできる。さらには、それらに保存性を付与した新たな領域としての調味料分野にも拡大できる。実際、松嶋は、次の新商品のアイデアを島の仲間との新たな連携を視野に入れて考慮している。

このように、常に新たな連携相手と知恵を磨き、地域や企業、そして商品が持つ本質価値とは何かを問い続け、試作し販売する実践の結果から、また新たな推論を働かせ方向を決めていくという、知の循環を生み出していくダイナミズムこそが瀬戸内ジャムズガーデンの強さであり、イノベーターとしての松嶋の真骨頂でもある。

◆地域資源を活かす

瀬戸内ジャムズガーデンの事例には、地域における製品開発という面だけではなく、われわれが学ぶべき深い本質的意義がある。大量生産大量消費の時代は終わり、多様性とユニークさが求められる時代に入りつつあることから考えても、生産物への価値づけを行い、商品化にあたっては小規模な市場でも持続性の高い需要を追求することで、再生産のための収益を確保することが可能なのである。多様な果実に恵まれた周防大島の地元で、果実の種類、収穫時期、生産場所などによって異なる水分量、食感、甘味、酸味などを考慮したうえでその個性や季節感を手づくりによって生かすという、感性が製品に反映されている。

ユネスコにも無形文化遺産として登録された「洗練された和食」は、とても貴重な食の文化的価値であるが、日本の各地には、まだ沢山の「有名になっていない食の文化価値」も存在している。最近では、日本の地方ならではの食の魅力を求めて、その地のおいしい地域伝統食を食べ、古民家や農家・漁師の家で、浴衣を着ての宿泊となる農家民宿・漁家民宿というように、地方の衣・食・住の文化体験型へとシフトしてきている。その中でも、地方の食への興味は大きく、その地での食の体験は、インバウンドの中でも大きな魅力となっている。特に日本の地方の食のおいしさ、見た目の美しさ、健康価値は、海外の人々にも大きな魅力となっている。その事実を知るにつけ、改めてわれわれも日本の地方の魅力や食をベースにした地域伝統食の素晴らしさを再認識させられるとともに、新たな気づきも多々生まれてくるのも事実である。地域活性化の中で、その成功事例の共通項として知られているものが「よそ者」、「若者」、そして臆せずチャレンジするという象徴の意味での「ばか者」の三者の存在がある。松嶋も、ある意味ではその三つの「者」を兼ね備えた人財でもあった。この三者の前向きなエネルギー要素が合わさった時に、初めてイノベーションにつながるといえる。

3 地域における経済振興の在り方とは

地域における豊かさを増していくうえで、その地域における一次産品の加工度を上げていくことは極めて重要なことである。地域での加工度を上げるということは、その地域での分業が成立することとなり、対価が地元に還流する。仕事に関与する人々、対応する地方企業に相応の売上と利益を残すことにつながるからである。食品企業の裾野は広く、関与する工程が多ければ多いほど、付加価値も地域での総生産額もアップすることとなる。そこで、地域における加工度の向上策を如何に進めるべきか、実例を交えながら、裾野が広い食品産業の展開をベースに地域でのあるべき社会的イノベーションを考えていくものとする。

かつて筆者（久塚）自身は百年超えの歴史を有する日本と米国のグローバル食品企業で、食品と飲料のR&Dのトップマネージメントを担当してきた経験を持つ。ヒット商品を目指しながら常に食のイノベーションを意識して仕事をしてきた。他方で、世界の食の本質価値や地域での伝統食品、医食同源にも興味を持って、食の健康機能価値や食の伝統的な文化価値、さらには身土不二（しんどふに）としての地元価値などを学び、実感してきた。それらの視点から見ても、地域での食品加工ビジネスにおいては、地元ならではの付加価値の創出も可能であり、その余地も大きいものと考えている。食を通じた分業の中で、地元での地域総生産額の向上や付加価値化に伴う生活者への利便性と食を通じた満足度の提供により、いろんな歓びを生活者に届けることが可能となる「善の循環」の創出も生み出せるのである。

地域での食を通じた活性化をベースに、地域社会を変えることができる可能性は大きい。国内外のグローバル企業でのビジネスパーソンとしての経験からしても、今からの時代における地域ならではの真の強みを生み出せる可能性を感じるのである。つまり、世の中の流れを見ていると規模の大きさや利潤追求だけでは通用せず、社会性を持ちつつ自らが能動的に変化していけるスピードが大切な時代に入りつつあるということを感じるのである。

かつての高度成長期の市場であれば、伸長する市場に後から参入しても、拡大する市場の一部を得るだけでも大きな売上が得られ、かつリスクの少ない参入が可能な時代が長く続いた。その結果、リスク回避型のキャッチアップが得意な大企業に有利な時代となっていた。市場が右肩上がりに確実に拡大する時代であれば、社内にフルファンクションを有する大企業が有利であることは間違いなく、後からの参入で「差別化戦略」なる戦略とはいえないような安全なる方法論が通用したものである。食品業界でも家電業界でも、この「better & difference」という方針に過剰適応することで、安全で確実な成長を可能にしてきたのである。

その大企業も現在では、自らの規模を分社化する、子会社化する、スピンアウトさせるなどにより、事業最適な形に細分化し、市場の変化に先んじて動きやすくした組織づくりを推進している。そして、特定分野に過剰に適応した思考の中だけでは新たな事業の創出も難しい時代となる中、意識の高い従業員は自主的に勉強会を実施し、さらには業界を超えた朝会などにも参加し、その知識と人脈の拡大を目指している。また、大企業でも自らスピンアウトする人材を社内公募する、他企業との連衡をサポートするなど新たな取り組みを始めている。他方、新製品開発研修や新事業創出の研修でも、企業の枠を越えた創発的な研修が望まれているのも事実であり、各社のエース級の社員を新しいタイプの研修に送り出して創発を促し、さらにマネージャークラスに対しては企業横断の立場での新事業考案を期待して、新たな人脈と新事業の芽を見つけてくるような組織を越えた活動も活発化している。

ここで大切なことは、自らが強い変革の意志を持ち、ゴールをイメージして、高い視座を持って未来市場を見抜く眼力の保有が重要となる。ゴールから今を見る「back cast」的な時空を超えての俯瞰する眼力と、そのゴールに導くに値する「高い志」を持つことが肝要となる中、その要素を保有する者同士の邂逅（かいこう）が大切であり、それは意識して人脈をたどれば、必ず出会えるものである。よって、それを意識した場の設定が重要となる。

筆者（久塚）は、大手企業をリタイアした後、都内および地方のいくつかの大学での講義の傍ら、食品企業での商品開発の経験を活かして国内の多くの地域での食を通じた地域活性化を推進してきた。地域における食を通じた活性化における食品開発は、限られた原料、資金、設備、人材と、極めて限定された環境下での商品開発となる。その分、地域の人をベースにした最適化を行わざるを得ず、多くの創意と工夫が成されている事実が存在している。今回、それらの経験をベースに地域社会における事例の中から、結果的に生み出され続けている地域でのイノベーション事例を考察することで、普遍的な意味合いを知ることになった。

地域の活性化を行う方々に共通しているのは、根底に必ず地域のために、地域の人々のために、さらには、自らを活かして持続的なものとすべく「善なる循環」を生み出していくという強い信念と高い志が存在していた。そしてそれらの事業を俯瞰的に見ると、苦労をしながらも常に最善を尽くす中、時空を超えた最適解を自然に得て、関与する多くの人々に対しても結果的には大きな福音をもたらしているのである。そのプロセスは決して単調なものではないが、主体者が思い描く理想の姿をゴールとし、それを常にイメージしながら、時には挫けそうにもなるような困難に対しても果敢に挑戦していくのである。

今回は、その本質的な価値およびプロセスを具体的事例から考え、そこには今後の地域社会的の在り方、特に地域の経済振興に対するヒントとなるものが多く存在しているように思えた。筆者（久塚）が地方の大学での講義や講演を重ねていく中で、その土地、その土地で多くのおいしい食事に巡り会い、さらには価値ある食材に出会うことも多々あり、ある種の地方の豊かさを感じることも数多く経験してきた。地元の方々同士での「食のおすそ分け」の文化や、近所の互いの家で収穫した食べ物を配分していく古来の伝統的な相互扶助の精神も残っており、地域コミュニティにおけるほのぼのとした心の豊かさや安堵感を得ることも多々あった。また、食品学や食品製造学、食文化論の講義の中では、食の本質価値（栄養価値、おいしさ価値、機能価値）や保存性を付与しながらも新たな付加価値を生み出す食品加工の講義を実施する傍ら、文理融合の学問領域の新たな視点からの食関連ビジネスにおける社会的意義や新たに生み出される価値についても共に考えている。

今回のコロナ禍の中で、明確になったことがある。食をテーマにした地域活性化は、昨今、地域外からの来客・来場者を対象に観光産業の進展とともに大きく成長してきたのは事実であるが、それは、インバウンドの来日観光客を対象に急速に伸長した一回限りのトライアルユーザーを対象にしたお土産の食品を製造（委託製造も含め）・販売していた事業主と、地道にファンづくりをしながら良い商品を生み出し続けるイノベーションを怠らず実施していた事業主とが並存していたということである。しかしながら、今回のコロナ禍により、インバウンド市場が消失してしまった現状の中で、多くのトライアルユーザーに頼った販売をしていた多くの事業者と、少ない事業者数ではあったがリピーターを大切にし、顧客価値を知ったうえで食の基本価値にこだわり、顧客の創造を意識した製造販売を心掛けていた事業主との差が出ていることは、食品ビジネスにおける最も重要な視点を改めて教えられた気がする。

地域の零細な企業でも、トライアルユーザーを大切に考え、誠意ある商品を生み出し、食品の基本価値を提供し続ける革新性を考え抜いた事業者は、トライアルユーザーを結果的に上手にリピーターに育成し、顧客との強固な関係性の中で、信頼の絆で結ばれた真の顧客を、意図せずに確保していたのである。その結果、かかる状況下でも、信頼関係の創出の中での通販という新しい市場の獲得が可能となっている。真面目に食の基本価値を考え抜き、良い商品を生み出し提供し、トライアルユーザーをリピーターに仕上げていきながら、さらにはダイレクトマーケティングも展開し、顧客のファン化、囲い込みを地道にしていくことの強さを、改めて感じさせられた昨今のコロナ禍の中での事実認識である。

地方創生の真の意味や食の本質価値、人が共に食する意味と食生活の大切さ、さらには、それらの活動を地域全体で推進していこうとしている方々の情熱と具体的な創意と工夫は、今の時代における企業経営にも十分に役立つ本質的な課題解決のヒントが多々存在していると確信できる。

2. シルクからワインへ

地域において隆盛を誇った一大産業が、時代の流れとともに衰退していった例は、日本全国において見られる。過去、千曲川流域一帯は養蚕業で栄えた地域であり桑畑が広がっていたが、現在は見る影もない。しかし、地元の資源である桑畑跡地と立地条件を活かし、複数分野の組織による広域の協力関係をつくり上げて、新たな地域振興の取り組みが開始されている。

1 ▼ 広域連携を目指す——千曲川ワインバレーコンセプト

長野県は、江戸時代から養蚕が盛んで一九一一年には全国トップの桑園面積を有していた。桑は、長野県内各地に存在しており、洪水にも日照りにも強く、山の斜面でも深く根を伸ばして地下水を吸収し成長できた。また、川の流域や中州でも栽培が可能だった。平地が少ない長野県にとって、蚕のエサとなる桑を大量に確保できたため、養蚕業は最適な産業だったといえる。生糸を輸出して得られた外貨は、船舶や機械の輸入に充てられ、その後の日本の経済成長を支えた。しかし、生活スタイルの変化よる絹織物の需要減少、外国産の安い繭・生糸・シルク製品の輸入に押され、地場の生糸産業は衰退していく。それとともに桑畑は耕作放棄地となり、その面積は拡大する一方であった。

◆シルクからワインへの転換

高度経済成長期、長野県内の放棄された桑畑跡地に欧州系ブドウが植えられ、それを原料とした小規模ワイナリーが増え始めた。水はけがよく日当たりが良好な南斜面の桑畑の跡地は、ブドウ栽培に適していたのである。これにより「シルクからワインへ」をコンセプトに、荒廃した農地の再生とワイン醸造を軸とした地域振興活動が展開されてきた。長野県では、ブドウ栽培とワイン醸造を次世代における中核産業の一つとして位置付けており「信州ワインバレー構想」を立ち上げ、県内を塩尻市周辺地域の「桔梗ヶ原ワインバレー」、松本から安曇野、大町一帯の「日本アルプスワインバレー」、南信州の「天竜川ワインバレー」、そして東信濃から北信濃にかけての千曲川流域の「千曲川ワインバレー」に分けてそれぞれの地域特性を生かしたワイン産業振興に取り組んでいる。

この千曲川ワインバレーの特徴は、単に産業としてワイナリーを増やして集積し、雇用機会を拡大して定住人口を増やすという狙いだけではなく、ワインバレーを核に、これまで地域内において縦割り型で連携が取れていなかったレストラン、交通網、宿泊施設、歴史的史跡を結びつけ、レベルの高い広域回遊型の総合的なツーリズム適地として位置付けようというものである。

◆ワインバレー構想

「千曲川ワインバレー」の東御(とうみ)市を中心とした地域は、日本初の広域ワイン特区を形成し、小規模ワイナリーの集積を進めている。この広域ワイン特区[2]は、八市町村（東御市・上田市・小諸市・千曲市・立科町・長和町・坂城町・青木村）で構成されている。この特区のユニークな点は、大手企業の工場を誘致して大規模な生産体制を整えることで地域経済振興を狙うのではなく、個人が立ち上げた小規模ワイナリーを集積することで地域の魅力を打ち出そうという点である。ワインは、原料のブドウ栽培地の土壌、気候条件、ブドウの種類や醸造工程など、微妙な条件の違いによりまったく味わいの異なった個性のある商品となる。いわゆるテロワール（terroir）[3]の違いである。これにより、それぞれのワイナリーが特徴を打ち出したワイン生産が可能となり、集積により相乗効果を生み出すことができる。

特区発足時五社だった千曲川東地区ワイナリーは、二〇二〇年初めの時点で東御市一〇社、小諸市四社、上田市一社、坂城町一社、立科町一社、青木村一社と計一八社となった。設立を目指すワイングロワー[4]も続々入植しており、すでに五〇近いヴィンヤードが生まれ、[5]ますます増えそうな勢いである。また、上田市では、市内で初めてのワイナリーとなる業界大手メルシャン社の「椀子（まりこ）ワイナリー」が建設され、二〇一九年九月二一日にオープンした。このワイナリーは、二〇〇三年に上田市丸子地区陣場台地に開園した二〇ヘクタールの「マリコヴィンヤード」内に設けられ、栽培からワインづくりまでを公開するブティックワイナリー[6]である。これにより、地元上田市においてもワイン産業への関心が一気に高まった。

このマリコヴィンヤードは、従来の二〇ヘクタールから三〇ヘクタールに拡張予定である。そこには、マンズワイン小諸ワイナリー同様、年間一〇万人規模の旅行者が足を運ぶものと予想されている。千曲川を挟んだ両岸に、しかもこの至近距離にある地域に、大手のプレミアムワインを産み出すヴィンヤードとワイナリーが二つ存在するインパクトは大きい。G7伊勢志摩サミット晩餐会や米国やフランスの大統領来日時の歓迎晩餐会で使用されたプレミアムワインである小諸市のマンズワイン社「ソラリス」、東御市のヴィラデスト社「ヴュニロンズリザーブ」、上田市メルシャン社「マリコヴィンヤード」と、日本を代表する銘柄の産地が、この隣接する三市に集積していることはとてつもなく大きな価値となる。三市が「千曲川プレミアムワイン銘醸地」の中心として、首都圏や軽井沢からの旅行者を誘導する大きな要素になりえる。(7) このように行政の枠を超えた広域での地域振興につなげることができ、可能性が広がるのである。

◆千曲川ワインアカデミー

千曲川ワインバレー構想を支えるのは、人である。外部から企業を誘致するのではなく、地元でワイン事業を担う人材を育成するために、ブドウ栽培からワイン醸造、ワイナリーの起業と経営について総合的に学ぶことができる日本で初めての民間講座「千曲川ワインアカデミー」が二〇一五年に東御市に開設された。二〇二〇年までの五年間で一二〇名を超える修了生を輩出、そのうち四割近くが就農しブドウづくりに携わりつつ将来のワイナリー設立を目指している。

このアカデミーは、日本で最初のワイングロワー育成の機関であり、JW-ARC(8)が自社の施設を使用して運営している。JW-ARCは、ブドウ栽培と醸造により荒廃した農地をよみがえらせ持続的なライフスタイルの確立を目指して活動する組織として二〇一五年に設立され、エッセイストの玉村豊男が代表を務めている。ワイン生産を中核にした地域再生、日本ワインの品質向上に資する技術情報のアーカイブ、ワイン産業の人材教育および技術支援のための基盤ワイナリー創設を目的としていた。「千曲川ワインアカデミー」は、このJW-ARCが保有する醸造施設「アルカンヴィーニュ」ワイナリー内において開講されている栽培醸造経営講座である。

アカデミーの受講生は、ワインの知識を身につけたい人から、ワイングロワーを志望し将来的にワイナリーを運営したい人まで多岐にわたり、様々な職業の人の応募がある。二〇二〇年度は、第六期生三六名が在校している。最近は医療、ＩＴ、音楽業界など農業経験のない人の応募も増えているという。

ワイン醸造までには、最低でも数年の時間が必要であるにもかかわらず、自らの価値観、ライフスタイルを追求したい層が存在しているのである。講座そのものは四月～翌年三月の一年間、土日を利用し延べ三〇日間の講座が組まれている。受講のためには、千曲川ワインアカデミーの事務局による審査に合格し、会費として年間三二万四千円を納付しなければならない。このアカデミーの卒業生からは、千曲川流域に定着しブドウ栽培と醸造事業を起業して活動している人が多数出始めており、この地域は小規模ワイナリーが連なった〝ワインバレー〟地域に徐々に変貌し始めている。

◆連携と支援の場づくり

「アルカンヴィーニュフォーラム千曲川ワイン倶楽部（ＣＷＣ）」（以下、ＣＷＣ）は、ワインアカデミーの卒業生を応援したいという有志により組織され、インターネット上にサイトが開設されている。ワインに関するフォーラム、イベント、支援策が実施されており、その代表的なプロジェクトについて紹介する。

①生産者支援プロジェクト

「千曲川ワインアカデミー」三期生までの六二名のうち四〇名が参加した交流会が二〇一七年六月開催され、参加者のアンケート結果を踏まえ、二〇一八年の生産者支援プロジェクトがスタートした。内容は、CWCのホームページを二〇一七年一〇月三一日に立ち上げ、アカデミー卒業生の支援サイトを設ける、一三名の生産者ストーリーと動画を掲載し生産者間のコミュニケーションプラットフォームと生産者の情報発信支援活動を行う、というものであった。併せてCWCフェイスブックの開設が行われた。

②生産者とスポンサーとのマッチング

ワイナリーの設立支援や販路拡大支援など、経済的な側面を支援するプラットフォームとしてCWCホームページを機能させることとした。具体的には、二〇一七年一〇月に、売上一千億円を目指す起業家集団「ビリオン・フォーラム」経営者一〇名を、一泊二日で現地に招待し、収穫体験や生産者との交流を深めた。当日のランチには、小諸市 小泉市長や東御市 花岡市長も出席し、自治体の関心の高さを示した。

③協業ワークショップ開催

信州大学社会基盤センターとCWCが協業し、二〇一七年末より「NAGANO WINEブランドデザインワークス」を四回(東御市二回、東京一回、小諸市一回)開催し、長野県内在住の三〇～四〇歳代のクリエイター(グラフィックデザイナー/Webデザイナー/コピーライター)と生産者のコラボレーションを実施した。すでにＣＷＣのプロジェクトにもデザイナーが関わり始めており、ワインのラベルデザインはじめ、東地区のヴィンヤード、ワイナリーのマップの作成、ロゴ作成、ブランディング等の協業へと今後進んでいくと期待される。

◆TAZAWAワイン村プロジェクトのスタート

千曲川流域で初めてのワインリゾート開発を目指してスタートしたのが、本プロジェクトである。ワイナリーの集積が始まっている東御市の田沢地区では、二〇一二年より村の活性化に携わってきた地元組織「おらほ村」活動メンバー一八名とＣＷＣとが協働し「TAZAWAワイン村プロジェクト」に着手した。

この地区にはすでに、ヴィラデスト、アルカンヴィーニュ、ドメーヌナカジマの三つのワイナリーのほかに、ゴルフ場の浅間高原カントリー倶楽部、湯楽里館（日帰り温泉施設）、おらほビール（クラフトビールブルワリー）、大田区休養村という恵まれた観光資源・施設がすでにある。これらの相乗的活用を狙い、まずは空き家が増え続ける現状に楔を打ち込むべく、第一弾としてかつて村で最も人が集まり交流の場となっていた「関酒店」の復活に取り組んだ。それに先立ち「おらほ村」メンバーが出資した「田沢ワイン村株式会社」が二〇一七年九月一日に設立された。クラウドファンディングで「未来村民」を特典付きで募集し、店舗の改修資金を確保し、二〇一八年四月三〇日に復活開業にこぎつけた。同年八月には空き家を利活用した民泊施設「清水さんの家」がスタートするとともに、ワインを核として生活観光ともいうべき地元住民と旅行者の交流の場が創設され、体験型イベントプログラムの開発が進められることとなった。

2 地域資源の複合的活用と広域展開への挑戦プロセス

千曲川ワインバレー計画のポイントは、小規模ワイナリーの集積を核として、行政の枠にとらわれない広域において、すでにある観光資源、宿泊施設、交通機関を相互に結びつけ地域経済圏を確立しようという点である。

◆交通機関の対応

しなの鉄道では、年間八七一一万人(二〇一八年度実績)の旅行者が訪れる軽井沢から二〇一七年四月より観光列車「ろくもん三号プレミアムワインプラン」を毎週土・日曜日に軽井沢/長野間に定期運行し、観光客の広域回遊ルートを形成しようとしている。さらに乗客を千曲川ワインバレーに誘客すべく「ワイナリー循環レール&バス」フリーきっぷを軽井沢駅にて発売開始し、二〇一八年六月から一一月まで土・日・月曜日運行の東御市観光周遊バス「まるっと信州とうみ号」と連動させた「軽井沢~東御休日ワインきっぷ」を発売、小諸市も「小諸をバスでめぐるツアー」を四コース設け、四月から一一月までの土・日曜日・祝日ミニバス運行して連動させている。また、インバウンド向けの二日間フリーきっぷも、発売された。

さらに、小諸(小諸観光局)と東御市(とうみ観光交流機構)の両地域DMO(Destination Management

Organization）が連携し、二〇二三年までに小諸駅、田中駅、大屋駅を起点とした、小諸市・東御市・上田市の三市相互乗り入れを行う「千曲川ワインツーリズム」へ発展させていく方向で、検討が進んでいる。目下懸案の地域連携「千曲川ＤＭＯ／ＤＭＣ」設立の暁には、しなの鉄道小諸駅、田中駅、大屋駅、新幹線佐久平駅、上田駅を起点とした相互乗り入れの周遊バスの運行を目指していくことになる。沿線駅からの二次交通を充実させるためには、現在国土交通省が推進している観光地型ＭａａＳ（Mobility as a Service）の推進も不可欠になると思われる。しなの鉄道ではそれに対応して軽井沢からの誘客のために、ワイナリー循環レール＆バスのフリーきっぷの発売によりその動きをバックアップしている。この三市連携による千曲川ワインバレー東地区のワインツーリズムは、日本ワイン産地の中でも、欧州系ブドウをメインとした最適地であり、特にシャルドネは、世界水準レベルがいくつもあると高い評価を得ていることから、それを集客におけるポイントとすることも考えられる。

しなの鉄道は、創業二〇周年記念事業で、二〇一七年一〇月より軽井沢旧駅舎を活用し、駅舎内に観光列車「ろくもん」のラウンジ、小布施の桜井甘精堂のカフェを新設し、さらに売店施設を含め軽井沢駅を充実させている。しなの鉄道の玉木淳前社長は、沿線の小諸市、東御市、上田市にも呼びかけを行い、軽井沢駅を情報発信基地として活用し、軽井沢からの観光客誘導を促した。

◆広域連携

小諸市にある一二〇年の歴史を持つ老舗温泉旅館中棚荘の荘主 富岡正樹は、二〇〇三年より市内御牧ケ原地区で自ら栽培したワイン用ブドウを活かし、三男隼人にワインアカデミーを修了させ、二〇一八年一一月ジオヒルズワイナリーを開設した。併せて旅行代理店資格を取得し「ヴェレゾンツアー」と称して、二〇一七年九月より佐久市、小諸市、東御市の観光ツアーを売り出した。内容は、小諸市と東御市の主要ワイナリーを巡るツアーや、佐久市、小諸市の日本酒蔵元、クラフトビールブルワリー、ワイナリーを組み合わせたツアー等の五コースを設定し、発売開始した。

このような動きのほか、小諸市・東御市・上田市の三市連携を中心に、広域ワイン特区全体で「千曲川プレミアムワイン銘醸地」の地域ブランディングへの気運が高くなってきている。佐久地区には、日本酒蔵元一二社とクラフトビールブルワリー二社があり、それぞれの市の特徴を生かして、広域連携により下記のテーマに取り組んでいく計画が立てられている。

①スポーツ施設・宿泊施設・医療施設の機能連携——高地ナショナルトレーニングセンター誘致構想

小諸市高峰高原（標高二〇〇〇m）、東御市湯の丸高原（標高一七五〇m）、上田市菅平高原（標高一三五〇m）の標高差を組み合わせたスポーツ施設とアスリートの宿泊施設を誘致し、三位一体で集客促進を図る。それに加えて、佐久市の佐久医療センターのドクターヘリ派遣、二〇一七年年末開業した小諸市の浅間南麓こもろ医療センター等の医療機関により、アスリートの健康管理とトレーニングに対する医療面のサポート体制を充実させる。

②醸造施設と温泉の連携

『醸しと癒しのリゾート』を旗印に上田市が主導となって小諸市・東御市・佐久市と協力し、日本酒・ワイン・ビールの地元醸造元と温泉地を結びつけ「スパ&ウエルネス」コンセプトを導入した「スパ&ワインリゾート」構想を推進している。「醸し」は、東信地区にある日本酒蔵元一九社、ワイナリー一八社、クラフトビール四社、味噌醤油二四社の計六五社、「癒し」は上田市の別所温泉郷や丸子温泉郷をはじめとして東御市の温泉施設八カ所、小諸市の温泉施設一〇カ所、佐久市の温泉施設八カ所を活用する。以下に各市の取り組みを紹介しておく。

小諸市では、マンズワイン小諸ワイナリーを中核に、眺望に優れこれからブドウ栽培圃場やワイナリーが増えると見込まれている糠地地区や御牧ケ原地区を中心に小諸高原ゴルフ倶楽部、小諸高原美術館のある飯綱山公園、菱野温泉、中棚荘、小諸温泉、あぐりの湯を包含した地域を「にしこもろスパ&ワインリゾート」とする構想を掲げ、市の産業振興部を中心に、本格的な検討を開始している。

東御市（とうみし）は、温泉施設「湯楽里館」に「ビア&ワインミュージアム」を開設した。田中駅に隣接する温泉施設「ゆうふるTANAKA」のスパ&ウエルネス施設への転換を試み、すでに開設されているワイナリーと組み合わせた「Destination Spa」を目指し、市内八カ所の温泉施設を絡めた「東御スパ&ワインシティ」を企図している。すでに始動した約二八ヘクタールの御堂ワインぶどう団地が本格稼動する三〜四年後の東御市は、ヴィンヤードも現在の四一ヘクタールから七〇ヘクタールに拡大し、地域最大のぶどうの収穫量とワインの生産量を誇るワインシティになる見込みである。

上田市は、メルシャンのマリコヴィンヤードに二〇一九年秋に開業した椀子（まりこ）ワイナリーを中核に、丸子温泉郷（鹿教湯温泉・大塩温泉・霊泉寺温泉）、信州国際音楽村、上田丸子グランヴィリオゴルフ倶楽部が連携し「MARIKOスパ&ワインリゾート」に発展する可能性が高い。

これらを含む「千曲川ワインバレー」地域は、大消費地である首都圏に近く、集客力のある軽井沢とも隣接している。交通手段としては車だけではなく新幹線も利用可能であり、現地では、しなの鉄道やバス路線が使える。自治体、宿泊施設、ワイナリー、交通機関などが広域で連携することにより、楽しめる滞在型リゾートとして発展する可能性を秘めている。千曲川流域のワイナリーを中核とした滞在型リゾート化は、インバウンドをはじめ観光客などの流動人口を呼び込むだけではなく、それによる経済効果によって地域での起業機会も増え、地域への人口定着にも資するところが大きい。

長野県が二〇一七年に示した新たな観光ビジョンは「世界水準の滞在型山岳高原リゾート戦略」であった。県では、二〇一八年から「千曲川ワインバレー東地区」を、新観光戦略の重点地区として整備する方針を固めている。

◆ウエルネス・ツーリズムの導入

千曲川ワインバレーに沿って走るしなの鉄道沿線に「スパ&ワインリゾート」が開発されれば「醸し」と「癒し」の滞在型保養地としてシーズンステイを楽しむリピーターが訪れることになる。特に女性を誘うワイン、多様なレストランの食、温泉、スパ&ウエルネスを組み合わせた『ウエルネス・ツーリズム』の地域が実現することになる。

「グローバルウエルネスサミット(以下、GWS)」は、二〇一九年一〇月一五日より三日間、アジアで初めてシンガポールで開催された。GWSのボードメンバーで、本サミットの共同議長を務めた相馬順子は、ポストサミットツアーで、GWS温泉部会メンバーを上田市に招き、「グローバルサーマルシンクタンク（Global Thermal Think Tank：G3T）」国際温泉会議を一〇月一八日〜二〇日に開催を予定したが、あいにく直前に襲った台風一九号の被害が甚大で、会議は中止となった。歴史ある別所温泉郷や丸子温泉郷を保有する上田市は、世界で潮流の「スパ&ウエルネス」のコンセプトへの理解を深め、温泉地の再興に向かうものと思われる。

世界には平均寿命が突出して高い地域があり、それらは「ブルーゾーン」と呼ばれる。これら究極のウエルネス環境やコミュニティを持つ長寿地域として特定されているのが、イタリアのサルデーニャ島や日本の沖縄諸島等である。当該地域での「健康で長生きするための秘訣」を探るための調査結果によれば、ブルーゾーンに共通する長寿の秘訣は「自然な運動（家事、庭仕事、ペットとの散歩、日曜大工等）」と「正しい展望を持つ（スローライフへの転換、身近な目的や生き甲斐を見つける）」こと」であるという。「ウエルネス」の新しい定義は、『健康は基盤であり、生き生きと輝くライフスタイルをデザインし、実現していくこと』であり、それは生き方そのものである。自然環境豊かな千曲川ワインバレー東地区の各自治体が保有する「ウエルネス資源」をつなげて環境整備すれば、「シルクからワインへ」という地域コンセプトともマッチングしていくであろう。それは、行政や業界の枠を超えた関係の構築により支えられるのである。

二〇二〇年二月一八日、上田市において「千曲川ワインバレー特区連絡協議会」、長野県上田地域振興局、長野県日本酒ワイン振興室、信州ワインバレー構想推進協議会、（一般社団法人）長野県観光機構の五団体共催による『二〇二〇千曲川ワインバレーフォーラム』が開催された。この五年間の千曲川ワインバレープロジェクトの活動成果と、将来の可能性を示唆するかのように、長野県や長野県DMOも加わったイベントが、いよいよスタートした。さらに二〇二〇年度からは、「千曲川ワインバレー特区連絡協議会」とCWCが連携し、軽井沢と千曲川ワインバレー東地区をつなげる活動が、「ウエルネスリゾート軽井沢」を舞台に本格化していく予定である。

新型コロナウイルス感染症による影響は、これらの活動にも影響を与えている。緊急事態宣言の発出により、外出自粛や都道府県をまたいだ移動が自粛され、千曲川流域では観光客が激減し、例年避暑客が集う軽井沢は閉店している店も多く、人の少ない静かなまちとなっていた。その半面で、一部の人は早々と首都圏の密集を避けてリモートワークの拠点としてセカンドハウスを活用するなど、新たな使い方を見出している。外国人観光客数の回復には時間がかかるかもしれないが、地域の価値を上げていこうとする地道な取り組みは、必ず実を結び地域に関わる人の輪を拡大し、地域を変えていくと信じている。

註

(1) フランス語のコンフィチュール(confiture)は、果物や野菜に糖分を加えて軽く煮詰めたもの。英語のジャム(Jam)は、糖分を多く加えて煮詰めたもので長期保存向き。

(2) ワイン特区とは構造改革特区の一つ。通常は酒税法の定める最低生産量六千リットルの生産規模が必要とされるところを、二千リットルで醸造許可が取れる特別許可区域。特区条件の一つに「域内の原材料を使用する」という条件がある。

（3）terroir（フランス語）。原料となるブドウの栽培地の地形、土壌、気候、品種などの違いによりもたらされるワインの個性的味わい。terre（土地）から派生した言葉。

（4）ワイングロワーとは、ブドウづくりからワイン醸造までを担う人。

（5）ヴィンヤードとは、ブドウ生産農場のこと。

（6）Boutique Winery。直販（セラードア）機能を持ち、手摘み、手作業による仕込みを行う中小規模で品質志向のワイナリーを意味する。

（7）筆者（小山）は、三年前から小諸市、東御市、上田市の各市長に、三市連携を強め「千曲川プレミアムワイン銘醸地」の中心となるべきと提案し続け、二〇一八年一一月一八日、三市長懇談会で基本的な合意に達した。広域ワイン特区八市町村以外の隣接する自治体の首長も参加の意向を示している。

（8）Japan Wine Agricultural Research Center（日本ワイン農業研究所株式会社）。

第5章 境界の超越がイノベーションを導く

1.「大企業」発のオープンイノベーション

われわれは、かつてのナンバーワン企業の多くが、時代の変化に適応できず衰退してしまったことを知っている。なぜなら、企業規模が大きくなるにつれて、役職や部署のレイヤーが多くなり、根回しや決裁に時間がかかり意思決定が遅れる、既存業務が優先されて新たな業務への人員や必要資材の配分が後回しにされるといった状況に陥りやすいからである。あるいは、組織の慣性が働き前例がないことに抵抗する、既存のルールや意思決定プロセスを過度に重視するなど、知らず知らずに蓄積されてきた目に見えない企業体質や風土などが思わぬ障害になり、新たな価値を生む動きを封じ込めようとする。

また、革新的な技術やビジネスモデルで従来の企業を打ち破った企業が、大企業になると革新性を失い、優良企業が見向きもしなかった破壊的な新技術により、業界の勢力構造がひっくり返されてしまうことを、ハーバード・ビジネススクールのクレイトン・クリステンセンは「イノベーションのジレンマ」と呼んだ。

このような組織の限界を克服しようとする考え方の一つに、ヘンリー・チェスブロウが提唱した「オープンイノベーション」がある。彼は「オープンイノベーションとは、組織内部のイノベーションを促進するために、意図的かつ積極的に内部と外部の技術やアイデアなどの資源の流出入を活用し、その結果組織内で創出したイノベーションを組織外に展開し市場機会を増やすことである」[1]とし、オープンであることが知の相乗効果を誘発し企業や地域社会の変革につながることを示した。要は、境界を越えて異質な知の相互作用の機会を増大することによりイノベーションの可能性を高めるのである。

昨今、大企業ではオープンイノベーション推進の動きが加速しており、新たな事業、製品、サービスを生む場として日立製作所「協創の森」、資生堂「資生堂グローバルイノベーションセンター」など、様々な拠点が開設されている。そこで本章では、大企業NTTドコモとカルビーから生まれたオープンイノベーションの成功事例を二つ紹介する。ただし、この二事例は潤沢な人員、設備、資金などに恵まれたわけではない。大企業ゆえのジレンマにも直面した。だからこそ、大企業発のオープンイノベーションの「成功の本質」がより明らかになるだろう。

1 NTTドコモ・アグリガールの機動力[2]

株式会社NTTドコモ（以下、ドコモ）は、移動体通信を主たる事業分野としている企業である。モバイル機器市場が飽和しつつある中でドコモが持続的成長を遂げるには、顧客のビジネスを一緒につくるような協働を提案していく法人営業こそが重要になると見通していたのは、当時第一法人営業部長だった古川浩司（現・ドコモ・サポート株式会社代表取締役社長）である。ドコモ社内ではB2Cのサービス提供を行う部署が主流であったが、今後はB2Bでビジネスの仕組みをつくる法人営業部隊の重要性が増していく、と古川は考えた。当時、NTTが地方創生を事業ビジョンの一つに掲げたことを受けて、グループ会社であるドコモも地方創生に寄与するビジネスを推進していく方針を出した。そこで古川は、ICT技術活用の可能性が広がっており、ドコモにまだまだ開拓の余地がある農業分野に目をつけたというわけである。

二〇一九年五月、通信事業を軸にICT化を推進するドコモの従業員や協業企業、パートナー企業が全国から集まるカンファレンスが開かれた。カンファレンスのタイトルは「アグリガール Empathy Conference 二〇一九」である。アグリガールは、ドコモ内で農業分野でのICT普及を担う女性社員たちの非公式組織（活動）であり、ドコモの本業とはやや異質な面を持つ。このEmpathy（エンパシー：共感）がカンファレンスの名称についたのは理由がある。それは彼女たち（アグリガール）の活動が、ICTという最先端の技術を活用しながらも、農業を支援したい、地方から日本を元気にしたい、というひたむきな思いをベースにしているからである。そして、彼女たちが、農業の現場で農業従事者と向き合って生まれる「共感」の醸成を重視し、そこから新たな価値を持つサービスを共に生み出すことを第一義に考えた活動を実践しているからにほかならない。

カンファレンスは、二〇一四年末の農業ICT推進プロジェクト発足以来、サービス提供に関わる従業員や関係者が全国から集合する初めての機会であり、本サービスの意義が改めて共有されるとともに、各支社での取り組み事例の発表、懇親の場が設けられた。発表された事例は、アグリガールたち一人ひとりが紡いだ関係性づくりと価値創造の物語である。

単にサービスを売り込むのではなく、農業者との対話とICT活用の実践を通じて顧客に向かい合って共感し、ドコモの技術リソースを用いて新しい価値や意味を共創していくビジネス・ソリューションであり、サービスシステムのコンセプトを動きの中で顧客とともに生み出していくプロジェクトとして位置付けられる。

つまり、アグリガール一人ひとりが①地域の顧客である農家やその他の関係者との密接な付き合い(コミュニケーション)の中で「いま・ここ」での共感を大切にし、②最新のICTによるソリューションを駆使して顧客の要望を満たし、③その実現のためにドコモの社内にとどまらない大きな関係性をつくっているプロジェクトである。

◆異例の地域密着プロジェクトを始める

二〇一四年一一月、ドコモの法人営業部で、農業ICT推進プロジェクトチームの女性メンバー大山りか、浜森香織の二人でスタートさせたのが「アグリガール」の活動である。この二人は、法人営業どころか農業にもICTにも詳しいわけではなく、いわば土地勘ゼロの普通の社員だった。二〇一三年四月、第一法人営業部に異動し、金融機関への営業を担当するようになった大山は、古川から農業協同組合(以下JA)グループとの取引を強化するよう求められた。

農業のＩＣＴ化はすでに多数の競合企業が取り組んでおり、ドコモは後発だった。また、農業は生産者の経験的ノウハウが大きく、要因が多岐にわたるためすべてをデータ化して蓄積しようとすると莫大な労力が必要とされる。さらに農家の中には、従来の農業手法にこだわり、ＩＣＴ化に関心や理解を示さない人も多い。しかし、国の政策でも、日本農業の競争力向上のために農地集約による大規模化や「スマート農業」と呼ばれるシステム化を推進しており、農業の生産性向上や担い手不足の解消手段としてＩＣＴ導入が試みられている。勘と経験の世界を、具体的で分かりやすいデータに変換し、活用していこうというトレンドができつつあった。

データ通信はドコモの得意分野であっても、農業についてのノウハウは不足していた。そのため、具体的な事業展開の方法論は、アグリガールメンバーに一任された。そこで、これまでドコモの各支店が細分化して担当し、ＪＡの各組織と個別に結んでいた契約を統合し、地域のＪＡや都道府県本部に対するボリュームディスカウントを適用することから始めた。ただ、それだけでは量を競う契約獲得競争というライバル企業との消耗戦に終わってしまう。

そこで二人は、契約数や売上高という数値やソフト契約の競争ではなく、地域の農業に関わる人たちが享受できる付加価値を提供するにはどうしたらよいかと考えるようになった。それは、「モノ」を売るだけでなく、「モノ」を媒介にした「コトづくり」への挑戦が始まった瞬間だった。彼女たちは、サービス開発そのものではなく農業向けＩＣＴサービスが集まる「場」をつくっていくことを志向すべきだと考えた。先行する大手企業のようにソリューション開発を行っても限界がある。むしろｉモード(3)開発時のように、他社が持つ複数のソリューションを組み合わせ、使い手にとって利便性のあるシステムとして提供する仕組みづくりを目指すほうがよいと判断したのである。

大山と浜森は、提供するサービスが持続可能なものとなるよう、関わる組織すべてが得意技を発揮できるプラットフォームづくりを徹底的に追求した。たとえば、後で紹介する「モバイル牛温恵」は、全国営業と拡販やマニュアル整備を行うドコモ、モバイル牛温恵の生産とサービス提供を行うベンチャー企業のリモート社、顧客選定や売掛やリース対応を行うＪＡとの協働である。彼女たちは、関係者すべてが「ハッピーになる」商流をゼロベースでつくり上げることを大事にするために、対面でそれぞれの担当者とじっくり話をして、思いを共有できるかを確認したという。大山は「どんなによいサービスでも、思いが共有できていなければ協働はうまくいかない。残念ながら思いを一つにできなかった場合はお断りしました」と語っている。

事業パートナーを開拓しつつサービスの形ができ上がる中で、大山と浜森は、四七都道府県にいくつもの支店を構えているドコモの強みを活かし、その支店で地元に根ざして働く「地域密着人材」に仲間になってもらい、彼らを自己組織化しようと考えた。しかし、実際は顧客より社内の協力を得るのが大変であった。プロジェクト発足時、ドコモ内部ではＪＡグループや農業、畜産業の分野に関する理解が浅く「なぜ畜舎の中まで行かなければならないんだ」、「牛の出産は二四時間対応、夜中に（システムが）障害を起こしたらどうするんだ」と様々な抵抗や反発が生まれた。

しかし、大山と浜森は、もともと支店で働く営業担当者の親戚等には農業従事者がいる場合も多く、自分で住む地域や農業に対する思いも強いはずだ、と信じて動いた。地方の支社や支店を回り、勉強会などを通じてサービスを紹介し、設置や利用方法の動画やマニュアルをつくった。問い合わせ対応の負担を軽くするため、二四時間体制のコールセンターも立ち上げた。丁寧に説明をし、体制を整えていく中で、アグリガールの活動に対する各支店の理解も深まり、アグリガールや営業担当のマイブーツ（作業用長靴）が並ぶまでになった。揃いのつなぎもつくった。アグリガールを全面的にサポートするアグリボーイも誕生した。

地域のアグリガールやアグリボーイたちは、既存の競争相手にない価値を訴求した。日常の生活感覚に根ざした女性ならではの「共感」を武器に、ゲリラ的に農業の現場に溶け込んでいったのである。強みは、「電話で断られるなら、直接会って断られるほうがいい」という、相手の懐に飛び込む前向きな姿勢と行動力である。アグリガールたちは、技術そのものの売り込むのではなく、相手の立場に立って何が必要かを理解し、そのうえでアプリやシステムで何ができるかを考え、提案していく対応を行った。説明も技術面に偏ることなく素人にも分かりやすいため、ＩＣＴに疎い農家の素朴な疑問に答えることができ信頼を得やすかった。

◆「モバイル牛温恵」の物語

アグリガールが、ＪＡ、ベンチャー、農家などの関係者をネットワーキングし、協働した最初のケースが「モバイル牛温恵」である。モバイル牛温恵は、畜産農家のための牛の分娩監視サービスである。親牛を温度センサーで監視し「分娩の約二四時間前」、「一次破水時」、「発情の兆候」を検知しメールで知らせるシステムだ。これは、大分県別府市の従業員二名のベンチャー企業リモート社が開発したサービスである。大山は、「畜産農家を助けたい」というリモート社の宇都宮茂夫社長に対面し、その熱い思いに強く共感し、期待に応えたいと思ったという。

繁殖を担う畜産農家にとって、子牛の出産は一頭たりとも失敗できない。しかし、現実には夜の見回りをしたのに、朝、牛舎へ行ってみると子牛が生まれて死んでいたなど、これまで分娩事故に悩まされてきた現実があった。「モバイル牛温恵」を導入すれば、二四時間体制で監視を行う人海戦術から解放され、分娩や発情時期を計画的に迎えることができる。健康のバロメータとなる親牛の体温を五分毎、十分の一度単位で監視することで繁殖管理ができるようになり、畜産農家の肉体的・精神的な負担を激減するシステムである[4]。これは、畜産農家にとって「なくてはならない」生活密着型のソリューションだった。

モバイル牛温恵は、もともとドコモがその着眼点や技術の先進性を高く評価し、販売代理店契約を結んでいたものの、畜産農家との接点がなく営業に苦戦していた。そこで、白羽の矢が立ったのが、発足したばかりの法人営業部の農業ＩＣＴプロジェクトチームだった。

リモート社は、いいサービスを持っているが営業の手が足りない。ドコモは全国に支社や子会社や支店など六〇を超える地域密着の法人営業ネットワークがあるが、必要としている畜産農家が分からない。ＪＡは、畜産の知識や畜産農家とのつながりや確立した事務処理の仕組みはあるが、ＩＣＴ関連で提供するサービスや機器を持っていない。そこで、みんなが強みを発揮し、弱みを相互に補う連携がスタートすることになった。

冒頭紹介したイベントで、モバイル牛温恵の売上が全国一番だと胸を張ったのは九州支社である。九州支社でその活動を牽引したのが、中嶋雅子（当時、ドコモＣＳ九州の法人営業部所属）である。彼女は、当時、モバイル牛温恵の勉強会後の夕食会で、大山に出会った。法人営業部に異動になったばかりのOJT期間中であり、アグリガールの活動についてほとんど知らなかった中嶋であるが、大山と意気投合し、晴れてアグリガールメンバーとなった。彼女らは、以前に一世を風靡したアイドルのように、好きな番号をつけて仕事を楽しんでいる(大山が№〇〇一、浜森は№〇〇二、中嶋は№〇〇八)。

食事会の翌日、上司にアグリガールとなったことを報告した中嶋は、名刺に「アグリガール」と入れ、早速、活動を開始した。しかし、担当となった壱岐島は、前任者の対応が行き届いておらず、ドコモは営業に来なくていいと言われていた地域である。しかも女性の営業担当ということで、壱岐島の農家は当初、拒否反応を示した。

しかし、中嶋はあきらめなかった。会社レベルでアライアンスが組まれていたJA北九州くみあい飼料の担当が、壱岐島の農家に顔が広く信頼されていることを知った中嶋はしつこくその営業担当に頼み込み農家に同行させてもらえることとなった。

同行の条件は、農家を単独で訪問するために連絡する際は必ず自分を通すことだった。JA営業担当者にとってみれば、自分が五年くらい壱岐島に通ってやっと築き上げた農家との信頼を、新任のドコモの営業担当に壊されたくない、という思いからだったのだろう。しかし同行を重ねるうちに、JAの担当は壱岐島の風土や畜産農家とのつきあいの仕方、牛舎に入ったり牛に近づいたりする際の作法など、細かく中嶋に指南してくれるようになる。二カ月に一度の牛農家が何百人も集まる競り市にも、JAの担当と一緒にアプローチした。デモンストレーションを行うために、農家から個別訪問の約束を取りつける時もJAの担当者と協力し、一緒になって交渉した。農家を訪問した際、相手の作業が終わらな

図5-1 ▶ 畜産農家とアグリガールNo.008 中嶋雅子

出典：NTTドコモ提供

い時は牛舎の掃除をして待つこともあった（図5－1）。

中嶋は、牛舎を訪問するうちに畜産農家にとって牛の出産がどんなに大事なものかを心底理解し、一頭でも多く無事に出産させてあげたい、という思いを持つようになった。モバイル牛温恵の購入判断は、夜の見回りを担当している畜産農家の女性が行うことが多い。中嶋だけでなくアグリガールたちはみな、「お産で苦しがっている母牛を助けたい。無事生まれてほしい」という農家で働く女性の気持ちに強く共感し、関係性を築き上げていった。農業は食に直結するものであり、生活に根ざした生き生きした感覚や思いを持っているかどうかも現場では問われた。

中嶋の壱岐島での初受注が決まると、その後はモバイル牛温恵を買ってないのは壱岐島では流行おくれだと、農家自らが仲間に広めてくれるようになり、一気に受注が広がった。モバイル牛温恵で得られるデータからは、農家の牛がいつ出産したかが分かる。中嶋は、データから産まれたことが分かると必ず「おめでとうございます」と電話をした。農家は分娩の様子を細かく語ってくれ、無事の出産を一緒に喜んだ。年に一回しか出産しない牛の出産は、農家にとっては尊い瞬間であるが、中嶋は二回ほどそんな貴重な機会に立ち会わせてもらっている。壱岐島を巡っている中嶋を見つけると、農家からは次々と差し入れが入り、いつも太って支社に戻っていたという。いい牛が生まれた御祝や、競り市の後の反省会にも呼ばれるようになった。

今や九州地方では、中嶋たちが「畜産ボーイズ」、「アグリボーイズ」と名づけた五〇代の男性社員が活躍している。最初は農家を対象にした営業に戸惑っていた彼らも、中嶋がサポートしサービスの意義に共感すると土日返上で熱心にフォローしてくれるようになった。中嶋たちは、本社でのサポートを待たずにメーカーであるリモート社と直接交渉して、マニュアルも整備した。

リモート社、ドコモ、JA、という三社の連携はそれぞれにメリットがある新たな価値を生み出した。大山や浜森、そしてリモート社の宇都宮社長などが共に描いた協働のビジネスモデルの根底に流れる思いに、中嶋のような一人ひとりのアグリガールが次々に共感した。そして、その共感の輪は農家に広がった。こうしてモバイル牛温恵は、ドコモの「協業+d商品」部門で売上トップとなったのである。

この新たな仕組みがモデルとなって、北海道の株式会社ファームノートが提供する牛の行動を把握し管理するセンサーシステム「Farmnote Color」、牛の転倒を感知するセンサーとサービスを融合したソニーエンジニアリング社の「うしらせ」などが、ドコモの農業向けICTサービスのラインアップに加わっていくことになった。

農業は地域によって特産物が異なる。農業ＩＣＴチーム、そしてアグリガールが全国の農家とともに、全国津々浦々で活性化していくためには、畜産が強い地域以外に向けてのソリューションを用意する必要がある。よって、大山や浜森は、牛温恵のあとに続くサービス提供をあらかじめ機動的に仕込んでおく必要があると考え、モバイル牛温恵の地域展開をサポートしつつも、農家にとって「なくてはならない」ＩＣＴサービスを探していた。こうして出会ったのが、土壌の健康度を測定するセンサー「フィールドサーバ」であり、それを開発するベンチャー企業が属するベジタリアグループだった。

この出会いをきっかけに、ドコモは農林水産省（以下、農水省）とも連携して全国規模で組織的に動くプラットフォームづくりを目指すようになる。大山や浜森は、パートナーとなった農業ＩＣＴベンチャーが舌を巻くスピード感で、大企業であるドコモ社内を説得し、農業ＩＣＴセミナーをベジタリアと共同開催していく。社内説得のこつは、とにかく役員を味方につけることだった。幸い、古川という心強い上司が支援し、社内でアグリガールの活動の意義を浸透させていくことができた。それによって、活動に参加したいと自ら手を挙げる女性社員が増え、アグリガールの活動の輪が広がっていった。

さらに、すべての関係者がウィン・ウィンになるモバイル牛温恵のサービス展開の成功をきっかけに、他のスタートアップやベンチャー企業が提供するサービスやソリューションがラインアップに加わっていき、プロジェクトがプロジェクトを呼ぶようになっていく。たとえば、ベジタリアとの提携では、フィールドサーバだけでなく水田の情報観測システム「パディウォッチ（Paddy Watch）」導入も行っている。これは、センサー部分と通信機器部分により構成されており、水位、水温、気温、湿度をセンサーで測定しスマートフォンやタブレットへ送信する。設置してすぐ使用可能で、ドコモの通信網にアクセスできればどこでもデータの確認ができるという優れものである。大山らは、モバイル牛温恵の時のJA全農のように、農業機械大手のクボタとも提携し、全国展開する、というビジネス・エコシステムを描き、実現させた。

◆ダイナミックな連携ネットワークを広げる

アグリガールの機動力は、政令指定都市との連携にも生かされた。二〇一五年三月にICTセミナーを行い、二カ月後の五月には、新潟市、ドコモ、ベジタリアとその傘下のベンチャー企業を加えた四者で、革新的稲作営農管理システムの実証プロジェクトに関する連携協定を締結した。農地の地理的分散化に悩む農家が効率的かつ省力化して管理ができる最先端技術の実証実験である。さらに、このプロジェクトは、農水省と連携し、全国四三県が参加する水田センサーの同時実証プロジェクトへと発展していく。

二〇一七年七月に、アグリガールは総務省と連携し、ほかの企業や団体や企業とともに、IoT(Internet of Things)デザインガールプロジェクトを発足させた。これは、企業や団体の枠を超えてIoTの積極的普及に取り組む女性を育成しようという目的がある総務省プロジェクトの一つである。地方自治体や地域ビジネス開発に取り組む民間企業などと連携し、多様な職種や組織の間を結びつけ、新たなビジネスやサービス開発につなげようという内容である。多様な業種の企業や自治体から女性が参加し、半年間の期間で五回のワークショップと成果発表を行う仕組みである。

この取り組みは二〇二〇年時点で第四回を迎えた。二〇一四年にたった二人で始めた非公式な活動が、三年後には国を巻き込むプロジェクトになった。社会的課題を解決するという大きな目的のもとに、顧客、パートナーとともにたくさんの知恵や思いを現場で獲得・共有し、価値創造に必要な場やネットワークを紡ぎ出すというアグリガールが行ってきたプロセスが、情報技術を活用しさらに大きなビジネスの連携ネットワークを創出している。

◆企業組織の境界を越える

大山は、大企業であるドコモ発信のオープンイノベーションについて「NTTドコモという看板への信頼の高さを肌で感じました。いきなり飛び込みでお電話をしても三割くらいの確率で相手企業の方も会ってくれました」と語る。アグリガールたちが農家を訪問する際も、自社の歴史を通じて培ってきた知名度や信頼性が非常に役に立った。

一方、社内はどうだったか。社内からは、アグリガールの活動全般を温かい目で見てもらえたという。しかし、サービス開発において社内に頼ることはしなかった。その理由は、外部に協働先を求めたほうが、すでに存在しているよいサービスに出会えることはもちろん、実現に向けたスピードが速く、取引コストも安いと考えたからである。やはり、どうしても官僚的な組織体制、組織プロセスが定着している大企業においては、意思決定に時間がかかる。

よって、トップの支援で自らの活動を正当化しながらも、共通目的という一点で対話ができる社外のベンチャーやJA、クボタなどと連携を強めたのである。「IoTデザインガールプロジェクト」の参加者によれば「上司から『何に役立つの？』、『どのくらい成果が上がるの？』と聞かれます。スタート当初は何度も意義を説明し、参加者を募りましたし、活動するたびに社内説明が必要になる参加者もいました。今は、共創がイノベーションにつながる時代ですが、短期的には効果が見えにくいため、リアリティを感じられないのかもしれません」と語っている。この現象は、大企業にありがちな組織体質そのものである。

ドコモでは、パートナー企業との「協創」による新たな価値創造を目指し、「ドコモ出稽古プロジェクト（異業種ＯＪＴ）」を実施している。このプロジェクトは、社員を異業種企業に原則一年間派遣し、異なる環境下で新たな業務に挑戦する場を提供することで、ドコモにはない新たな視点や能力を取得する人材育成プロジェクトだ。しかし、このような出稽古制度が機能するには、戻った後の組織で、知の探索が許されるかが重要である。組織の確立されたルーティンを超えていけるか、この制度の真価が今後問われるだろう。

2 ▶ 地域から協働の輪を広げるカルビーフューチャーラボ

カルビーフューチャーラボ（Calbee Future Labo。以下、ＣＦＬ）は、カルビーにおける新商品開発のため二〇一六年四月に結成されたプロジェクトチームであり、共創の場である。ＣＦＬでは、アイデアレベルの段階から社外と協働し、新しい知を取り込み融合することで新製品を生み出すという、従来の製品開発とはまったく異なるアプローチに挑戦している。

◆地の利を活かす

CFL創設にあたり、カルビー創業の地である広島が、新たな商品開発拠点として選ばれたのは意図的である。本社のある関東圏から遠く離れた場所であれば、既成概念や社内ルールに縛られずに新たな視点から自由な発想で開発を行える、と考えられたからである。社内の研究開発部門とは異なるアプローチで商品開発を行うことが託されたCFLのミッションは、三年の期間で一年に一つずつの新商品を三つ開発するという挑戦的なものとなった。

CFLのスタート時点のメンバーは三人、二〇一九年当時はスタッフ六名で活動していた。社外からスカウトされ、リーダーを任された山邊昌太郎を含めて、メンバー六名中四名が社外出身である。さらに、彼らは食品の商品開発自体は未経験者の集団だった。山邊は、リクルートで情報誌の編集長を務め、多くの事業開発にも関わった経験があったものの、食品業界とはまったく縁がなかった。つまりCFLメンバーの過半数は、食品開発はもちろんメーカー勤務の経験すら持ち合わせていなかったのである。

異色のメンバーで構成された背景には、CFLにおける短期間での新商品開発では、思い込みや慣例、既成概念などに捉われることなく、発想の限界を超越するという意図があった。また、広島という場所で、まっさらな気持ちで様々な人と直接関わり、地域性を生かした新しい視点を獲得し、コンセプトを築き上げるためであった。こうして彼らは「圧倒的な顧客志向」を掲げ、長年培ってきたカルビーの技術や感性とは別の視点で、社外の新たな視点、技術をネットワークすることによって商品開発を行う挑戦をはじめた。

CFLは、商品開発チームとしては小規模で素人集団であることを逆手にとって、企画段階から外部の企業、専門家、団体や一般の消費者を巻き込み、彼らの知恵と能力を結集して開発していくことにした。特に、日常生活に関するインタビュー、企画や試食会などを通して協働してもらうＣＦＬサポーターを登録制で広く募集したことが注目される。消費者としての感覚や目線で開発に向けて共に活動してくれるＣＦＬサポーターは、学生、主婦、会社員など一〇代〜七〇代までの幅広い年齢層で構成され、千名以上が登録している。広島の地で創業したカルビーは、今でも「カルビーは広島の会社じゃ」と数多くの生活者が応援してくれたのである。

さらに、行政、地元大学、学生とも連携し、市場調査やインタビュー調査、セミナー企画、料理教室など、広島に拠点を置いているからこそできる内容を次々と実施した。特に、消費者インタビューの担い手として、地元の大学である県立広島大学や広島工業大学の学生がＣＦＬ研究生として多く活躍している。

消費者を対象として一対一で行われた一時間弱に及ぶインタビューでは、食の分野だけにとどまらず、日常生活全般について広く声を集める。それは、食は人生そのものと捉え、顧客のライフスタイルそのものまで話を聞き、日常において感じている思いに共感しながら、潜在的ニーズを適切に表現する言葉を丹念に探していくプロセスである。これまで新商品開発に向けたインタビューでは、一七七九名もの消費者から話を聞いている（二〇二〇年一〇月二七日時点）。ＣＦＬのオフィスがインタビュー、セミナー、料理教室など、社外の多くのパートナーやサポーターが集まる場となり、年齢も立場も異なる人々が対面で意見を交わし、感じていることを具体的な言葉や形に表現していくのである。

各方面から集めたヒントを元に、ＣＦＬメンバーとＣＦＬ研究生やサポーターが共同して製品のアイデアについて何度もディスカッションを積み重ね、製品コンセプトに収束させていく。そうして練磨された製品コンセプトは、すぐにサポーター座談会で新商品アイデアとして発信され、意見交換が行われる。つくられた試作品は、試食会で多くのサポーターに食べてもらい、五感で感じたままに表現してもらう。そのヒアリング結果をもとに、何度も試作を繰り返すことにより製品の完成度を高めていく。

様々な年齢層のサポーターや研究生、開発パートナーの企業とともに、そのプロセスを機動的に繰り返し、商品化に繋げていくのである。

これまで出てきたアイデアの卵は二六五七項目にものぼる(二〇二〇年一〇月二七日現在)。その中から生まれた第一弾商品が「広島」の地を応援するスナック「ふるシャカ」である。二〇一八年三月二三日に発売開始となった「ふるシャカ」は、ポテトスナックをのりしお味のパウダーでシャカシャカ振って味付けするお菓子であり、パッケージデザインは広島東洋カープのチームマスコットキャラクターである「カープ坊や」が用いられている。このお菓子は、野球にとどまらず「広島」そのものを応援する意味が込められているのがポイントである。

◆「広島」にある存在意義を問いかける

山邊は、CFL発足以来「CFLが広島にある存在意義」について自問自答してきた。商品開発の部門はカルビー社内にすでに存在している。社内の他部門からは「なぜ広島にCFLが必要なのか」という声も聞こえてくることもあった。

そんな中、地元で積み重ねてきた消費者インタビューの中で「わたし、カープ応援行ったら人が変わります」という一見おとなしそうな女性の一言が、ＣＦＬリーダーの山邊をはっとさせたという。この言葉がきっかけとなって、新製品の提供価値についての構想が飛躍し進むべき方向が見出され、「応援が、広島を、人を、元気にする」という「ふるシャカ」のコンセプトにつながっていった。山邊は「応援するシーンは日常にたくさんあります。応援という素晴らしい行為を、あちらこちらにもっと溢れさせることで、広島の人々やまちが元気になってほしいんです」と語る。

つまり「ふるシャカ」は単なる新しいお菓子という「モノ」ではなく「誰か」や「何か」を応援するという「コト」をポジティブに経験させてくれる要素を持った商品なのである。したがって、ふるシャカの特徴は「味」だけではない。顧客に提供している価値は「音」が鳴ること、そしてパッケージの「デザイン」が持つ意味である。音を出して応援するということは、応援される側は勇気をもらえ、応援する側も元気が出る行為なのである。

また、圧倒的な広島イメージの「デザイン」にするために、商品企画の初期段階からコンセプトに共感してくれる社外のデザイナーを開発メンバーに加えた。広島在住のこのデザイナーは、共に考え抜いて製品全体のデザインを導き出した。最終的なパッケージデザインは、広島の象徴（シンボル）であり、広島を愛する人々が共感する対象が選ばれた。それが、オーバーキャップのヘルメットも含めたカープ坊やのデザインである。サポーターとの協力関係と同様に、ここでもＣＦＬの社外とのオープンな協働による効果が発揮された。

「ふるシャカ」の販売マーケティングにおいても、サポーターやパートナーと共に歩む関係を大切にした。実際、サポーターやパートナーには、自らＳＮＳやブログなどを使って自分が携わった商品というのを全面にアピールし、新商品のファンを増やす活動を行ってもらった。もともとＣＦＬは商品企画から製造に至るまで、多くのサポーターやパートナーの力を借りており、「ふるシャカ」のホームページには百人以上の協力者の名前が掲載された。

販売後のプロモーションについても「できるだけ多くのサポーターやパートナー（企業）の皆さんに、言いふらして（口コミ）もらおう！千人のサポーターが百人ずつに言いふらすことができたら、それで一〇万人だ」と考えたのである。山邊が「健全なるネズミ講作戦！」と呼ぶこの活動が広がっていった時、彼はサポーターたちが外部者ではなく「こちら側」（開発側）で共に歩む真の仲間となった実感が生まれたという。

「ふるシャカ」は、ＣＦＬ設立の願いである「広島を応援する」という共感の創出を象徴する製品開発となった。インタビューから商品プロモーションまでのすべてのプロセスを通じて、「われわれ」という共感性に基づいた関係性を成立させたからこそ、ＣＦＬは組織の境界を越えて、社外の人々とともにスクラムを組み機動的に商品開発を行うという画期的なオープンイノベーションのプロセスに成功したといえる。「ふるシャカ」そのものは、広島でしか売っていないという希少価値も手伝って、飛ぶように売れている。二〇一九年三月には、東北版ふるシャカも数量限定で発売された。

◆相手になりきって発想する

ＣＦＬから「のせるん♪」[5]と名付けられた「ふるシャカ」に次ぐ第二弾の新商品が生まれた。先に述べたように、ＣＦＬの最大の武器は、商品企画から製造に至るまで、広島の多くのサポーターやパートナー企業を巻き込み、共につくり上げる協働力である。

新商品は、野菜とお肉でできた食パンにのせる具沢山のおかずである。管理栄養士が監修しており、三大栄養素のバランスがとれているのが一番の特徴である。食パンにのせて二〜三分トースターで焼くだけの手軽さもある。味は、ラタトゥーユ、ホワイトシチュー、ポークカレーの三つの味が一セットになっており、気分で選ぶことができる。

この第二弾の「のせるん♪」の開発のきっかけは、CFL研究生でインタビュアーを務めている県立広島大学健康科学科の大学生たちからの提案だった。CFL開設以来、インタビューの重要な担い手であった学生たちは、何十人とインタビューを重ねる中で、お母さんたちの「朝」の大変さを知り共感したのである。

「お母さんたちは大変。洗濯機を回しながら子どもの弁当をつくり、自分の身支度も整えないといけない。子どもが朝ごはんをなかなか食べない場合は、食べるように声もかけないといけない。そんな目まぐるしい状況の中でも『少しでもバランスの良い朝ごはんを子どもに食べさせたい』と思っている。何か応援できる商品をつくれないか」、つまり、忙しい母親に少しでも役に立つ商品をつくることができないかと考えた。ポイントは手軽さと栄養バランスである。「食パンにのせて焼くだけなので、忙しい朝でもとっても簡単。子ども一人でも準備できる。野菜とお肉が入っていて、バランスの良い朝ごはんを応援できる。そして、子どもが好きなメニューだったら、朝ごはんをなかなか食べてくれない子どもでも、食が進むのではないか」という発想である。

実際の母親であるサポーターに参加してもらった手づくりの試食会では高い支持を集め、コンセプトとして可能性があると判断し、開発を進めることになった。最初は、製造工程での袋への詰めやすさを考え、野菜やお肉の具を極小にしたサンプルをつくった。そのサンプルでCFLサポーターにテストを依頼したが「食べてみたら味はおいしいけど、見た目が離乳食みたい」、「子どもがおいしそうでないから食べなかった」という低評価が下された。具がほとんど見えないことから「栄養を取らせているという安心感はない」という意見もあった。

そこで、CFLメンバーは母親たちの大変さに対する共感という出発点に戻った。「のせるん♪」は、野菜とお肉を食パンと一緒に食べることで「バランスを考えた朝食を食べさせている安心感」を母親たちに提供したい、という思いのもと企画した商品だったからである。けれども、具を大きくしすぎると機械では詰められず、手で具を入れないといけなくなり、コストがかさむ。また、食パンの上に乗せた時にゴロゴロして食べづらい。試行錯誤を何度も繰り返すことによって、「ちょうどよい」具の大きさや量を探索していった。

最後のサポーターへのモニター調査では、「野菜やお肉を食べさせてあげている安心感がある」、「おいしそう」、「いつも朝食を食べない子どもがペロッと食べた」などと大好評を得ることができた。また、当初は母親の忙しい朝食準備のシーンを想定していたが、サポーターからは休日のブランチとして食べたい、色とりどりで視覚でも楽しめる、夜食として食べたい、子ども一人でも準備できるからありがたい、習い事の前の間食としても活用したい、などと、食べ方やシチュエーションまで逆にいろんな声が集まってきた。

この新製品が食事のつくり手である主婦層に受け入れられたのは、学生や主婦などが加わったサポーターとCFLのメンバーとが共に試行錯誤を重ねて開発してきた過程が反映されているからである。食事のつくり手には「野菜とお肉を食パンと一緒に食べることで『バランスを考えた朝食を食べさせている安心感』」を与え、健康を支えるという食事の本質的な面を捉えた価値を訴求した製品なのである。

CFLは、二〇二〇年八月、開発商品第三弾として「ランチグミー」を開発した。これは、昼食後の一粒で口内をすっきりさせることができる新しい食後習慣の確立を目指したハードグミだ。多くのビジネスパーソンが〝昼食後、歯磨きをしていない〟、〝昼食後に時間や習慣がない〟などの声がインタビューで集まり、開発に着手したのである。手軽に食べられることや、ガムのように食べた後にゴミが出ないこと、噛んだ後口内に爽快感がしっかり残ることなどを考慮し、ハードグミにいきついた。

開発にあたっては、パートナー企業の選定や社内でのルールづくりなど、カルビーにとってスナックやシリアルなどの既存事業とは異なる新しいカテゴリーであるがゆえに苦労もあったが、完成にこぎつけた。あえておいしさを追求せず、強い爽快感を得られるストロングミント味を採用し、噛み応えがある絶妙なかたさに仕上げ、新ジャンルであることから名称もあえて「グミー」としている(図5－2)。

◆イノベーションを阻害する障壁を克服する

山邊は、カルビーにおける一連の商品開発の取り組みについて、広島に拠点を設けた時のことを「CFLができた時、広島の人が本当に喜んでくれました。『お帰りカルビー』と言ってもらえるのは本当にうれしかった」と語る。広島県としてもネームバリューのあるカルビーの拠点ができるのは大歓迎であり、イノベーション立県を標榜している県知事も応援してくれた。

図5-2 ▶ カルビーフューチャーラボの開発商品
「ふるシャカ!」「のせるん♪」「ランチグミー」

出典：カルビーフューチャーラボ提供

一方でカルビー社内に根強く残る「カルビー＝スナック」というメンタリティは大きな障壁だったという。カルビーのアイデンティティであるスナックというコンセプトを超えるアイデアは、社内でなかなか理解されなかった。「そのアイデアは、カルビーらしいのか、リソースはあるのか、カルビーの守備範囲ではないのではないか」など、経営会議では疑問が呈される場面が多かった。

山邊らCFLのスタッフたちは、この社内障壁を乗り越えるのは、現場とのやりとりしかない、と足しげく工場長のところに通った。なぜなら「ふるシャカ」の製造プロセスは、既存の製品とは工程もロット数も異なるため、製造ラインの調整が必要となり現場の協力が得にくかったからである。品質保証部門とは数カ月から半年のやりとりを続けたが埒が明かなかった。そこでCFLのオフィスに実際に来てもらい、開発の現場でそのプロセスやコンセプトを説明した。CFLプロジェクトで日々起こっているダイナミックな文脈を共有し共感した彼らは強力な社内サポーターとなり、製品化を社内から後押しした。CFLの有機的な対話の場、社外との協働プロセスなどを現場、現実、現物で見てもらうと、抵抗勢力だった社内部門も変わっていくという。

大組織におけるオープンイノベーションに挑戦する山邉を支えたものは何か。彼は、正しいことが好きであり、カルビーの未来、日本の未来、世界の未来を真剣に考えている。次世代のことを考えると無責任ではいられない、という意識が常にあった。CFLのスタッフ、そして一四六一人のサポーター(二〇二〇年一〇月二七日現在)、名刺交換した二四四九人の大きなコミュニティの思いを背負うリーダーとして、立場や役職関係なしに社内で物申せた。背中を押してくれる、顔が見える相手との共感で結ばれた関係が存在するからである。

CFLのオフィスは、本社とは離れた広島の地にあり、組織化したサポーターに対するインタビューやモニター調査が行われる。また、社内外の仲間が出入り自由に往来する場となっている。広範なインタビューから得られたアイデアのシーズは付箋に書き留められ、壁一面に貼られている。山邉によるとそれらを眺めていると、ふとアイデアが萌芽する瞬間があるという。こうして、大企業独特の既存ルールや慣習に縛られることなく、メンバー間はもとよりパートナーやサポーターとの間で徹底的に自由闊達な対話を重ねて製品コンセプトを突き詰めていけるのだ。

CFLは、社内よりも外部の大企業からの関心がむしろ大きく、人事部門や研究開発部門などからひっきりなしに訪問がある。このことは、大企業が新商品開発でいかに悩んでいるかを示している。産学連携の相手である県立広島大学の研究者は、ＣＦＬは地元広島の宝だと語る。その理由は、組織の存在価値を自問自答しながら、機動的に社外と連携を組んで新たなコンセプトを生み出し、商品を送り出す発信地となり、地域の活性化に貢献しているからではないだろうか。

3 ▼大企業におけるオープンイノベーションの鍵

ＮＴＴドコモのアグリガール、およびカルビーのフューチャーラボ（ＣＦＬ）の事例から、大企業において組織境界を越えるオープンイノベーションを成功させた要因について考察する。

◆「共感」で関係をつなぎ深める

アグリガールメンバーが何よりも大事にしていたのは、相手の立場に立つことにより相手に対する「共感」を得、それを基盤として発想することである。アグリガール一人ひとりが、相手の懐に飛び込む前向きな姿勢と行動力の根底にあったのは、自分たちの日常の生活感覚に根ざした「共感」を武器にすることであった。だからこそ、単なる営業活動ではなく、相手の求めるものを感じ取り、ゲリラ的に農業の現場に溶け込んでいくことができた。出会った農家と向き合い、現場に出かけて共体験や対話を重ね、言葉だけではなく全身全霊で相手を理解するアナログ型のプロセスが、ＩＣＴ技術と結びつき農業ＩＣＴサービスという新たなデジタル・ソリューションの浸透を促進したのである。

大山は、ウィン・ウィンの関係を越えた「ラブリー」な関係を築くことを目指していると語る。このラブリーな関係とは、お互いの思いやビジョンを伝え合って相互理解し、ビジネスを一緒に行ううえで楽しいと思える関係である。そのために相手のフィールドに飛び込み、対面でじっくり話をしてお互いに共感できるかどうか、それを基盤にパートナー関係を結べるかどうかを最終判断の基準とした。

農家やパートナーとの対話では、ポジティブな言葉を使うことにこだわった。互いにハッピーになれる関係をポジティブにつくるために、アグリガールたちは、『す』の三段活用（「すごいです」、「素敵です」、「好きです」）を意識して会話する。もちろん、相手はいい気持ちになる。このようなレトリックを用いながら、相手の内面に入り込み、心をわしづかみして、人と人の間にある壁を溶かしていったのである。

アグリガールは、自らが生活者でもある。生活者としての目線で相手の懐に飛び込み、難しい言葉は決して使わず、自然体で対応することで「共感」を生み出す。このような生活者としての共通感覚は、誰もが持っている力である。この力は、相手を自分とは別物として第三者的立場から対象化するような距離をとった付き合い方では、うまく発揮されない。まずは、彼女たちはどのような立場の相手でも、同じ生活者として一心同体となり、自己を超える「われわれの主観」を創り上げようと努力した。

また、CFLは新商品開発のプロセスに一般消費者であるサポーターや社外の企業人などを仲間として巻き込んでいる。それは、CFLの思いや活動に対する共感でつながった関係性だ。現在サポーターには、インタビューへの回答、試作品の評価、完成した商品のPRなどを依頼し、CFLメンバーとともに商品開発プロセスに併走してもらっている。約千五百人のサポーターとこれまで山邊が接点を持った、約二千五百人の企業人、合わせて約四千人ほどのチームが形成されている。彼らはみな、当事者意識を持ち、共に新商品開発をやっている仲間なのである。

◆「世のため人のため」が、組織の壁を溶かす

本章で示した二つのプロジェクトでは、「社会を変えたい、人の役に立ちたい」という社会的な善い目的（パーパス）としての「共通善（社会全体の善）」が追求された点が注目される。社会や地域、人の役に立つという共通善志向は、多様な当事者を引きつける力を持つ。

アグリガールの大山や浜森は、採算最優先ではなく、あくまで世のため人のための新しいエコシステムづくり（有機的な関係性の構築）をすることにこだわった。特区を活用し、全国に連携・協働の輪を連鎖し、農水省、企業、ベンチャー、農業女子プロジェクト、学校、親、子どもなどとのつながりへと広げていった。サービスを売り込む企業側のエゴではなく、農業者との相互理解により醸成される「共感」を媒介にすることで、階層、境界、制度の壁を越えて、情熱をもってスピーディに横展開していったのである。たとえば、水田センサーの実証プロジェクトは全国四三都道府県が参画する大プロジェクトとなった。

目の前の農家、農業という産業、それらが存在する地域、そして社会のために何かしたいという志が、利害や利権、権力闘争を超えて境界を超越し、様々な人々の知識と技術を結びつけた。地域を元気にしたい、という思いは地域発の取り組みへと昇華し、事業領域も稲作、畑作、水産、養豚、さらには農業の枠を越えて、ＩＣＴを使った地方創生関連へと拡大していった。農業ＩＣＴソリューションにとどまらず教育、観光、健康・ヘルスケアなど、地域における課題解決のための地方創生ＩＣＴソリューショ

ンへと展開が広がっている。

大山は、よく「日本を元気にしたい、日本を元気にしたい、世界を変えたい」と語る。彼女の視界は、いつも組織の枠を越え、大きな世界を見据えている。だからこそ、多様な関係者を巻き込み、皆がハッピーになるという、未来創造の道筋を示すビッグ・ピクチャーを描けたのだろう。

カルビーCFLも「応援という行為を通じて、皆を元気にしたい」という思いが、スナックというモノを媒介にして、多くの仲間や賛同者を巻き込んだコト（経験・体験による意味づけ）の商品づくりへとつながったといえる。

山邊は「かつてカルビーの創業者である松尾孝は、瀬戸内海で獲れた小エビが海辺に干してあるのを目にして『お菓子』を創りました。食が豊かでなかった当時の日本において、安心安全なおいしいお菓子は人々を楽しませワクワクさせたはずです。現在は食が豊かになり、『おいしくて安心安全』は飽和しています。しかし、時代は変わっても人々をワクワクさせるようなものは必ずどこかにあるのです。ワクワクすること、それは生きる活力につながります。だから私たちはこれからも、圧倒的な顧客志向でカスタマーが本当に求めるものを追求していきます。それは『お菓子』ですらないかもしれません。創りたいのは、受け手がドキドキ・ワクワク・感動するもの。現在もそういった商品開発を進めていますので、ぜひご期待ください(6)」と語っている。

大山の「社会を変えたい」、山邊の「ワクワクするものをつくりたい」という思いは、共通の目的（パーパス）となって、組織の壁を越えて人々を鼓舞し、その力を結集したのである。

◆自律分散的な組織で機動的に動く

アグリガールは、自己申告型でメンバーが増えていくオープンな仕組みとなっており、いまでは総勢一五〇人以上のメンバーになっている。また、所属部署にかかわらず、手を挙げれば誰にでもメンバーになるチャンスがある。登録方法も、社内の共有サーバーにあるエクセルファイルに、空席になっている番号から好きな番号を選び、氏名と所属を記入するだけである。よって、利害関係も権力闘争も上下関係もない。番号をつけたことにより、営業相手先の顧客にとっても覚えやすい。名刺交換でも「アグリガールの番号と説明」がきっかけとなって盛り上がる。

アグリガールプロジェクトの発起人の一人である大山は、プロジェクトにおいてあえてリーダーを決めない、という方針でやってきた。そのため、彼女に来る取材や講演の依頼は、これまでできるだけ他のアグリガールに対応してもらっていた。彼女は、あくまで「皆が主体的に活躍しているアグリガール」にしたかったからである。

壱岐島での営業活動を担った中嶋が加わった時のように、アグリガール拡大には、支社や支店での勉強会が役立った。その仕組みは、地域を越えてリーダーや教師役が自然発生するので、巨大な相互メンター制度としても機能する。非公式の活動だから、余計な社内政治も不要だ。人事異動も人事発令もないが、当時上司であった古川など、トップがメンターとして彼女たちの活動に社内での正当性を与え、サポートを行っているので安心して自由に活動できるというわけである。

上下関係もなく、管理職でもないアグリガールは、境界線や階層といった狭い範囲に埋没してしまって縦割りの〝サイロ〟化しがちな組織の壁を軽々と飛び越えていく。アグリガールのＩＣＴソリューションは、ドコモだけで完結しておらず、パートナー企業との機動的なスクラムの体制によって支えられている。これらは、どんな環境変化にも知恵を集めてリアルタイムで弾力的・創造的に対応できる強靭なプラットフォームである。

カルビーCFLは、社内メンバーはたった六人しかいない。しかし、彼らには、外部のサポーター、研究生、パートナー企業が組織の壁を越えて協働・連携したつながりがある。まさに、組織内の人的不足を逆手にとって、同じ思いを共有する仲間という関係性をフラクタルに増やしていった。同時に、開発から製品化までのフェーズを細かく区切り、顧客の声をタイムリーに聞き、すぐに改良する機動力を発揮した。

山邊が心がけたのは、パートナーにしろ、ユーザーにしろ、できるだけ自分と遠い人と対話することである。既成概念を壊すために必要となる、自分の視界では見えないことや、もともとの仮説とは違う新しい価値を発見できるからである。そうして、試作品をつくって、消費者のインタビューからうそや偽りなしの本音を感じとり、それはなぜかを熟考し、また試作品をつくって試す、という積み重ねから新しい意味を見出していく。そのプロセスを機動的に継続していった。

さらに、アグリガールとCFLのメンバーに共通するのは、いずれも素人集団だったということである。アグリガールは農業のプロでなく、CFLメンバーも食やスナックのプロではない。だからこそ、大企業が陥りがちな「成功体験への過剰適応」を避け、新しい知を求めて機動的に動けたといえる。

このように、ダイナミックで価値創造のプロセスを、企業組織の境界を越えて組織化できるかが、大企業発のオープンイノベーションの鍵となる。

◆オープンイノベーションを導くリーダーシップ

アグリガールの大山、CFLの山邊は、コロナ禍の中、次のステージに進んでいる。大山は、二〇二〇年夏、農業ベンチャーである株式会社エムスクエア・ラボにCOO（チーフ・カスタマーサクセスデザイン・オフィサー）として参画した。生産者である農家と、購買者である飲食店や食品加工会社などを、ITを活用しながら直接つなぐ「やさいバス」サービスが主力事業であるが、大山には協働の輪を広げながら新たな社会課題を解決することが期待されている。

山邊は、CFLのクリエイティブ・ディレクターを続けながら、二〇二〇年四月より、一般社団法人広島観光連盟で広島県庁とともに、広島の観光をゼロから見直すミッションに挑戦している。「観光」をモノや場所ありきから、「人の関係性ありき」へと定義し直すことから始めているという。

大山も山邊も、所属組織が変わっても、オープンイノベーションを推進するリーダーシップスタイルは変わらない。彼らは、ヒト、モノ、コトなどの関係性をつなぎ育てる連結点である。アグリガールやCFLでは、あえて非公式組織や小さな組織でメンバーには身軽に活動してもらい、自らはハブとなって、個と全体、社内と社外、アナログとデジタル、利他と利益などを「いま・ここ」のコンテクスト（文脈、物事の流れ）に応じて自在にバランスさせていった。つまり、トップダウンとボトムアップを両立するミドルアップダウンで活動し、大企業ならではの様々な障壁を克服した。

本章の二つの事例は、デジタル変革（DX）が叫ばれる時代だからこそ、大企業に限らず様々な組織が学べるオープンイノベーションの在り方を示している。アグリガールやCFLは、もちろん客観的数値や最新のテクノロジーを活用している。しかし、それらの数値を解釈し、データを意味づけ、価値づけできるのはあくまで人間だけであり、そこには一人ひとりの考え方や生き方、価値観が反映される。それに基づく実践もまた、主観的な意志の力が働く。オープンイノベーションは、分析に基づく美しいビジネスモデルや戦略だけでは生まれない。もっと生々しく、泥臭く、人間くさいものなのである。

繰り返しになるが、オープンイノベーションの成否を分けるのは、「共感」を媒介にして、組織の枠を越えた「出会い」を起点に、意味や価値のつながりであるヒューマンプラットフォームをいかに創り上げるか、そしてその実践を機動的にやり抜けるかどうか、である。

2. 「金」は「銀」より偉い

信用金庫のルーツは、第一次産業革命によって起きた協同組合運動にある。一八四四年に英国のマンチェスター郊外の町ロッチデールに設立された「ロッチデール公正先駆者組合」が起源である。その目的は、労働者の生活向上と福祉の充実であった。つまり、設立当初から、「預金」、「融資」、「為替」という金融機関の基本業務は手段だった。地域の人々が安心して働くことができ、豊かで安定した生活をおくることができる社会を、会員同士が話し合いながら、共に創ることが目的だったのである。

1 ▼ 地域金融機関(信用金庫)の多義的役割

「銀行になり下がるな」、「金は銀より偉い」という言葉が示すように、信用金庫の使命は、銀行とは異なる。信用金庫は、協同組織金融機関であるとともに地域金融機関でもあり、中長期的な視野を持って事業を理解し、将来性や地域貢献性のある地元の中小企業の経営を支援できる仕組みと意思がある。

なぜなら、信用金庫の使命は、地域に健全なコミュニティを創ることだからである。信用金庫は顧客と一対他の関係を創り、複数の地元の中小企業の経営を支援する中で、健全な事業者を育成し、相互に結びつけ、コミュニティ全体としての健全な成長を促す役割を担っている。信用金庫が得る金銭的利益は、健全なコミュニティを創った結果得られるものである。こうした健全なコミュニティ創りには、会員一人ひとりが互いに共感し合い、尊敬し合い、話し合い、合意できる基盤が必要である。それには、利己よりも利他、金銭よりも道徳や倫理を重んじるマインドセットを地域に広める必要がある。こうした基盤づくり、マインドセットづくりの役割を担うのも信用金庫である。

こうしたルーツと使命を持つことから、信用金庫では金融事業だけではなく様々なサービスや社会貢献、地域活性化の活動を本業として一体的に行っている。昔も今も、信用金庫にとって、融資などの金融事業は手段であり、地域の人々が安心して働くことができ、豊かで安定した生活をおくることができる社会を、会員同士が話し合いながら、共に創ることが目的である。本章では、東京東信用金庫、青梅信用金庫、城南信用金庫の活動事例を取り上げる。

2 ▼「江戸っ子一号」プロジェクト——東京東信用金庫

東京東信用金庫（以下、東京東信金。通称ひがしん）は一九四五年一二月に設立された信用金庫で、本部は東京都墨田区両国にある。営業地域は東京二三区全域と埼玉県、千葉県の複数の都市にわたる。

東京東信金では「地域の中小企業、地域の人々がそれぞれの夢を実現させていくこと」を使命に、「目には見えない心から心へと伝わる金融サービスを通して地域社会の幸せのため」に職員一人ひとりが担当する中小企業を丁寧に理解する活動をしている。ユニークな点は、産官学「金」連携による中小企業の技術力・製品開発力の向上を推進しているところである。二〇〇五年一〇月には信用金庫では全国初となる国立大学と信用金庫との産学連携の包括協定を、東京海洋大学と締結した。その後、芝浦工業大学（以下、芝浦工大）や、墨田区、政府機関とも連携協定を結び、複数の関係者が関わるプロジェクトの事務局も数多く行っている。

◆「江戸っ子一号」プロジェクトの展開

「江戸っ子一号」プロジェクトは、東京東信金の産官学「金」連携の先駆けとなったプロジェクトで「夢を夢で終わらせない」ことを目指した。それは「深海八千メートルに世界初の3Dハイビジョンカメラ搭載の無人探査機を送る」というものであった。

このプロジェクトは、東大阪工業地帯の中小企業のグループと宇宙航空研究開発機構（JAXA）の協働により二〇〇九年一月に打ち上げられた人工衛星「まいど一号」の向こうを張るものである。それに対抗心を燃やし、「大阪が宇宙ならば東京は深海だ」という夢を抱いたのが、葛飾区の杉野ゴム化学工業所代表の杉野行雄であった。当時、杉野も町工場の生き残りのために同業者との協働を始めていた。

しかし、「日本近海にある地下資源を探査する、そのために深海探査機を創る」という夢に、周りは反応しなかった。これを実現性のあるプロジェクトに変えて支えたのが、東京東信金である。杉野からこの夢を聞いたお花茶屋支店の支店長が「町工場を元気づける起爆剤になる」と直観し、すぐに、地域力連携拠点だった両国のハロープラザという部署につないだ。

この時、すでに東京東信金は、芝浦工大、東京海洋大学と産学連携協定を結んでいたため、両国のハロープラザから芝浦工大につながった。ここで産学連携コーディネーターをしていたのが、後に東京東信金に移籍し、江戸っ子一号のプロジェクトリーダーとなる桂川正巳である。桂川は、動力炉・核燃料開発事業団（現・日本原子力研究開発機構）で燃料設計に携わり、研究所副所長も務めた経験を持つ技術とプロジェクトマネジメントのエキスパートである。この桂川の紹介で、海洋研究開発機構（JAMSTEC：ジャムステック）に深海探査勉強会の指導をしてもらうことになり、一六社が参加した。

杉野は、ジャムステックを見学した際、無人探査機が海外製の部品でできていることを知り「部品だけじゃ面白くないから、小型探査機をつくろう」と決めた。しかし、ジャムステックの指導のもとで二〇一〇年夏にまとめた遠隔操作型探査機の試作予算は、総額最大五億円であった。この金額を聞いて、一六社のうち残ったのは、杉野の会社と、墨田区の精密板金加工の浜野製作所だけだった。費用面だけでなく技術面でもこの試案は難しく、断念せざるを得なかった。

諦めきれない杉野は、道具も資金も不十分だった三五年前にジャムステックが試した方法を取り入

図5-3 ▶「江戸っ子一号」プロジェクトの枠組み

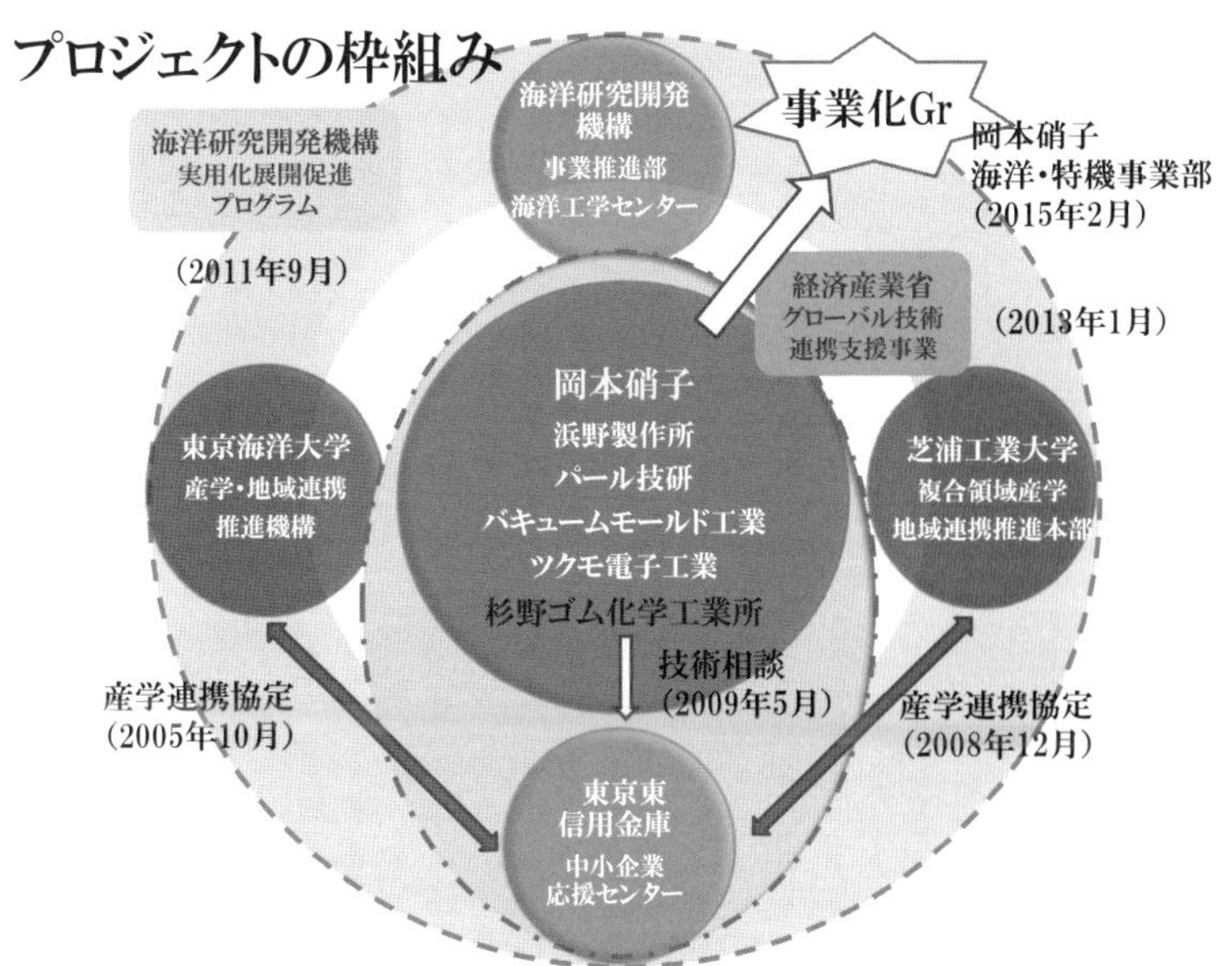

出典：東京東信用金庫資料

れることにした。それは、カメラをガラス球の中に入れ、自由落下で深海に到達させ、撮影した後は錘を切り離して浮上させる方法である。この方法に変更したことで、二〇一一年四月には精密試作加工のパール技研（千葉県船橋市）、電子機器製造のツクモ電子工業（東京都大田区）が加わり、同年九月にはジャムステックの「実用化展開促進プログラム」に採用され、プロジェクトは本格化した。後に、ガラス球の開発のため、硬質ガラス技術を持つ岡本硝子（千葉県柏市）と、ガラス球カバーを製作するプラスチック真空成形で業界一位のバキュームモールド工業（東京都墨田区）が加わり、六社となった。さらに二〇一二年一一月には経済産業省のグローバル技術連携支援助成を受けられることになり、産官学「金」連携が成立した（図5－3）。この産官学「金」連携で、東京東信金は助成金の獲得申請の支援を行い、さらに桂川は芝浦工大から東京東信金に移籍して、「江戸っ子一号」のプロジェクトリーダーを任せられた。

東京東信金と桂川が想定した「江戸っ子一号」プロジェクトの最大の目的は「下請け根性からの脱却」である。つまり、他所からの指示を待つのではなく、「自分たちで考えてつくる、みんなで知恵を出す」姿勢を身につけることにあった。東京東信用金庫が融資している六社が事業を継続するためには、技術力を高め、自ら事業を創り出す力が必要となる。岡本硝子のように、世界シェアナンバーワンの商品を三つ持つ企業も例外ではない。また、プロジェクト関係者相互の関係性を考えて「全体視点で矛盾を解決するアイデアを自分たちで出す」ことも求めた。そのため、六社はそれぞれ芝浦工大の研究室とペアを組み、自主的に研究開発を進めることにした。この自律分散型の開発は大学生が研究・設計し、企業が製作する形で行った。技術指導をジャムステックや東京東洋大学が行い、実験施設は新江ノ島水族館や源春丸（支援漁船）が提供した。これにより、自主的に考え行動できる視野の広い人材が育ったうえに、電気を通すゴムの発明などの「産学の相乗効果」が生まれることにもなった。

しかし、この自律分散型の開発は、深海での実験が翌年二〇一三年秋に決定されたことから、二〇一二年五月に工程表による統制型の開発に転換することとなった。この時点までは発散型の開発だったが、この後は収束型の開発となり、すり合わせが必要となる。参加している六社は、技術も分野も規模も違ううえに、参加のきっかけも動機も異なる。ここでも桂川が工程管理を行い、プロジェクトをマネジメントした。それぞれの会社や社員を熟知する東京東信金がハブになることで、相互理解を深め、共感や信頼関係を構築していったのである。桂川は工程管理や全体会議を通して、部分と全体、現実と理想の矛盾を埋め、完成度を高めていった。

しかし、二〇一三年四月、相模湾で行った潜水実験で致命的なミスが起き、すべてのチェック項目で失敗した。マニュアルやチェックリストの不備が原因だった。これを直ちに修正し、さらに数回の実験を経て、同年九月の本番実験へと進んだ。しかし、九月の実験は台風の影響で延期となり、二〇一三年一一月にようやく本番実験に至った。一機目は房総沖水深四千九〇メートルの海域に、二機目は日本海溝の水深七千八百六〇メートルに、三機目は七千八百一六メートルの海域に投入された。後日、三機とも回収に成功し、開発が完了した。

◆プロジェクト経験の波及効果

世界初の3Dハイビジョンカメラによる深海の映像は大きな話題となった。二〇〇九年七月の「日本産業技術賞」受賞を皮切りに、総理大臣賞である海洋立国推進功労者表彰、産学連携功労者表彰など、いくつもの表彰を受賞し、産学官「金」連携のモデルケースとなった。さらに、博物館や科学館などで展示を行ったり、子どもたちの教科書や参考書、辞典などに取り上げられたりするようになり、いわゆるSTEM教育(7)に役立てられている。

また、プロジェクトに参加した六社はいずれもマスコミに取り上げられ、ブランド認知度が上がり、付加価値の高い仕事が増えた。たとえば、浜野製作所には二〇一八年九月に天皇陛下（現在の上皇陛下）がご視察された。さらに二〇一九年六月にはニューヨークの国連本部で開催された国連中小企業の日の記念イベントでスピーチを行った。一方、東京東信金も産学官「金」連携のプロフェッショナルとして認知され、大学や区からプロジェクトが持ち込まれるようにった。商工会議所や中小機構、信用金庫協会など様々な関係者との間を取り持ち、東京東信金をハブとするエコシステム（生態系）が形成されている。「江戸っ子一号」そのものの事業化としては、岡本硝子が中心となり二〇一五年二月に「事業化グループ」を発足、事業化に向けたB2Cの取り組みを本格化している。二〇一八年一二月には、国が推進する戦略的イノベーション創造プログラム（SIP）第二期に採用され、江戸っ子一号を改良した「江戸っ子一号三六五型」三機が二〇一九年一月から一年の間南鳥島海域に投入されている。

◆「共感」を核に「夢」を共有する

東京東信金は「江戸っ子一号」の開発により東京の下町の町工場の活性化を推進し、産学官「金」連携のモデルケースを創った。これは、①町工場の現状を起点とし、②夢を描き、③その夢を共感の中心に置いて、④多様な関係者を巻き込んで産官学「金」連携のネットワークを構築し、⑤連携によって新たな技術を開発・発明し、⑥地域の既存ビジネスの活性化と新規事業の立ち上げを図る、という流れである。

このプロセスは、夢への共感を中心とすることで、関係者とともに新たな技術や領域に挑戦して、町工場の存続を図る仕組みである。東京東信金のユニークな点は、現会長の澁谷哲一がいう「非効率こそ最大の効率化」を徹底しているところである。その意味は、「互いに足りないところを補いあい、互いの良いところを生かし合うのが相互扶助の精神。他者を尊重し、他者ができることは任せ、だれもやらないこと、だれもできないことをやるのが信用金庫の役割。一見、非効率に見えることも、時間軸、空間軸を長く広くとれば効率的なこととなる」ということだ。具体的には、中小企業の事業主が本当に何をしたいのかを丁寧に聞き出し、やりたいこと、やれること、やらねばならないことの隙間を埋めていく。そして、事業主が本当にしたいことを実現するために、必要な融資や必要な関係づくりを行う。その基盤には、地域密着の東京東信金への信頼があり、その機動力は、東京東信金と事業主が共に持つ「夢を夢で終わらせない」という思いにある。

こうして、東京東信金がハブとなり夢と技術への共感を中心にして「下請け根性からの脱却」を目指し、町工場や芝浦工大、ジャムステックの関係者が自由闊達に働ける場をつくり、町工場の視野を国内外に広げ、自分で考え実行できる人材を育成した。また、江戸っ子一号が教育現場で活用されることになり、地域の子どもたちの育成という信用金庫の使命も果たしている。江戸っ子一号プロジェクトの価値は、プロジェクト単体の経済的収支では測れない。それ以上の無形な価値と波及効果がこのプロジェクトにはある。

3 フォーラム活動による地域連携──青梅信用金庫

青梅信用金庫(以下、青梅信金。通称あおしん)は一九二二年三月六日に創立した信用金庫で、本店は東京都青梅市にある。店舗は、青梅市を中心に東京都多摩エリアと埼玉県西部エリア三五カ所にあり、創業理念は「共存同栄」の実現である。

本店のある青梅市は東京都の多摩地域北西部に位置し、市の中心には多摩川が流れ、新宿と甲府市を結ぶ青梅街道が通っている。〝昭和レトロ〟な町並みや、赤塚不二夫会館、一九六七年に始まった青梅マラソンなどが有名である。青梅信金では、新規顧客開拓や販路拡大、事業継承、さらには、創業や新規事業立ち上げなど、経営支援による地域活性化活動を行っている。

◆「美しい多摩川フォーラム」による「多摩川夢の桜街道」運動

青梅信金による地域活性化の最も大きな活動は、二〇〇七年七月にスタートした「美しい多摩川フォーラム」による地域づくり運動である。背景には、将来への強い危機感があった。西多摩地域は趨勢的な人口減少にあるためだ。しかし、西多摩地域の活性化に取り組むとしても、一信金では自ずと限界があった。

このため、同地域を流れる多摩川をシンボルに、流域の企業、行政、市民等に呼び掛け、民間主導による官民広域連携・協働推進の地域づくり団体「美しい多摩川フォーラム」（提唱者の青梅信金が事務局）を設立した。「美しい多摩川フォーラム」は多摩川流域の山梨県、東京都、神奈川県の関係する行政（二六自治体）、ＪＲ東日本や旅行会社を含む事業者、水質保全や自然教育などに関心のあるＮＰＯ団体や大学等研究機関、個人などからなる地域団体で、青梅信金の地域社会への貢献活動の一翼を担う官民広域連携による地域づくりを行っている。シンボル事業として〝交流人口の増加〟による面的な地域振興を企図した「多摩川夢の桜街道」（流域に点在する桜の名所・八八カ所を桜の札所としてネットワーク化し、人々に巡っていただく事業）を関係者とともに創り上げた。以来、経済・環境・教育文化の三つの観点から、持続可能な地域社会の実現に取り組んでいる。(8) この運動は、二〇一一年三月一一日の東日本大震災を契機に東北地方の復興支援を行う「東北・夢の桜街道」運動にも発展的に適用され、普遍的な地域づくりスキームとして定着している。

これらのスキームの手本は、当時青梅信用金庫の地域貢献部長だった宮坂不二生が日本銀行の山形事務所長時代に立ち上げた「美しい山形・最上川フォーラム」である。山形県の協力のもと、民主導の「県土づくり策」として二〇〇一年七月に創立したものだ。「産官学民の共通の基盤をつくり、経済、環境や文化をつなぐ」仕組みで、源流から河口まで山形県内だけを流れる最上川をシンボルにしている。現在も、「美しい山形百年プラン」という長期計画に基づき、地域活性化と県民の自立に向けた活動や、山形県の地方創生の一翼を担っている。

「美しい多摩川フォーラム」も、地域を流れる多摩川を「シンボル」としてだけでなく、「コモンズ（共有資源）」と捉え、多摩川を軸に、地域の関係者を精神的・物理的に結び、社会的な価値を新たに生む連携や協働のためのソーシャルイノベーションの基盤を創った。青梅信用金庫は設立時より事務局を務めている。その活動は、経済、環境、教育文化の三つを柱として、多摩圏民が主役となって「美しい多摩川百年プラン」を実践するものである。目的は、青梅信金の顧客が多い多摩川流域において、顧客や地域の人々を結び、安心して豊かな生活を送る場を創ることである。結びの中から、新たな関係が生まれ、新たな事業や取り組みに発展することによって、必要に応じて支援や融資をすることができる。そのため、青梅信金は、関係者が利害対立を乗り越えて合意形成し、連携、協働する場を創ったのである。

たとえば、二〇〇八年には「多摩川夢の桜街道」という活動を開始した。目的は、多摩川に点在する桜の名所をコモンズとして活用し、交流人口の増加と地域経済の活性化を図ることである。コンセプトは「願い事を携えて訪ねる〝桜〟の札所・八八カ所巡り」で、お遍路さんの八八カ所巡りに倣って、八八カ所の桜の名所を巡ることで願い事をかなえるという価値を、訪れた人々に提供するものだ。桜守がガイドする桜ウォーキングを、毎年場所を変えて実施している。地元の人々にとっては、地元の観光や産業の活性化だけでなく、地元の自然や文化を大切にするという動機づけにもなっている。ただし、これは桜の時期だけしか活動できないことから、年間を通して多摩川流域の観光資源を活用するために、二〇一四年には酒蔵や温泉を巡る活動も始めている。

また、二〇〇七年から毎年、流域の自治体や学校、市民、企業などと協働して、多摩川の一斉水質調査や広域清掃活動の実施、子ども環境シンポジウムや子どもの親水体験イベントの開催、桜の植樹や稚鮎の放流事業、多摩川の民話発掘と語り会活動などを行い、環境や教育面で目に見える成果を上げている。特に、地域経済活性化の面では、身の回りにある多摩川流域の桜や酒蔵を観光資源に変貌させ、はとバス等の春・秋の定期観光事業に成長させたほか、JRでも多摩川酒蔵街道号としてお座敷列車を奥多摩路に走らせるなど、交流人口の増加（＝観光振興）に企画面から貢献している。さらに、二〇一六年からは多摩川上流域約一七キロで「多摩川カヌー駅伝大会」を六市連携で毎年実施するなど、スポーツ観光という新しい切り口でも地域の活性化に努めている。(9)

このような活動は、地域の活性化と地域との信頼関係の構築を通して、青梅信金の事業基盤の安定と育成につながっている。地域の自然や文化に触れる機会を創ることで、観光に訪れる人が増え、交流人口が増えるなどの経済的効果が生まれている。また、多摩川の水質改善の取り組みは子どもたちの教育にも貢献している。さらに、美しい多摩川フォーラムの事務局を担う青梅信金に関心を寄せる学生が多く、新卒の就職活動での人材確保にも役立っている。

◆東北・夢の桜街道運動

二〇一一年三月一一日に東日本大震災が起きたあと、東北地方では、災害復興に加えて、風評被害や観光客の減少、人口減少の加速などの課題への対策が急務だった。青梅信金では、「美しい多摩川フォーラム」で得たノウハウを活用し、東北地方に交流人口を増やす観光振興として、「桜」をシンボルとする活動を立ち上げることにした。日本人にとって「桜」は人生の節目ごとで様々な思いを馳せ、共感を呼ぶコモンズであるからだ。「多摩川夢の桜街道」の「願い事を携えて訪ねる〝桜〟の札所・八八カ所巡り」というコンセプトを発展させて、「犠牲者の鎮魂と復興の祈りを捧げて巡る東北・夢の桜街道〜桜の札所・八八カ所巡り」というプロジェクトを立案したのである。

このプロジェクトを推進するために、信用金庫のネットワークを活用して、多様な関係者が連携し協働する仕組みを創った。その結果、東北六県の知事や東京都の同意を取りつけ、東京と東北地区の信用金庫、公共交通機関や旅行会社等の後援を得ることができた。二〇一一年一〇月には東北地域に産官学民のネットワークを構築し、一〇年間の復興支援を行うことを発表した。さらに、国土交通省国土政策局の助言を得て、二〇一一年一二月には「東北・夢の桜街道推進協議会」を設立し、官民広域連携・協働推進を進めることになった（二〇二〇年時点、国は八省庁が参加）。青梅信金は、協議会の事務局を務めることになった。

東北・夢の桜街道推進協議会は一〇年間の「地域戦略工程表」を策定し、PDCAサイクルを回して実践している。毎年多くの人々が参加する八八カ所の桜の名所を巡るスタンプラリーはフコクしんらい生命と、八八カ所を巡る道案内アプリの開発は富士通との協働でそれぞれ実現した。この取り組みを支援する富士通の「あしたのコミュニティーラボ」は、フェイスブック上に「みんなで巡る・桜の札所」というグループページを開設して、バーチャルなコミュニティ創りを行っている。また、観光庁と協働し、台湾の地下鉄一編成を「東北・夢の桜街道号」に仕立てて車体広告を行い、台湾などからのインバウンド観光の拡大を実現している。二〇一五年には、春の桜街道を四季に発展させる取り組みとして、秋からの新酒や紅葉を楽しむ「東北酒蔵街道」が創設されている。[10]

なお、東北復興支援事業は大幅に規模が拡大したため、青梅信金では、二〇一七年に地域貢献活動の場を改めて多摩川流域に集中することにした。代わりに、信用金庫業界全体がバックアップする形で、東北・夢の桜街道推進協議会の事務局が独立した。宮坂は青梅信金を離れ、専従の事務局長として、国内外に共感の輪を広げている。青梅信金が立ち上げたスキームは、こうして国内外に広がっている。

◆コモンズを中心に置く活動

青梅信金は「美しい山形・最上川フォーラム」を手本に「美しい多摩川フォーラム」によって地域の活性化を推進し、さらには東北地方の地域振興策「東北・夢の桜街道〜桜の札所・八八カ所巡り」を軌道に乗せた。いずれも、①現状の社会課題を起点とし、②地域の将来像を描き、③コモンズを共感の中心に置き、④地域の多様な関係者を巻き込んでネットワークを構築し、⑤地域に人を呼び込んで交流人口を増やし、⑥地域の既存ビジネスの活性化や新規事業の立ち上げを図る、という流れである。

青梅信金にとって、このプロセスは共感を中心として健全なコミュニティを創造・再生することが目的で、「預金」、「融資」、「為替」は手段である。この事例のユニークな点は、川や桜という「コモンズ」を共感の中心に置き、経済、環境、教育文化の三つを柱にして、多摩川沿いの様々なステイクホルダーを巻き込んで、エコシステムを創り出したことにある。そして、青梅に留まることなく、東北へ、そして日本全国から世界へと、青梅信金が創ったスキームを展開した点もユニークだ。その結果、桜というコモンズへの共感を軸とするフラクタルな広がりとなっている。たとえば、官民一体となった効果的なプロモーション活動プロジェクトとして、西日本や東アジアをターゲットとしてインバウンド観光の促進を図っている。青梅信金自体も、このスキームによってブランド価値が上がり、身近なプロフェッショナルとして認知されている。こうした認知があることで、「新たな事業を興す時にはまず青梅信金に相談しよう」、「お金を預けるなら青梅信金にしよう」となる。地域の発展なくして信用金庫は発展せず、信用金庫の支援があってこそ地域は発展する、というウィン・ウィンの関係がつくられている。信用金庫は地域と運命共同体であることを改めて認識させられる。

「美しい多摩川フォーラム」では、最近の新型コロナウイルス感染症問題の発生に伴い、緩やかな合意形成の場である活動部会や実践の場である野外活動等が一部制限されている。現在、アフター・コロナに向け、対面の重要性に配慮しつつ、ＩＴの活用も駆使した新しい発想での連携・協働の形を喫緊の課題として検討している。

4 ▼理念に基づく再生可能エネルギー開発推進――城南信用金庫

城南信用金庫(以下、城南信金)は一九四五年八月に創立した信用金庫で、本店は東京都品川区西五反田にある。営業地域は東京全域と神奈川県の複数の都市にわたり、多数の中小企業が集積する大田区や品川区が含まれている。高度な技術やノウハウを有する様々な中小企業を支えることが日本の発展に直結するとの認識から、城南信金では中小企業と地域社会の発展、人々の暮らしやすさを支える金融事業を目指している。

◆徹底した理念経営

城南信金では、倫理的な判断と行動を重んじている。経営理念は、「地域の人たちを幸せにし、地域社会の繁栄への奉仕と発展に貢献する」、ビジョンは、①中小企業の健全な育成発展、②豊かな国民生活の実現、③地域社会繁栄への奉仕、である。さらに、経営方針として「人を大切にする経営」、「思いやりを大切にする経営」の徹底、「健全経営」、「堅実経営」の徹底、「お客様本位に基づいた取り組みの徹底」を挙げている。

この理念やビジョン、方針の背景には、城南信金のルーツがある。城南信金の前身は一九〇二年七月に加納久宜子爵(かのうひさよし)によって設立された入新井信用組合である。英国に留学した加納は、信用組合について学び、入新井信用組合を設立した。これが日本全国の信用組合の手本となった。加納は「一にも公益事業、二にも公益事業、ただ公益事業に尽くせ」という言葉が表すように、信用金庫は地域社会の発展に奉仕するという公共的な使命を持っていることを示した。

この入新井信用組合は、戦後間もない一九四五年八月一〇日に東京の城南地区の一五の信用組合と合併して、城南信用組合となった。城南信用組合の実務を仕切ったのは、当時専務で、後に理事長や会長を歴任する小原鐵五郎である。小原は「ミスター信金」という異名を持ち、全国信用金庫協会、全国信用金庫連合会(現在の信金中央金庫)の会長を歴任した。小原は戦後の信用金庫の発展に尽力し、「貸すも親切、貸さぬも親切」[11]、「裾野金融」、「人の性は善なり」など、信用金庫のあるべき姿を示す多くの名言を残した。

城南信金は今もこの二人が示した、人、思いやり、コミュニティを大切にするという理念のもとに、様々なサービスを提供している。たとえば、創業者支援としてコワーキングスペースを設けたインキュベーション支援や、マッチングサービスや人材派遣サービスを行っている。働く女性の支援活動として高円寺支店の一階を「認可保育園」として提供(二〇二一年四月開園)、中小企業の業務効率化のためにクラウド分野で業界トップシェアのfreee株式会社と業務提携する、など先進的な取り組みも進めている。

産官学の連携にも注力しており、たとえば昭和大学と地元の中小企業との協働開発を推進するなど、新規技術の開発や新規事業の立ち上げ、創業などを支援している。結果として、業界でも屈指の業績を上げているのである。

◆脱原発、自然エネルギー事業へのシフト

城南信金がユニークなのは、脱原発や自然エネルギー事業の推進を行っていることだ。発端は、二〇

一一年三月一一日に起きた東日本大震災による教訓からである。この時、城南信金としてなにをすべきか、何ができるかを改めて考えた。一九九五年の阪神・淡路大震災では総額一億円の寄付を行ったが、今回はさらに規模の大きい災害だった。経費を節約するなどして、総額三億円の寄付を行い、地域の人々からは一億四千万円の募金が集まった。また、現地に支援物資を運んだり、職員をボランティアに派遣したりした。さらに、津波の被害を受けた信用金庫では内定者を採用できない事態にあると知り、福島県の信用金庫などから内定者を引き受けて採用した。この時、福島県の信用金庫の営業地域の半分が立ち入り禁止区域となり、店舗の半数が閉鎖となっていた。

城南信金では、福島第一原発の事故によって、原子力発電に絶対安全ということはない、人間がコントロールできるものではないことを実感することになった。さらに、二〇〇八年のリーマンショックに端を発する世界金融危機により、その本質は人間の欲望の暴走にあると気づかされることにもなった。そして改めて、信用金庫の役割を認識することになったのである。それは、信用金庫は、人間がお互いに話し合い、道徳や倫理、良識を持ち、健全な社会、健全なコミュニティを創る役割を担うというパーパスと存在意義の認識である。

城南信金は、二〇一一年四月一日に「原発に頼らない安全な社会へ」というメッセージを発信し、脱原発に舵を切ることを宣言した。これは、城南信金が省電力や省エネルギーに取り組むことに加え、地域の省電力、省エネルギーのための設備投資を積極的に支援、推進する、という宣言である。そして実際の取り組みとして、こまめに電気のスイッチを切る、といった一人ひとりの行動変容に始まり、LEDへの切り替え、古い電化製品から省エネ効率の高い製品への買い替え、クリーンエネルギーへの切り替え、ソーラーパネルなどを活用するエネルギーの地産地消、などを城南信金でも実践し顧客にも推奨していったのである。

この宣言に対しては批判もあり、組織の内外から、一企業がそこまで言うのか、金融機関として行き過ぎではないか、という声が上がった。しかし、「こういう時期だからこそ、一人ひとりの人間ができることをやっていかなければならない」、「そのためには声に出すことが重要だ」として、城南信金のホームページで発信し続けた。当時理事長だった吉原毅も、オンラインのメディア、雑誌や本などを通して脱原発を訴え、それを実現するための様々な提案を行っていった。すると、共感や賛同の声が城南信金に集まり始め、「取引を行いたい」という引き合いも来るようになった。たとえば、自然エネルギーの普及支援を目的とした融資は二〇一五~二〇一八年度の三年間で総額五七億円を超えている。

二〇一二年一月には環境省の「持続可能な社会の形成に向けた金融行動原則(二一世紀金融行動原則)」に署名し、環境や社会的責任に配慮した活動の推進をアピールした。また、日本国内の金融機関としては初めて「RE100」に加盟し、事業活動で消費する電力を百%再生可能エネルギーで調達することを目標に掲げた。実際に、二〇一九年七月には国内初となるRE100を達成した。これは、電力会社から供給される全電力の九八%をバイオマス発電で、残り二%は二酸化炭素をオフセットすることで実現したものである。

◆ソーラーシェアリングの推進

自然エネルギー事業へのシフトの一環として、城南信金ではソーラーシェアリング事業を推進している。ソーラーシェアリングとは、農地のうえにソーラーパネルを設置することで、一つの土地に届く太陽光を農業と発電でシェアする取り組みである。発案者の長島彬は、二〇〇四年に特許を出願するが審査請求をせず、誰でも使える「公知の技術」にしている。じつは、作物に届く太陽光は強すぎて、光合成に使われない量がある。そこで、農地の上に作物に必要なだけの光が届くような隙間を空けて、およそ地上から三mの高さに細長い太陽光パネルを並べる。これで、発電ができ、作物は十分育ち、さらに、強すぎる太陽光を遮ることで農業従事者にとっても農作業の大変さが緩和され、水の使用量も抑えられる。一石数鳥という画期的な仕組みである。

ソーラーシェアリングは、メガソーラーのような自然破壊を起こさない。しかも、農業従事者に新たな収入源をもたらすことで農業の持続可能性を実現できる。だが、当初は、農地の上にパイプを組むソーラーパネルは構造物と見なされ農地の転用にあたることから、融資が認められなかった。二〇一三年には一時転用として認められたが、三年間という転用期間が設けられ、営農に問題がないことを証明する必要があり、やはり融資をしづらい状況にあった[12]。それでも、城南信金はソーラーシェアリングに出資し支援したのである。

それが功を奏したのは、二〇一七年四月三日に千葉県匝瑳市(そうさし)に設置された「匝瑳メガソーラーシェアリング第一発電所」の落成式である。落成式には、脱原発を推進する元総理大臣の小泉純一郎、細川護熙、菅直人、そして、自然エネルギー関係者を合わせて一五〇名が出席したため、ニュースや特集として取り上げられるようになったのである。二〇一八年五月には、担い手が営農する場合や荒廃農地を活用する場合等には一〇年間の継続使用が認められることとなった。城南信金はソーラーシェアリングの取り組みを紹介するハブになりこの事業を推進している。現在では、ソーラーシェアリングを行っている農家は全国で一千カ所を超えて、次第に知名度が上がりつつある。

◆理念を共感の中心に置く

城南信金の活動プロセスは、①社会課題としての脱原発を起点とし、②理念への共感をコミュニティの中心に置き、③日本の将来像を描き、④自ら発信することで多様な関係者を巻き込んで共感を呼び、⑤地域のビジネスや農業の活性化や新規事業の立ち上げを図る、という流れである。

このプロセスは、理念への共感を中心として、健全なコミュニティを創造・再生するものであり、「預金」、「融資」、「為替」はその手段である。城南信金がユニークなのは、様々なステイクホルダーを巻き込んで、理念を共感の中心とするエコシステムを創り出している点である。脱原発やソーラーシェアリング事業は、受け入れる人と受け入れられない人との対立を呼ぶ事業でもある。ただ、SDGsやESG経営が注目される中で、城南信金の理念はフラクタルな広がりも見せている。批判を受けながらも、城南信金は理念を発信し続けることで、次第に共感を呼んでいる。再生可能エネルギーへのシフトが世界的に叫ばれる中で、日本がガラパゴス症候群に陥らず、脱原発を進められるかどうか、城南信金が鍵の一つを握っている。

5 信用金庫の存在意義と今日的役割

ここでは、三つの信用金庫の取り組みについて述べてきた。これらの事例に共通するのは、金融機関の役割が銀行とは違う次元にあるという点である。金融業務である「預金」、「融資」、「為替」は手段であり、目的は、地域の企業が自分の強みを生かすことができ、地域の人々が安心して働き、豊かで安定した生活をおくることができる社会を、共に創ることにある。

この観点では、一般的には社会貢献活動に見えることも、信用金庫においては目的であり、本業である。銀行は、株式会社という形態である以上、どうしても株主を意識し、自己の利益を意識して競争せざるを得ない。一方の信用金庫は、NPOとまではいかないが、地域に生かされ育てられ、共に存続し続ける存在である。しかし、信用金庫自身も自らの資金繰りが回らなければ活動を続けられない。そこで、自らの活動を続けるために、顧客である中小の事業者や事業主の真の活動目的を明らかにし、その実現のために、地域の関係者、行政や大学、研究機関とつないだり、地域の人々の活動を支援したりして、自らの認知度を高める役割を担うなどにより、預金を得やすい、融資を行いやすい状況を創り出しているのである。こうした活動が功を奏していることは、金融業務の結果としての三社の業績から明らかである。

そうした意味で、ここで紹介した事例では、いずれも信用金庫をハブとする地域的な連携構造、一種の生態系(エコシステム)が構築されている。そこは、多種多様なステイクホルダーが産官学「金」の関係を創り、「棲み分けと生かし合い」、「おたがいさま、おかげさま」や「三方よし」を現実化する場である。言い換えれば、信用金庫は自社の利己的な利益最大化を目指すのではなく、多様なステイクホルダーとの関係を包含する発想に立ち、利他的にエコシステムとしての共感や幸福の最大化を目指しているのである。

現在、地域の経済を支えている金融システムは、情報ネットワークの発達による新たなビジネスモデルの構築によって、大きく変わる可能性に直面している。こうした状況において、信用金庫の存在意義は、昔も今も、人々が幸福に暮らせる社会やコミュニティを実現することにある。そのために信用金庫が担うべき今日的な役割は、第一に地域の企業や産業の活性化を支援して、地域の企業がそれぞれに強みを生かし合えるネットワークやエコシステムを形成する中心的な役割を果たすことであろう。第二に、地域における経済のプラットフォーム企業として、また、地域コミュニティとともに生活する社会市民として、地域社会に密着した仕事を何でも行うことである。第三に、「経済・環境・教育文化」を三本の柱とする仕組みの構築である。信用金庫の社会貢献事業は本業そのものであり、信用金庫と地域コミュニティの関係は、互いに尊敬し合い、生かし合い、生かされ合う相互扶助の関係である。これからは、信用金庫だけが地域コミュニティに対して社会的価値を持続的に提供するのではなく、信用金庫の取引先の企業や個人も、地域コミュニティに対して社会的価値を持続的に提供する存在となることを推進するのが、信用金庫の一層の役割となるだろう。

二〇二〇年に入り、新型コロナウイルス感染症の影響に対応するため、政府は様々な支援策を開始した。特に、中小企業に対しては、資金難から事業の継続が難しくなることが予測されることから同年四月には現金給付の措置を発表した。また、地銀や信用金庫等を通じた中小企業向けの無利子・無担保融資も発表した。こうした政府の動きに前後して、青梅信用金庫、東京東信用金庫、城南信用金庫はそれぞれに地元の中小企業向けの補助金、助成金、融資等の相談窓口を設置し対応を開始した。また、経営そのものへの支援として地産地消の推進や商談の支援を行い、事業継続を推進している。一方、地元の医療機関や従事者に対し、感染拡大や医療崩壊を防ぐための支援としてマスクなどの物資を寄贈して、地域の安心安全を推進している。

他方、信用金庫業界全体としては、日本全国の信用金庫が連携する「よい仕事おこしネットワーク」を活用して飲食店支援やお取り寄せ支援を実施した。また、羽田空港跡地第一ゾーン「HANEDA INNOVATION CITY（通称HICity）」にある当ネットワークの拠点「よい仕事おこしプラザ」に「新型コロナウイルス対策・ご相談本部」を開設し、ここに信用金庫をハブとする産学官の知見とつながりを結集した。そこでは、飲食店の感染対策相談から大手企業との商談会の実施まで、目先のコロナ禍への対応に留まることなく、地域活性化と中小企業のさらなる発展を目指していくこととしている。新型コロナウイルス感染症がもたらしたピンチをチャンスに変える仕掛けづくりを信用金庫が進めている。

見てきたように、信用金庫は、メガバンクや地方銀行が行わないような事業、支援しないような企業を、共に繁栄するという目的と現場密着の関係性を基に、サポートすることができる。信用金庫は、地域コミュニティの発展のために尽くす、という使命に基づいて、地域の企業や人々のビジネスや生活を下支えする社会価値創造企業である。

註

（1）Henry William Chesbrough (2003).

（2）野中郁次郎連載『リクルートWorks成功の本質第九六回　アグリガール／ＮＴＴドコモ』二〇一八年六月一〇日号、およびＮＴＴドコモ　ＩｏＴデザインプロジェクトチーム（二〇一七）『農業からあらゆる産業をＩｏＴでつなぎまくる、ＮＴＴドコモアグリガールの突破力』日経ＢＰ社を参考にした。

（3）ＮＴＴドコモの携帯電話によりインターネットへ接続しメールの送受信やウェブページ閲覧などができるサービス。

（4）モバイル牛恩恵のシステムについてはhttps://www.nttdocomo.co.jp/biz/service/gyuonkei/を参照。

（5）カルビーフューチャーラボ（ＣＦＬ）のホームページを参考とした。

（6）https://mirainohajimari.com/article/260

（7）ＳＴＥＭは、Science（科学）、Technology（技術）、Engineering（工学）、Mathematics（数学）。

（8）宮坂不二生（二〇一六ａ）。

（9）宮坂不二生（二〇一六ｂ）。

（10）宮坂不二生（二〇一六ｃ）。

（11）吉原毅（二〇一二）。これは、「日本の銀行制度の父」と呼ばれたスコットランドの銀行家アレクサンダー・アラン・シャンドが幕末に若き高橋是清や渋沢栄一に伝えた英国の「サウンドバンキング」という銀行哲学を受け継ぐ言葉だとされる。

（12）吉原毅（二〇一七）。

第6章 テレワークが企業形態を変える

1. テレワークとは

かつてない少子高齢化社会を迎えている日本は、従来の価値観では社会を維持することが困難になりつつある。その中で、最大の問題であるのは社会の担い手、労働力人口の減少をどう補っていくかである。本章では、主に政府が進める女性活躍推進の観点のうち、ＩＣＴを利用する働き方であるテレワークに焦点を当てる。地方でのテレワーク、特にオフィスに通勤しない在宅勤務の事例をもとに、女性が求める生活スタイルを居住地に捉われないテレワークによって実現する方法を検討する。

男性中心の価値観で動いている企業社会は、なかなか変わらない。本章では、男性の転勤に伴い居住地の移動を余儀なくされる女性配偶者の立場から、いかにして女性が自身の生活スタイルを確立し満足感を得ることができる働き方があるのかを中心に考察する。その際、キャリアを中断することなく望む生活を維持するような仕事の方法、しかも都市ではなく、特に自然環境と居住条件に恵まれた地方での可能性について言及する。

1 テレワークの定義と分類

「テレワーク」という言葉は、近年、政府が女性活躍推進とセットで政策として推進することを打ち出したために、今や大手検索サイトのニュースでもよく見られる言葉となった。しかし、「テレワーク」がどのような働き方を指しているかまでは一般に対して十分理解されているとは言いがたく、「テレワーク＝在宅勤務」と捉えられていることも多い。言い換えれば、「テレワークの導入」としてニュースサイトなどの様々なメディアで取り上げられるということは、テレワークが未だ社会のスタンダードな働き方として普及していないことの表れである。

テレワークは、「ＩＣＴ（情報通信技術）を利用し、時間や場所を有効に活用できる柔軟な働き方[1]」と定義されている。ＩＣＴを利用したコミュニケーションツールが企業のみならず一般においても完全に市民権を得ている現代社会において、ＩＣＴをまったく利用せずに遂行できる業務はほとんどなくなっているといっても過言ではない。つまり、出張や営業等、オフィス外でなんらかの業務を行う場合、そのほとんどはテレワークであり、それに携わっている人たちは「テレワーカー」であるといえる。そこで最近は「ＩＣＴを活用した、場所や時間に捉われない柔軟な働き方」のように、ＩＣＴの利用そのものよりも、場所と時間の柔軟性を前面に押し出す定義が採用される場合もある。この働き方は、働く人の

表6-1 ▶ テレワークの分類

企業との雇用契約の有無による分類	
雇用型テレワーク	**自営型テレワーク**
以下の組合せによる18とおり	
テレワークを行う時間による分類	
完全テレワーク	
部分テレワーク	
働く場所による分類	
在宅勤務	
モバイルワーク	
サテライトオフィス勤務	
労働時間管理による分類	
就業規則で時間数が決められて管理されている勤務	
見なし時間で管理されている勤務	
労働時間規制がなく時間管理されない勤務	

出典：柳原（2019a）

場所や時間を軸に区分することで、テレワークはさらに以下のように分類することができ、それぞれを指す名称によって「テレワーク」の内容が異なる（表6－1）。

一般的に「テレワーク」といった場合は雇用型テレワークを指している。つまり、企業組織と雇用契約を結んだうえでテレワークを行っている人たちが一般的な認識としての「テレワーカー」であり、その場所が自宅であれば「在宅勤務」、モバイルデバイスを持ち出して外出先の一時的な滞在場所で働く場合が「モバイルワーク」、契約済みのシェアオフィスなどの本来の所属オフィスとは違う拠点で働くものを「サテライトオフィス勤務」と区分することができる。さらに、勤務時間のすべてをテレワークで行う場合を「完全テレワーク」と呼び、勤務時間の一部のみをテレワークとする場合は、その時間数にかかわらず「部分テレワーク」という。政府のテレワーカーの定義は「週に八時間以上テレワークを行う者」であるため、フルタイムの従業員が週に一日以上テレワークを行えば「テレワーカー」である。

場所を軸にすれば、「在宅勤務」、「モバイルワーク」、「サテライトオフィス勤務」と分類できる。テレワークとは日本語に直せば「遠隔勤務」であり、本来出社するものとされているオフィスとは異なる場所で働くことを指している。モバイルワークが通常のオフィスを基点にして自由に活動できる状態で行うことが多いのに対して、在宅勤務とサテライトオフィスは通常のオフィスとは一線を画した完全に別の空間で行われるものである。特に在宅勤務はオフィスへの通勤を一切なくすという意味では、他の二つとは意識も環境も大きく違うものである。

従来のテレワークの分類軸は、これら「契約形態」、「時間」、「場所」の三区分軸を用いたものが多い。しかし、本章では最近の労働時間規制の見直しと時間管理の厳格化の背景を考慮して、「労働時間管理」の軸を加えたものを採用する。この区分軸を用いる場合、「就業規則で労働時間数が決められて管理されている勤務」、「見なし時間で管理されている勤務」、「労働時間規制がなく時間管理されない勤務」の三つに分類される。(2)

一つ目は、一般的な働き方である始業終業時刻が決まっているものだけではなく、フレックスタイム制や変形労働時間制も含まれる。二つ目は主に裁量労働制が該当する。ただし、部分的には一つ目の時間制で就業していても、出張や外出時など一時的に見なし時間で労働時間管理されている場合が当てはまる。三つ目は二〇一九年四月から導入された高度プロフェッショナル制度である。雇用型テレワークにおいては、これらの下位分類のかけ算となる二×三×三＝一八とおりの働き方が、理論上存在することになる。

2 ▼テレワークが持つ可能性

一口に「テレワーク」といってもこのように様々な形態があり、意識や環境のうえでの実行のしやすさも大きく違う。中でも、これまで最も進みにくかったのが完全在宅勤務（完全テレワークの在宅勤務）である。逆に、モバイルワークの部分テレワークは、外出して業務を行う営業担当者等であればノートPCのようなモバイルデバイスの外出先利用が普及したことで、実行の障壁が下がっている。テレワークに関する調査では制度の有無は問わないので、企業内でのテレワークの制度が整備されていなくても、定義上はテレワークを行っていることになる。組織や人の活動にICTが埋め込まれて渾然一体となっている現状では、実質的にテレワークは多くの業務ですでに行われているのである。しかし、ワークスタイルやライフスタイルの多様化が進んだ現代社会であっても、モバイルワークやサテライトオフィス勤務では、結局は「オフィスへの通勤」という呪縛から離れられない。育児や転居または障がいなどの理由でオフィスへの通勤が困難になった人たちにとっては、モバイルワークやサテライトオフィス中心の普及だけでは、働き方に大きな変革をもたらしたとは言い難く、日本社会の価値観はICT普及以前の社会から変わらないままである。そこで今、「働き方改革」のかけ声とともに、従来の決められたオフィスに決められた時間で働くことが難しい事象を多く抱える女性を中心に在宅勤務が注目され、女性の潜在労働力活用のために推進されている。

ただし、完全在宅勤務は、リアルな場を共有していないという心理的な側面もあり、企業の組織にとっても従業員個人にとっても実現するうえでは敷居が高いのが現状である。リアルな場の共有が果たしてそれほど重要なのかという議論もある。しかしわれわれの多くが幼少時から対面型の教育方法に馴染み、一日の多くの時間を対面コミュニケーションが容易に行える場で生活してきたことを考えれば、意識転換は簡単にはいかない（教育面では、対面講義へのニーズは依然として強いものの、通信制の中等教育・高等教育機関の選択の幅も拡がり、実際にそれらを選択する人たちも増加傾向にある）[3]。そのため、テレワークを行っていても、何らかの形でリアルな場を共有したい、対面コミュニケーションが可能な場を常に持っていたいという欲求があること自体は極めて自然である。だからこそ「対面コミュニケーションが必要で、リアルな場を共有すること」の優先度が高いと判断される場合、あえてリアルな場の共有とコミュニケーションを重視して、仕事においては「完全テレワーク」という働き方を選択することにより働き続けたい、という欲求が現れるのである。

具体的に言えば、女性労働力の中心世代では、結婚・出産・育児という大きなライフイベントが集中する。それに伴って就労率が低下するいわゆる「M字カーブ」は、以前に比べれば改善傾向が見られるとはいえ、これらによって女性のキャリアが途絶える例は枚挙にいとまがない。日本社会の活性化のために女性活躍を掲げるのであれば、このライフイベントに伴う就労中断の問題、特に部分テレワークのような一時的な対策や保育施設整備などの行政支援では解決することができない「転居を伴うライフイベント」へ、特に居住地に左右されない働き方への対応を考慮する必要がある。地方に居住しても転職やキャリアの継続を可能にすることができれば、地方活性化や都市居住者の出身地への回帰を促進するためにも、オフィスという物理的な場所の制約や固定観念を捨て、問題解決につながる可能性がある「完全テレワーク」を生かして、女性のキャリアとライフスタイルを考える必要がある。それは、女性の潜在能力を活用する機会ともなる。

3 ▼テレワーク企業「株式会社ワイズスタッフ」の事例

本章で取り上げる事例は、我が国の在宅勤務導入企業の先駆けとなったとも言える、北海道北見市に拠点を置く株式会社ワイズスタッフである（以下、Y社と略す）。設立は一九九八年一〇月であり、設立から三〇年が経過している。調査を行った二〇一七年四月時点の社員数は役員を含めて一二名である。主たる事業はインターネット事業（サイト制作、ネットリサーチ、コンテンツ制作、SNS巡回パトロールなど）、地域活性化関連事業、テレワークコンサルティング事業であり、それらを担っているのは約二百名の契約スタッフである。

代表取締役社長である田澤由利は自身の出産と配偶者の転勤に帯同するため、大学卒業後に勤めた大手家電メーカーを退職し、自身が関わっていたパソコン関連事業の知識を活かして、パソコン関連記事のフリーライターとして活動していた。数回の転勤を重ねて北海道北見市に居住した際、この地を気に入ったこともあり、都市部や実家から離れた場所でも働きやすい環境をつくりたいという理念のもと、

Y社を設立した。なお、金融企業に勤務していた配偶者もY社の役員として勤務している。

◆業務体制

社員は主に契約スタッフの管理も含めた総務系業務を行っており、本店登記地である奈良県生駒市の奈良オフィスと実際の主たる拠点である北海道北見市のいずれかに所属している。そのうち二名は北見オフィス所属でありながら北見オフィスには出勤しない在宅勤務者である。また、一名は奈良オフィス所属で外国での在宅勤務を行っている。契約スタッフは全国各地に散らばっており、海外居住者も存在する。請負契約であるため雇用型テレワーカーではなく、自営型テレワーカーである。そのため労働時間管理はしていないが、プロジェクトで行う業務も多いため、社内でのプロジェクトを進めるためのメールシステムなどで業務全体の管理は社員が直接行うことも多い。また、自営型テレワーカーについても社内では「ネットメンバー」という位置付けになっており、同じ組織の社員として、スキルアップサポートやコミュニケーションサポートを業務として行っている。たとえば、リアルな職場を共有する社員間では簡単な懇親会開催なども、離れた場所に散らばる契約スタッフでは行いにくい。しかしY社では、映像を通じて同じ時刻に別の場所で行うことで同じ組織のメンバーであるという意識を契約スタッフにも醸成する試みを継続的に行っている。

Y社が当初の「契約スタッフに仕事を任せる自営型テレワーカーのエージェント」としての業務に徹するのではなく「同じ組織で働く」という意識を重視する方向でテレワークを活かした経営を行ってきたのは、田澤の創立時の「思い」に根ざしたものである。前述の通りY社の主たる事業はインターネット事業であったが、田澤の思いや実際に請負の契約スタッフを多数擁している経験から、徐々にテレワーク導入支援を意識したインターネット事業が増加していった。田澤の活動も自社の営業以外にテレワーク関連事業が多くなり、現在ではテレワークのコンサルティング事業を別会社として「株式会社テレワークマネジメント」を設立し、東京にその本社を置いている。

◆雇用型テレワークの状況

Y社は、田澤のモバイルワークが常態化しているだけではなく、大雪などの通勤困難が予想される場合は社長の鶴の一声で在宅勤務が認められる環境にある。そのため、部分テレワークは日常的に行われている。社員一二名のうち完全在宅勤務者は三名で、そのうち二名は配偶者の転勤に帯同しての転居によるものであり、一名は疾患による入院生活の中、病室で勤務をしている。三名とも、いずれかのオフィスに籍を置いた形になっている。

Y社では、請負契約の社員も多いため、普段からウェブサイト上で展開されているバーチャルオフィスシステム(Sococo)を用いている。ここではバーチャル空間に机を並べたオフィスや会議室が備えつけられており、各々は在籍オフィスのバーチャル空間に置かれた自身のデスクで働いている形なのである。つまり、リアルの北見オフィスで働く従業員と、A、Cはバーチャルオフィスでは同じオフィスの中で働いているイメージが見えるということである。

さらに、各々の勤務状況を管理するために、勤務管理システムを導入している。最近はＩＣＴを利用した勤務管理は当たり前になっているが、Y社で導入しているシステム(F-chair+)はログイン時間に

図6-1 ▶ バーチャルオフィスの画面例

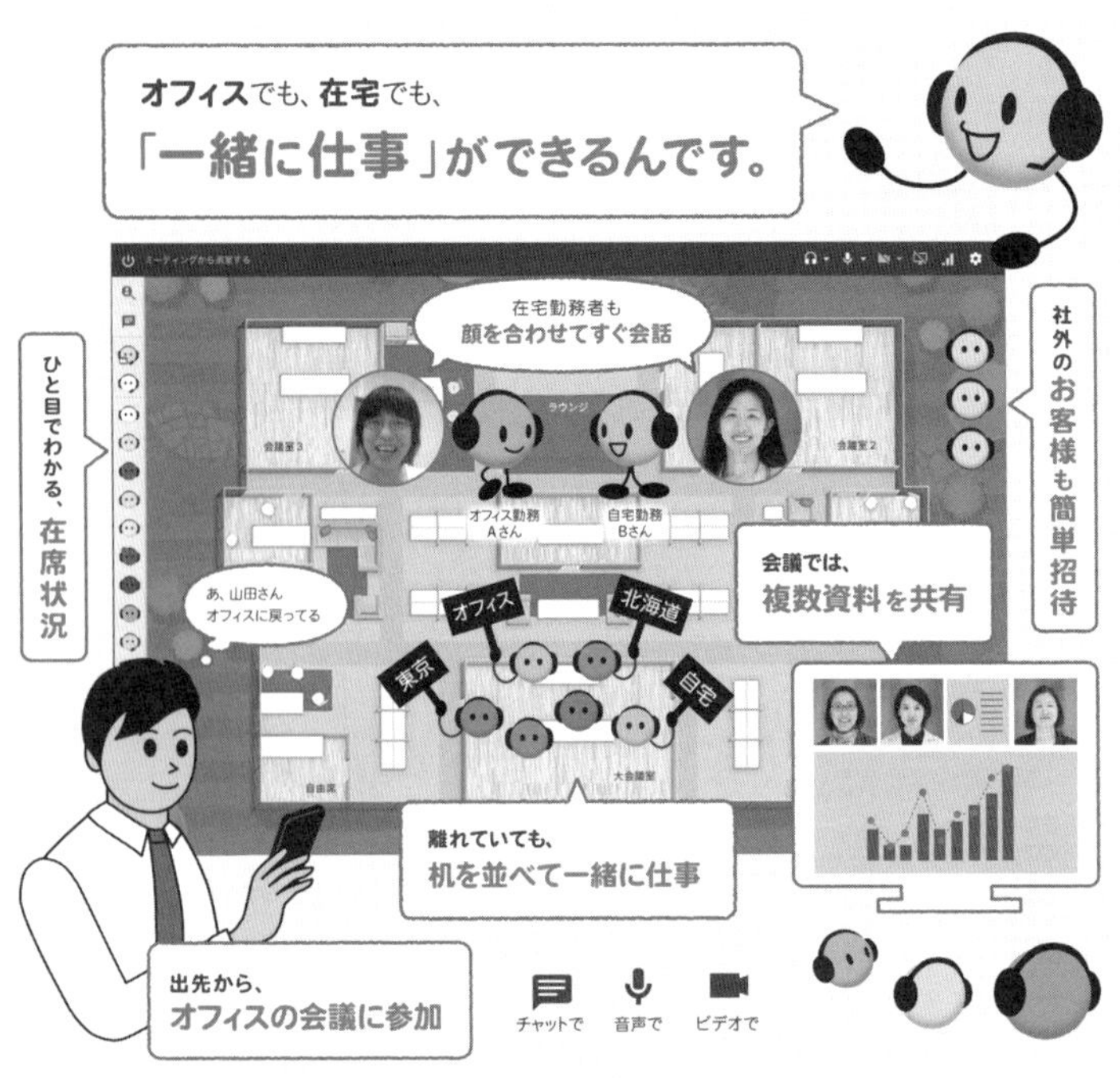

出典：https://www.telework-management.co.jp/services/tool/sococo/

よる勤務管理はもちろんのこと、定期的な画面キャプチャ機能もある。キャプチャされた画面は管理者に届く。もし、勤務中に業務とは関係ない画面を開いている時にキャプチャされれば当然それが管理者にも届くことになる。この点で、物理的に離れている社員についても、バーチャルオフィスで互いの業務状況全体を見渡せ（実際に見るかどうかにかかわらず）、上司に管理されているリアルなオフィスの状況に限りなく近づけているのである（図6-1）[4]。

　このような情報システムで支援された雇用型テレワーカーが三名について、主に女性の働き方の変革にどのように役立つのかに焦点を当て、女性であるAとBを中心にその意識と行動の分析を試みたい。

4 ▼テレワーカーの現実

テレワークが一般化するには、いくつかの課題がある。よく取り上げられるのはコミュニケーション面である。オフィス勤務に比べて意思疎通の機会が少ないというのは事実であるものの、ICTの発達により臨場感のある会議システムや、対面の場を定期的に設けるなどにより、毎日顔を合わせなくともカバーできるようになりつつある。また、テレワーカーに対しどのようなサポートをすべきかについても明らかになりつつある。それらの点について、パターンの異なるテレワーカーの事例から考えてみる。

◆雇用型完全在宅勤務の例

最初にY社の雇用型完全在宅勤務を行うテレワーカーとなったAについてまず述べたい。東京出身のAは、四年制大学の理系学部を卒業した後、その高い能力を活かして外国語関連の仕事に従事していた。結婚後は配偶者が転勤族であったため、主婦業の傍らフリーの翻訳業務を、本人によれば「ほそぼそと」行っていたという。

きっかけは、田澤が東京の仕事で同席した相手がたまたまAの高校時代の友人で、「最近友人が北見に引っ越した」という話をしたことで自宅に電話がかかってきたのだという。つまりY社でのスタートは、まったく面識のない田澤からの引き合いであり、当初は小学校に上がったばかりと未就学児の二人の育児をしながらパートの事務で働き始めたのである。この時点ではAはテレワークではなく北見オフィスに通勤しており、よくある「上の子が小学校に上がり、配偶者の転勤先で良い仕事が見つかったのでパートで働き始めた」という構図である。このような経緯で二〇〇〇年にY社へ入社したが、その二年後の二〇〇二年、配偶者の転勤により、北見から三百キロ以上離れた比較的札幌へのアクセスが良いまちへ転居することとなる。札幌近郊ならば新たな仕事も多く、子どもの年齢を考えれば「まずは環境を整えた後に新たなパート先を見つけよう」と考えるのが、転勤族の配偶者が選択しがちな行動であろう。しかし、社長である田澤は、自身が配偶者の転勤で退職を余儀なくされたこともあり、Aに完全在宅勤務の社員として残る道を提示した。子どもが小さかった当初は、オフィス勤務時と同様にパート勤務を維持したが、移転後は東京の両親がこの地を気に入って隣地に移住してきたこともあり、後にフルタイム勤務となっている。

当初はAもよくある転勤族の配偶者のパターンをぼんやりと思い描いていた。しかし勤務継続によって、忙しい中でもキャリアを継続するために自分自身も仕事環境を整えて「転勤」した。その後のフルタイム勤務への移行と現在の立場や意識は、一旦退職することなく在宅勤務で継続できたことが大きいと考えられる。とはいえ、Aの在宅勤務によるキャリア継続は、新たな地で仕事中心の生活に移行することを選択したということではない。Aは「在宅勤務だと地域貢献が可能」と断言しており、小中学校のPTA役員の他、自治体の教育委員や町内会の役員も経験している。地域を離れずに仕事ができることで、地域への貢献も可能になり、地域での自らの存在意義も生まれている。

一般的に、「女性活躍」が言われる時には、育児や介護との両立が強調されがちである。しかし、これらは女性だけが負担を負うべきものではない。また、育児は長い人生の間での一時的なものである。人生百年時代の現代では、育児よりも介護のほうが、先の見えない長い期間の負担がかかる問題である。

Aのように大きな介護負担がなかったとしても、年老いた両親を見守り、看取っていく時間の方が育児の時間よりも長い可能性は高い。親に子どもが寄り添うことのできる時間は、育児とは別の意味で、人生の中での大切な時間となっていくはずである。Aは、二年のオフィス勤務を経た後の長年の在宅勤務生活を振り返って、場所を問わない働き方になっていくことで仕事の内容だけではなくお店や学校なども変わっていくだろうと感じているという。ただし、決してオフィス勤務を否定しているわけではなく、実際に会って交流することの楽しさ、重要性も十分認識している。

この背景には会社側のシステム上の工夫もある。前述したバーチャルオフィスシステム(Sococo)を利用している他、勤務中の状況を含めた勤怠時間管理をきめ細かくできるシステム(F-chair+)を導入していることの効果は大きい。特にF-chair+は定期的な画面キャプチャ機能があり、一人きりの孤独な作業の中で、手抜きの誘惑も多くなりがちな在宅勤務において良くも悪くも監視の目が入り、緊張感が保たれている。(5)

前述したとおり、AはY社において勤続一七年のベテラン社員である。しかし、在宅勤務開始はオフィス勤務を二年経た後であり、在宅勤務のために特別にキャリアを積んだ社員ではない。しかも在宅勤務を開始した二〇〇二年当時のICT環境は、現在と比較して格段に低い性能である。当時は、現在導入しているようなバーチャルオフィスシステムも勤務管理システムもない。Aの助けとなったのは、契約スタッフも含めたプロジェクト業務が円滑に進むように自社内で開発した、メールのスレッド表示をプロジェクト単位になるように工夫した業務コミュニケーションツールのみであった。決められた仕事を納期までに仕上げて出す成果ベースの請負契約のスタッフがテレワーカーとして存在している中、まったく違う評価基準である正社員の立場での在宅勤務で、三百キロを隔てた地への転居後に自宅で一人、業務を継続することには様々な苦労があったことは想像に難くない。

Aによれば、それは「孤独感」と在宅での雇用に対応してくれた社長に対しどう期待に応えればよいかという「焦燥感」や機器を使いこなせるか、トラブルが発生しないかなどの「不安感」だったという。また、顔を合わせない中で自分がきちんと仕事をしていることをどう伝えればよいかといく悩みもあった。Aが田澤との信頼関係のうえで在宅勤務を開始することになったとはいえ、大きな不安を抱えていたことが分かる。オフィスでの自身の存在のなさや同僚に対する負い目を感じ、社内のパイオニアとしての役割を強く意識するあまり、時間外の私的な時間を自律的に管理することが難しくなっていたのである。(6) 勤務時間と私的な時間の切り分けは、システムの導入によって解消され、(7) オフィス勤務と同様に労働時間が管理された社員としてシステム管理された環境で働くことによってバーチャルな場での「オフィス」に出勤しているのが現在の状況である。システムの支援によって、同僚に対して、そしてそれを包含するY社全体に対して、自発的な貢献行動によって円滑な業務のための環境維持につとめるようになっている。(8)

Aは特別に自身のキャリア形成を強く意識した女性ではない。ここまで見たように、完全在宅勤務という未だ十分普及したとはいいがたい働き方を選択しているが、いわゆる従来の価値観での言葉を借りれば「ごく普通の女性社員」であり、上司である田澤からの指示や提案がなければ、二年のY社でのキャリアは転居で中断していた可能性がある。一般的な「配偶者の転居によりキャリア継続を断念した女性」と同様の立場で、仕事への思いはありながらも家族を中心にした生活を守ろうとする女性だったのである。だからこそ、在宅勤務でキャリアを継続しているからといって、その地域の生活から隔絶された生活を送っているわけではない。家族を見守り、自身の生活を楽しみながら地域貢献も積極的に担い、本人が想定していなかった地域の高齢者の見守り役にもなっている。つまり、在宅勤務によるキャリアの継続によって、家族の一員としてのワークライフバランスを向上させただけでなく、居住する地域の住民としての役割も果たす生活を送っているのである。

◆在宅勤務による業務キャリアの継続

次に、Aにより醸成された文化の中で、完全在宅勤務によりキャリアを継続するBについて述べる。在宅勤務歴がAの約半分であるBは、現状では地域貢献のような言葉は出てこなかった。それは、Bがまだ幼い子どもの育児と仕事を並行した生活を送り、しかもそれが海外であるという事情もあるだろう。Bは現状では育児のために時短勤務をしており、居住地が海外であるため、赴任地での職探しは当時も今後も容易ではないだろうと想像できる。そのため、Bの場合はA以上に、在宅勤務による就業継続ができていなければ、転職して同様のキャリアの継続は困難であったと考えられる。Bは在宅勤務で仕事を続けることが決まったことについて「普通の企業であれば、退職もやむなしでは…と思っていました。ただ、上司がもともと在宅勤務についての理解が深いこともあり、もし認めてもらえるのであれば、業務を継続したいと思っていました」と述べていることからも分かるとおり、Aと違って積極的に在宅勤務を希望していた。そして、オフィス勤務で人間関係が構築されているのであれば長い出張のような感覚で業務ができると述べたうえで、在宅勤務ならではの実情を以下のように述べている。

- 在宅勤務者が萎縮してしまわないような周囲のサポート体制が必要
- 出張が不要となり業務環境は改善する
- 顔を合わせる機会はオフィス勤務時より重要

組織の成立にはコミュニケーションが必要であり、現代社会ではＩＣＴを利用したオンラインでのコミュニケーションが容易になっている。しかし、だからといって対面コミュニケーションがなくても完全に満足できるということではない。このことについてはテレワークを行っていない人であっても異議を唱えることはほぼないだろう。むしろ「だからこそテレワークはよくない」という理由に以前から使われてきたのが、このコミュニケーションの問題である。そうはいっても、リアルな場でのコミュニケーションがとれない完全在宅勤務が否定されるものではない。たとえ回数が少なくても、実際に会う機会を持ち、それが困難な場合でも環境整備によってバーチャルな場での「集い」が実感できれば、リアルな場での対面コミュニケーションの不足はある程度補えるのである。それが、Ａ・Ｂの双方が完全在宅勤務を長期的に続けることができている理由であろう。

◆通勤をしないオフィス勤務

A・Bのように居住地のオフィスからの距離が離れているという問題での在宅勤務以外でも、リアルな場を同僚と共有しにくいために在宅勤務を行う場合がある。それは、身体障がいによる完全在宅勤務である。本章では主に女性が自ら納得して居を移した地域でのキャリア継続に在宅勤務が与える影響を述べてきたが、Y社での社員のコミュニケーションを後で考察するためにも、もう一人の在宅勤務者である身体障がいによって完全在宅勤務を行うCについても紹介したい。

Cは最初から完全在宅勤務による新卒入社であり、三年のキャリアをすべて完全在宅勤務で行っている男性社員である。二四時間介護が必要な重度障がいを持っているため、実際には「在宅」ではなく、「在院」である。その障がいによってオフィスに通勤できないことを理解しているCは、当初は「働く」ことを想定できない環境であった。しかし、田澤がテレワークを紹介する講演を見て、これなら自分にもできるのではないかということで籍を置いていた学校の教諭の支援を得て協力を求め、完全在宅勤務社員として入社したのである。

用を足す、医療処置を受ける、といった場合は一定の時間がとられるために、勤務管理システム(F-chair+)によって席を外す際はその時間分を勤務時間に含めない形にしている。そのため、勤務時間はトータルで一日のうち二〜三時間と決して長くはないが、バーチャルオフィスシステム(Sococo)上では場所が病院であろうと、障がいがあろうと何ら分け隔て無く同僚として互いに接していることに満足感を得ている。また、AはCの入社時に、Cに対して何ができるだろうかと考えたというが、バーチャルオフィスを通すことで通常の同僚と同じ感覚で付き合うことができているという。(9) Cは仕事を始めてみて「職場でできる仕事なら大体は在宅でもできる」、「仕事以外での他人との関わりがあまりない」ことが分かったという。Cは田澤以外の社員には実際に会ったことはなく、接点はバーチャルオフィスのみである。しかもバーチャルオフィス上なので普段はアバターを通してのコミュニケーションである。それでも社員としての帰属意識を持てているという。

なお前述のとおり、Aは、当初Cに対してどのように接したらよいのか悩んだこともあったというが、現在はまったく問題なく、同じ組織の同僚として対応できているという。身体障がいを持つ場合、離れていることで余計な気遣いや気後れをすることがないことは、完全在宅勤務でアバターを通してコミュニケーションを行うことの利点であり、潜在力を発揮させる機会でもある。

◆雇用型完全在宅勤務が持つ可能性

ここまで見てきた雇用型完全在宅勤務のA・BとCは様々な点で相違と類似がある。まず、配偶者の仕事の都合による転居に伴ってやむなくオフィスから離れる選択をしたのではなく、最初から離れたオフィスでの業務を行う者として入社している点である。しかし、三氏とも最終的には在宅勤務がワークライフバランス(WLB)の向上に結びついていることが指摘できる。A・Bは自らのWLBもさることながら、家族の生活に対するプラスの面が大きい。それに対してCの場合は家族ではなく本人の社会参加といった側面が強い。これは、テレワークによる働き方の柔軟性を示している。

現在、日本の社会的価値観では，未だ性別役割分業が色濃く残されている。そのことは、日本の女性の家事労働時間が他の先進国と比較して明らかに長く、男女差が大きいことでも分かる。[10] それだけではなく、夫の転勤に伴って妻の仕事のキャリアが中断される、子育てのために仕事を辞める、といったような不合理さを解消する一つの手段となり得るのが、テレワークである。また、テレワークは、何らかの障がいを持つ人々が、雇用型完全在宅勤務によって労働市場に参入し自立できる可能性を高めることにつながる。

Y社の事例は、障がいを持つゆえに通勤やオフィスでの仕事が無理な人や、外国や国内の通勤不可能地域に居住する人など、潜在的な可能性を持ちながら働く場所を得られない人々であっても、テレワークを利用すれば予想以上に簡単に働く場を実現できる可能性があるということである。

様々な人が暮らす現代社会では、画一的な価値観による商品・サービスを提供する企業は衰退し、様々な価値観に柔軟に対応できる多様な価値観を持つ人材による新たな価値の創造が重要になるのである。それはまた女性の社会参加を促進し、男性中心の企業社会を変革することにつながる。むろん、テレワーク自体は、女性だけのためのものではないが、日本の急速な少子高齢化とその対策がまったく不十分であることから差し迫った問題として、これまでの固定した職場における男性優位の働き方や価値観では社会を維持できない状況に陥りつつあることも事実である。

2. テレワークで変わる働き方と価値観

「働く」とは「人が動く」と書くとおり、人が何らかの形で動いて作業をすることであるが、自営業以外では実際に人が業務を行う場所である「オフィスに移動する」という「動き」を伴うものでもある。この観点からは、これまでの働き方は大きく分けて以下の二つのいずれかであった。

a　居住地を基準に考えて、そこから通勤できる会社に勤める

b　オフィスを基準に考えて、そこに通勤できる地域に居住する

つまり、各々の価値観の中で、居住地とオフィスのいずれを重視するかによって、所属できる企業の選択肢の幅が変わるのである。大都市圏のように、企業と人口が集積していて交通機関や道路などのインフラが極めて発達した地域に居住しているのであれば、aとbのいずれでも選択肢は非常に多くなる。しかし、地方居住者の場合は、地元の通勤可能な地域にあるオフィスを選択しない場合は、居住地を移すことを前提とした企業の選択となり、勤務先選択の幅が大幅に狭くなる。これはライフスタイルが二〇世紀から大きく転換した現代社会であっても大きく変化してはいない。

1 ▼日本的価値観の問題点とテレワークの課題

転勤可能な総合職に対して居住地を変更しない異動のみである地域限定一般職といった職種区分は、問題がある。多くの場合地域限定一般職は昇進機会や給与水準が総合職より低く抑えられる。これは新卒で就職活動を行う若者にとっては非常に厳しい現実であり、とりわけ、結婚・妊娠・育児・介護といったライフイベントによってキャリアに影響する可能性が男性よりも高い女性にとっては、職種選択が仕事への関与の意識を判断する指標に使われている状況である。言い換えれば、組織の事情に合わせて動けない人材は、組織の中心的で指導的な役割を担うことができず、退職を余儀なくされるか、能力に見合った業務を求めることを諦めざるを得ない状況に置かれる。それが従来の慣例的な働き方であり、これまでの日本社会の価値観であった。

その価値観のもとでは、学業や仕事の選択の幅が小さい地方から労働力人口が急激な勢いで都市部に流出し、一度流出した若年層は、転職のリスクや家族の生活を考慮すると地元に戻りにくい状況に置かれる。特に女性は結婚・出産で仕事を辞めたり非正規雇用に移ったりすることが多く、主たる家計維持者である比率が相対的に男性より低くなるために、男性配偶者が転居を余儀なくされる場合、事実上、女性がキャリア断念か別居かという厳しい選択を迫られるのである。

Y社の田澤が当初行ったように自営型テレワーカーとして転居先で遠隔地の仕事を請け負うことも選択肢の一つである。実際、最近のクラウドソーシング利用の高まりは、それを選択する人が増えているということでもある。しかし、組織の中で働く、プロジェクトを組んでチームとして誰かと一緒に仕事をするといった体験は、社会参加の一つとして承認欲求を満たすために重要であるにもかかわらず、自営型テレワーカーでは簡単ではない。自営を好んで経営者として行う人や、いわゆる「ノマドワーカー」と呼ばれる、あえて組織に所属しないフリーランスを選択して請負型でプロジェクトを組んだ業務にあたろうとする人たちでない限り、請負型でチームとして働くことは何らかのコミュニティに所属したりそこでの支援を受けたりしなければ困難である。

雇用型の完全在宅勤務を行うテレワークは「組織内の一員という肩書きを維持して組織文化の中で送る生活を今までどおり維持したまま別の場所に移っても働く」という、転勤者の働き方を体験することになる。つまり、配偶者の転勤で転居を余儀なくされる場合、雇用型完全在宅勤務を行うことによって、自身も配偶者と同時に「転勤」するという体験を可能にするのである。配偶者の転勤があっても自分のキャリアが連続するのであれば、職業選択を狭める原因にはならず、家庭において配偶者のキャリアや自身のキャリアを大きく犠牲にすることなくワークライフバランスを向上させるという点で、テレワークの活用が進むことで働き方の柔軟性が高まるはずである。ただしこのことは、決して「技術革新によってテレワークが進展し、完全在宅勤務も技術的に解決されたことですべてがうまくいく」ということを言っているわけではない。これまで、技術を開発する企業は自社の技術が社会を変えることを強く主張し、その技術の普及を願ってきた。このような素晴らしい技術が導入されればこんなにも素晴らしい社会になると主張する、いわゆる「技術決定論」の発想である。実際、技術が社会に大きなインパクトを与えることも多い。しかし技術をどのように活用するかは主体となる人間の問題である。

Calvo and Petersは、情報技術が人間の幸福にどのような影響をあたえるかについてまとめた著書で

「テクノロジーは人生を肯定してくれるような出来事を驚くほどサポートすることもできるし、私たちの悪しき習慣を恒久化してしまうこともできる。そして、テクノロジーがどちらの方向に歩みうるかは常に私たち、つまりテクノロジーをデザインして、消費する人間の手にかかっている」[11]と指摘している。

これは、逆に社会が技術を選び取っているのだと主張する「社会決定論」の考え方に近い。また、現代社会において人間と技術は渾然一体となっていて不可分であると主張する考えもある。[12]そのような社会においては、インフラとなっている技術はすでに社会の一部として埋め込まれていて、それを考慮したうえで社会をデザインしていく必要がある。現代社会での技術と社会との隙間に見られるひずみがあるとすれば、それはすでに社会に埋め込まれて不可分となっている技術を考慮しない社会や価値観で活動しようとしていることによるものではないだろうか。

テレワークに関しては、ＩＣＴの進展にわれわれの働き方や価値観がまだまだ追いついていない面がある。多様性を包含しつつ、組織秩序や組織への帰属意識を維持する活用の仕方が可能なはずであり、そのためには組織制度も変わる必要がある。

前述したとおり、テレワークの一形態であるモバイルワークはすでに人々の間で特殊な行動ではなくなっている。むしろ、外出先でメールやメッセージを送受信したり資料を確認したりするような行為やいつでもどこでも商品取引を行うような行動は、プライベートでは制約なく行われているのが現実である。それにもかかわらず、それらを業務として行うことになった途端に、従来の働き方の価値観が影響し、何か特別なことに見えてくる場合さえある。すでにモバイルワークを中心としたテレワークという行為は現代社会で特別な行動ではなくなっているのであり、社会の働き方の価値観だけがついて行けずにいる。特に、男女平等といわれつつも男性中心主義の社会構造や、働く夫と専業主婦に子ども二人を擁する家庭というモデルでの働き方の価値観が根強く残っているために、その枠にはまらない人たちの働く機会を奪っている。

日本は、潜在労働力としての女性の存在は大きいにもかかわらず、これまでの女性支援策は女性が男性中心価値観の社会で男性のように働くことを求めてきた。もちろんそれ自体は日本だけではなく他の先進国でも同様であることは、ヒラリー・クリントンが二〇一六年に出した大統領選敗北宣言において「最も困難な『ガラスの天井』は打ち破れなかった」と振り返ったことからも分かる。[13] しかし、特に家事労働比率が諸外国よりも極端に女性に偏って、主に非正規雇用によって男女の賃金格差が大きいままである日本では、男性のように働きながら、女性の役割を家庭で大きく突きつけられることによって過大な負担がかかり、それが少子高齢化の原因ともされている。[14] さらに、一度仕事から離れた人が再就職を希望する時に困難であることは、[15] それに拍車をかけている。これは、女性だけの問題ではなく男性にとっても同様で、勤務地の制約から脱し、通勤による無駄がなくなる在宅勤務は、ライフスタイルの幅を広げることになる。

もちろん、テレワークが最適解ではないし、テレワークだけが女性のキャリア持続のための解ではない。ましてや、本章は転職や自ら望むキャリアの中断や一般的な通勤をする勤務を否定するものではない。しかし現実に労働力不足は顕著で、地方では自治会すら解散を迫られる時代がやってきているのである。雇用型完全在宅勤務で、大切な地域の生活が維持され、多様な価値観を持つ若年層にとってのロールモデルの役割を、完全在宅勤務を行う人たちが担っているのであれば、そこで世代を超えた知識やスキルの継承の場が創出される可能性につながるのではないだろうか。それが実現してこそ、ネットワーク時代の社会といえる。かけ声だけの多様性の向上ではなく、性別や身体機能および価値観に囚われずに、そして置かれている環境への肯定感もなくさずに、ＩＣＴが普及してＡＩが台頭していく現代社会で人が人としての尊厳を維持しながら生活できる社会が実現するといえるだろう。

2 実践事例からの示唆

一九九〇年代始めのバブル経済崩壊後、成長が停滞する中で「新しい世紀」は様々な期待がされ、実際にＩＴ革命による大きな社会変革が起きた。その二一世紀も二〇年を経過した。この間に人々の価値観とライフスタイルは多様化し、テレワークはそれを実現する新しい働き方と呼ばれてきたが、いまだに「特別な働き方」と見なされているのが現状である。テレワーク自体は、様々な可能性を秘めている。最大の利点は、空間的時間的な隔たりを克服できることであり、決められたオフィスに通勤するという場所への依存度が低下し、通勤による時間的ロスがなくなる。また、都市への過度なオフィス集中を回避でき、リスク分散につながる。それに伴い、就業の機会も拡大していくはずである。

本章では、特にギャップが大きく現れている女性のキャリア継続に焦点を当て、テレワークの可能性を述べた。価値観が多様化しつつあるにもかかわらず、社会では依然として旧来の男性中心型ともいえる「仕事を第一とした働き方」が主流である。そこで、あえて過去の価値観を踏まえ女性のキャリア継続に完全在宅勤務が果たす役割を考察した。あわせて、比較検討も兼ねた身体障がい者の就業における影響も検討した。テレワークは、ＩＣＴを応用した形態の一つに過ぎないが、時間や空間的制約を低め、人が持つ能力を補完・拡大する可能性を持つ。ある意味で、働き方を変えることで性別による限界や身体的障害による社会的なギャップを克服できるのである。

紹介した事例は、あくまでも環境が整備された状況での事例であり、すべての業務や企業で同じことができるというわけではない。また、類似の事例で実施困難を伴った事例も存在すると思われることや、条件の違いによって様々な状況が起こりうることも考慮すべきである。しかし、『男のようには働けない』女性への低い評価[16]」が未だ色濃く残り、非正規雇用と正規雇用の待遇格差や非正規から正規雇用への転換の困難性、女性のライフイベントに伴うキャリアの断絶、障がい者への有形無形の差別などが残っている現代社会において、正規雇用を守りつつ各自が望む「家庭や地域での存在」を維持し、自らのライフスタイルを追求できる完全在宅勤務は、地域社会を維持しながら各自の人生の満足度向上に寄与する働き方として評価されるべきであろう。

最後に、危機管理の観点について補足したい。本章執筆中に、新型コロナウイルス感染症の世界的な感染拡大が進んだ。テレワークはワークライフバランス向上の他にも事業継続のための一つの選択肢として危機管理の側面からの利用があることは、新たな感染症が発生するたびに繰り返し論じられてきた。一方で、テレワークが様々な問題に対する絶対的な解決策であるわけではなく、あくまでも一つの選択肢であることも筆者（柳原）は主張してきた[17]。

非常時の操業コントロールを伴う事業・業務継続としてのテレワークはトップダウンで大規模に導入することが有効だが[18]、今回、それが実際に行われてメリット・デメリットと限界を多くの人が実感することとなった。そして働く環境の大きな変化とともに意識や行動の変革も余儀なくされた。非常時のテレワークと本章の事例にある平時のテレワークでは一見違うように見えるかもしれないが、それが「仕事第一」ではなく、自身・家族・他者の命や生活と社会を守る視点でテレワークを行うという意味では、本章の事例(19)との共通項も見出せるのではないだろうか。

謝辞

本章執筆にあたり、株式会社ワイズスタッフ田澤由利代表取締役社長をはじめ、在宅勤務社員のみなさまには多大なるご協力を頂きました。ここに記して感謝申し上げます。また、本研究はJSPS科研費JP26380458および富山大学「ダイバーシティ研究環境実現イニシアチブ(特色型)」の助成を受けました。あわせて感謝申し上げます。

註

(1) 総務省(二〇二〇)。
(2) 柳原(二〇一九a)。
(3) 文部科学省(二〇一三)。
(4) 柳原(二〇一七)。

(5) ｃｆ．柳原（二〇一七、二〇一九ｂ）。
(6) 柳原（二〇一七、二〇一九ｂ）。
(7) 柳原（二〇一七）。
(8) 柳原（二〇一九ｂ）。
(9) ワイズスタッフ（二〇一七）。
(10) 内閣府（二〇一八）。
(11) Calvo and Peters (2014)、日本語訳 三三〇頁。
(12) Orlikowski and Scott (2008).
(13) Hillary Clinton (2016).
(14) 山口（二〇一四）。
(15) 大沢（二〇〇六）。
(16) 熊沢（二〇〇〇）。
(17) 古賀・柳原・加納・下﨑（二〇一八）。
(18) 柳原・吉澤（二〇一三）。
(19) ｃｆ．柳原（二〇一七、二〇一九ｂ）。

第7章 国境を越える知の相互作用

1. 資源をリサイクルし環境を守る

過去の日本の社会の仕組みの中には「環境との調和」や「他者への配慮」といった要素が組み込まれていた。地域社会には「篤志家」と言われる支援者が存在していたし、自己の利益のみを追い求めるのではなく、社会性を備えた事業を行うことが事業の持続的展開につながることが意識されていた。企業も社会の一員である以上、企業を動かすのは利潤動機による事業だけではなく、事業活動に社会性があることが望ましい。この事例では、地域の中小企業が、国際的なリサイクルシステムの普及に努めている現状を紹介する。

1 ▼自動車リサイクルの必要性

近年、持続可能な開発目標（SDGs）が、様々な分野で取り上げられており、その中では循環型社会の実現や環境の保全も重要なテーマとなっている。日本政府では、二〇一六年五月に「SDGs推進本部」を設置し「SDGsアクションプラン二〇一九」に基づいて実施指針を策定、様々な活動を展開し二〇三〇年までのSDGs目標達成を掲げている。また、この活動により得られたSDGsの理念・手法・技術を国内外に積極的に展開していくことを表明している。[1] その促進のために、SDGsの達成に向けて、すぐれた取り組みを行う企業・団体等を表彰するための「ジャパンSDGsアワード」を創設し、二〇一七年より毎年表彰を行っている。今回の事例として取り上げた会宝産業株式会社は、自動車リサイクル分野における貢献により、二〇一八年一二月に第二回ジャパンSDGsアワードにおいて「SDGs推進副本部長（外務大臣）表彰」を受けた。

自動車は、非常に多岐にわたる産業分野の技術が組み込まれた部品が集大成された製品といってよい。生産技術も含めて関係する産業の裾野が広く、国の基幹産業となっており、経済的影響も大きい。これまでは、製品および生産工程に関わる様々な先進技術開発が行われ、社会的な環境保護の流れや省エネルギー・省資源化への対応のために新たにハイブリッド車、電気自動車、燃料電池車、ダウンサイジング化（小排気量エンジンとターボチャージャーとの組み合わせ）など、製品レベルでは省エネルギーや環境保護のための対応が進められてきた。自動車の生産は、フォードシステム導入以来、大量生産・大量消費の体制がつくられ、その供給能力は飛躍的な向上をみせてきたものの、その半面で、一旦生産したものを再利用もしくは適切に廃棄するプロセスについては、あまり深く考えられてはこなかった。新型モデルには目を向けるが、廃車の行方については、世の中の関心が薄かったのである。

◆求められるリサイクルシステム

近年では、天然資源の有限性や廃棄物が自然環境に与える影響について社会的な関心が高まっており、持続可能な社会という観点からも有効なリサイクルシステムの必要性が認識されつつある。このような資源の再利用に常に付きまとう課題は、膨大な資源とエネルギーをつぎ込み、一旦製品として製造・販売し広範囲に分散してしまったものを、どう回収していくかである。再度集めて処理する仕組みをつくり、維持していくにはコストがかかるうえに、使用者の意識改革も求められる。現在の社会では、分散したものを回収し再利用するよりも使い捨てのほうが短期的には低コストの場合が多く、その点をどう制度的に解決するかが求められている。

自動車の場合、過去においては、再利用を徹底するよりも見かけ上のコストが低い廃棄処分が行われたこともあり、不法投棄による環境汚染の問題が発生していた。典型的な例として、日本では瀬戸内海の豊島（てしま）で起きたシュレッダーダストの違法な投棄・集積事件である。長期にわたって島の北西部に大量集積されたシュレッダーダストは、周辺に深刻な環境汚染を引き起こしたが、国も自治体も有効な対策を打てずに解決が長引いた。結果的に巨額の除去費用が発生した。さらに、開発途上国ではリサイクルの考え方が浸透していないために、使用済みとなった車の放置による環境汚染が問題化している。

現在、世界では四輪車ベースで一四億三千万台を超す自動車が稼働しているといわれている。中国、インド、東南アジア諸国における自動車の保有台数は今後も増加を続けると予想されており、毎年新しく生産・販売される自動車の台数は世界全体で一億台に近づきつつある。[2] そのうち四割ほどは日系自動車メーカーが担っていると推定されている。これらの自動車は、いずれは廃車されていくことになるのであり、環境の汚染を防ぎ資源を有効活用するためにも効率的なリサイクルシステムの確立と知識普及が求められる。ＥＵや日本などの先進国では、リサイクルシステム確立のために法律整備が行われ、廃棄のためのコスト負担の仕組みができているが、開発途上国では販売台数の増加に追いついていないのが現状である。自動車は、鉄、アルミ、ガラス、プラスチック、繊維、電子部品などをはじめレアメタルまで多様な素材が使用されている。そのため、自動車のリサイクルは、資源循環型社会の観点からも再生資源の重要な調達手法と考えられるようになりつつある。

たとえば、ＥＵでは、二〇〇〇年九月にＥＬＶ(End of Life Vehicle：使用済み自動車)に関する指令「ＥＵ廃車令」が発効したため、加盟各国はそれに基づいた国内制度を整備し適正な処理に取り組むことになった。その特徴は、次のような点である。

①費用負担

二〇〇七年以降、自動車メーカーは廃車の無料引取を保証し引取費用のすべてまたは大半を負担する

②再利用率

二〇〇六年までに自動車重量の八五％を再利用する仕組みを構築する

③使用禁止物質

自動車への水銀・六価クロム・カドミウム・鉛の使用を禁止する

このEU廃車令をもとに、EU加盟国ではそれぞれ国の状況に応じた廃車令を制定し、自動車リサイクルシステムの構築を進めている。これまで自動車業界の関心は、新車の開発・生産・販売に重点が置かれがちであったが、社会的な流れとして自然環境の保護や資源の有限性に関心が集まるようになってきたことから、リサイクルの重要性が広く認識されつつあることが背景にある。

◆日本の法制度

日本では二〇〇〇年に「循環型社会形成推進基本法」が成立し、その二年後には「使用済自動車の再資源化等に関する法律」いわゆる〝自動車リサイクル法〟が制定され、二〇〇五年に完全施行された。これにより、自動車のリサイクルの仕組みが制度化され、再資源化へのはずみがついた。この自動車リサイクル法は、使用済自動車をリサイクルし部品類・金属類の流通を活性化させるとともに、オゾン層破壊の原因になっていたフロン類の回収処理のほか、各種自動車部品、エアバック類、シュレッダーダストなどの安全なリサイクルを行えるシステムを構築するのが目的であった。日本の自動車リサイクル法の特徴は、下記の①〜③のような点である。

①処理義務の明示

自動車リサイクル関連事業者に、フロン類・エアバック類・シュレッダーダストの指定三品目の適正処理を義務化し、同時に廃棄物処理法・フロン回収法との調整を図った。また、自動車メーカーや自動車輸入業者等に対してこれらの引き取り・リサイクルを義務付けた。

②管理の明確化

電子マニュフェストの仕組みにより使用済自動車の流通を集中管理し、不法投棄などの防止を図った。

③リサイクル料金負担

自動車の所有者がリサイクル料金の負担をすることとし、原則として新車購入時にリサイクル料金を支払うごとを義務付けた。

このように、先進国では、コスト負担も含めてリサイクルシステムの整備が進んでいるものの、今後一層自動車需要の拡大が見込まれる開発途上国では、リサイクルの考え方はまだまだ普及していない。そのため、近い将来において利用できなくなった自動車の放置が問題化する可能性が高い。再生資源化のためにも、環境保護のためにも、自動車リサイクルシステムの世界的普及が望まれる。

現在、世界における自動車の国別販売台数(二〇一七年時点の四輪自動車の新車。乗用車・商用車・トラック・バスを含む)は中国二九一二万台、次いで米国一七五八万台、日本五二四万台、インド四〇二万台であり、中でも中国の伸びが著しい。[(3)] また、今後は東南アジア、アフリカなどの開発途上国において、モータリーゼーションが一層進むと考えられる。開発途上国では、新車だけではなく中古車も根強い需要があり、日本からは年間一三〇万台弱(二〇一七年中古車輸出貿易統計)の中古車が世界各地へ輸出されている。統計に表れない分も含めると、中古車輸出総台数は一五〇万台近いといわれている。さらに、そのほかに部品や鉄くずとして膨大な量が日本から輸出されている。

世界全体で見れば、毎年膨大な量の新車が生み出され販売されているにもかかわらず、最終的なリサイクルの世界的システム整備は遅れている。また、現在の段階では、リサイクルを含む資源循環まで考えて自動車の生産が行われているわけではない。いずれはそれらのすべての車が最終的に廃車となるのであり、資源としての再利用が行われなければ膨大な量の資源の無駄が発生することは間違いない。また、毎年毎年、新車が加わるだけではなく、車に組み込まれた技術体系も変わっていくため、それに合わせてリサイクルの技術も更新されていく必要がある。

2 ▼国境を越えてリサイクルへ取り組む——会宝産業株式会社

日本は、車検制度があるため比較的状態の良い中古車が入手可能であり、海外からの引き合いが多い。日本の使用済み自動車は、まだ使用に耐えるものであれば中古自動車としてオークションなどにより転売されるほか、解体され再利用可能な部品と素材に分けられる。[4] 素材的な価値もないものは廃棄物として処理される。つまり、使用済み自動車は、中古自動車として販売・再利用、取り外した部品を再利用、金属やレアメタルなどを回収し材料として再利用、廃棄物として処分の四パターンである。日本における現在の使用済み自動車の材料再利用率は、重量ベースで九五%を超えている。

中古部品は、車から取り外された部品とニーズのマッチングが難しく、企業では注文があった部品に該当する在庫があるとは限らず、販売機会を失することが多かった。現在では、中古部品のデータベースが整備されつつあり、流通ネットワーク上で検索すれば求める部品の在庫の有無が判明するようになっている。また、二〇一二年一〇月に自動車保険契約が改訂され、翌年一〇月以降に事故を起こして保険を適用した場合、保険料率の等級引下げと三年間の事故有係数が適用されて負担が大きくなったことから、自費で修理するユーザーも増えており、中古部品の市場も多少拡大し再利用に弾みがついた。

このような自動車リサイクル業の分野は、法律に基づいた許可を受けているのが概ね五千社ほどといわれているものの、許可のみで実績がない企業も多く、実態があまり明確ではない。構造的に見れば、大規模企業と中小企業に二極分化しており、数のうえでは圧倒的に小規模企業が多く、今後は淘汰が進むと見られている。その中で、ユニークな事業展開と海外の開発途上国に対してリサイクル技術普及を行っているのが会宝産業株式会社である。

会宝産業株式会社（本社石川県金沢市東蚊爪町、近藤高行代表取締役社長。以下、会宝産業）は、一九六九年に現在の近藤典彦会長が立ち上げた有限会社近藤自動車商会が母体であり、一九九二年二月に株式会社に組織変更、二〇〇七年に資本金を五千七百万円に増資した。業務内容は、使用済み自動車の引き取り、解体、破砕前処理による金属資源の回収・再利用を行っているほか、中古自動車および自動車部品の販売、自動車リサイクル技術者の教育・研修等に加え、回収オイルを暖房燃料としたトマトの温室栽培など、農業にも進出している。(5)

◆リサイクル事業の海外展開

現在、会宝産業は日本国内において東京と千葉に営業所を持ち、その他にタイ、ケニア、ナイジェリア、ガーナ、などに合弁会社がある。UAEのシャルジャにはオークションの会場を設置し、世界各地での中古車リサイクルのノウハウ移転と事業定着に貢献している。

会宝産業の事業成長において大きな転換点となったのは、一九九一年に付き合いのあった繊維商社のインド人社長が、自動車部品の買い付けに来日していたクウェート人バイヤーを連れてきたことである。クウェート人のバイヤーは、インド人のつてで少しでも安い中古部品を探そうと、まだ馴染みのなかった北陸へわざわざやってきた。彼は、会宝産業に集められていた部品やスクラップの中から必要な自動車部品を選び出し、二〇フィートコンテナ一台分、約二〇トンの部品を相場の三倍の値段で買い取っていった（当時、自動車部品価格の基準となっていたのは鉄スクラップ相場だった）。

それまでは、解体した車から取り外した使用可能な部品を主に国内で販売していたが、在庫回転率が低く最終コストが高くつき、収益確保が難しかった。近藤は、このクウェート人との取引がきっかけで国内より海外への部品輸出の方が結果的に儲かることに気づかされ、積極的に輸出を行うことにした。海外輸出は、特定の部品だけではなくコンテナ単位でまとまった量が取引され、取引金額が大きいというメリットがあったのである。

これをきっかけに国際取引経験を積み重ね、海外でどのような部品が売れるのかが少しずつ分かってきた。外国人の部品バイヤーはお互いに情報交換を行っており、その口コミを通じて輸出商談が次第に広がり、クウェート以外の国へも販売が拡大するにつれて、国・地域によって中古部品の売れ筋が異なることも明らかになってきた。たとえば平均所得水準が低く価格の安い古い車が使われているパキスタンでは、年式の古いエンジン部品でも売れる。これに対し日本から年式の新しい中古車が多く入っているロシアでは、部品も比較的新しいものが求められるなど、国の状況に対応してニーズにあった部品供給を行うことが重要なことを知り、取引ノウハウを蓄積していった。

輸出を行う場合、考慮しなければならないリスクは為替変動と貸倒れである。為替相場に関しては、商社を仲介させる、為替予約を行う、などそれなりの対応策があるが、貸倒れリスクについてはどうしようもなかった。取引相手が開発途上国の企業であるだけに、売却代金を回収できなくなったこともある。近藤が輸出を開始した頃は、全国に自動車解体業者は沢山あったが、経験のない輸出まで進出する会社はほとんどなかったうえに、商品となっている中古部品の品質基準も曖昧だった。現在のような中古部品の公開データベースもなく、いわば様々な取引基準がまったく未整備の業界であり、会社の企業規模も小さいところが多かったため国際取引まで考える余裕がなかったのが現実である。また、リサイクル事業に対する社会的評価も低く、ディーラーなどへ営業に回る中で冷たい扱いを受けることもしばしばであった。そのような中で、先発企業として会宝産業が仕組みをつくり、部品の品質評価に応じた取引価格やリサイクルの考え方を普及させていったことは、社会的にも大きな影響を与えた。それまでの不明確だった取引の仕組みが変わり始めたのである。

近藤によれば、自動車リサイクル事業において重要なのは、解体する技術は無論のこと、引き取り対象の自動車がどれだけの価値があるのかを判断するノウハウにあるという。たとえば、中古自動車や中古部品は、年式によって売れる国・地域が異なる。鉄スクラップは、需給関係により市況が常に変動する。仕入れから販売までのタイムラグもあり、それらを総合的に判断して仕入れる車の購入価格を決定しなければならないため、取引の経験的知識蓄積が必要とされるのである。

◆価値評価基準の確立

日本の中古車リサイクル事業者の間では、取り扱う部品の評価を行う仕組みは長い間、未整備であった。国内販売に関しては、業界である程度の相場感のようなものは形成されていたものの、中古部品の輸出取引では価格の基準がまったくなく、極端にいえば外見や年式だけで価格決定されていた。たとえば、同じ年式の車でも一〇万キロ走行車のエンジンと三〇万キロ走行車のエンジンでは、エンジンの品質や状態は大きく異なるのが普通だが、外見に差がなく年式・型式が同じならば同じ値段で取引されていた。特にエンジンは、単体の外見だけでは品質評価が難しく、組付けて動かしてみて初めて状態が判明する。問題があったとしても、部品の購入者に対するアフターフォローは行われていなかった。これでは、中古部品価格の正当性や取引の信頼性が保てないことから、部品の品質を適正に表示する基準が必要と考え、会宝産業では金沢工業大学と連携し独自に品質規格づくりに取り組んだ。

この共同開発により、エンジン性能を客観的に評価することができる中古部品規格のJRS（Japan Reuse Standard）表示を完成させた。さらにこれを公的な規格として認めてもらい、世界基準として広める活動を開始した。基準づくりに際し国内の同業者にも呼びかけたが、直接的に利益につながるわけではなく、測定器導入の投資も必要なため反応は鈍かった。近藤自身は、業界全体で品質評価基準を確立し、それに基づいて客観的に価格づけを行える部品流通体制が整えば、部品価格の安定と取引の明瞭化につながり、信頼できる市場が形成されるはずとの考えを持っていた。

会宝産業内でのＪＲＳによる具体的な評価結果は、タグに記入されエンジンに取り付けられている。このタグには、走行距離やエンジン内スラッジ（燃焼による汚れ）の有無など六項目について五段階評価を行い、それを分かりやすくレーダーチャートで表示し、測定担当者名を記載している。また、二〇一三年二月には英国を訪れ、このＪＲＳを世界標準とするために、ＢＳＩ（British Standards Institution：英国企画協会）[6]ＩＳＯ規格の下部規格である公開仕様書（ＰＡＳ）７７７として認めるようプレゼンテーションを行った。このPAS777のワークショップには英国の保険会社、修理業者、解体業者、事故車引き上げ業者団体代表者、ナイジェリア自動車評議会のメンバーなどが参加した。

PAS777は、二〇一三年一〇月に正式決定され、日本発による世界でも初めての中古エンジンに関する品質規格として採用された。今後は、それに基づいた市場流通が拡大していくことになる。国際基準設定では、主導権を取れずに遅れをとることが多い日本企業だが、会宝産業の規格はＰＡＳに認定され、世界の中古部品の取引における品質基準を確立したことで取引における信頼度は飛躍的に向上する。会宝産業では、今後エンジンだけではなく将来はトランスミッションやストラットにも基準を拡大していく計画を立てている。

◆システム化

会宝産業では、中古部品情報を一元管理する自社システムＫＲＡ（Kaiho Recycler's Alliance）を二〇〇五年から導入している。中古部品一つひとつにバーコードが取りつけられ、その部品を取り出した中古車の年式、状態などの履歴、同種部品の在庫状況、過去の販売先などの情報を記録している。国内の提携先同業者、ネットワークで結ばれ海外のディーラーは、このKRAシステムを導入することにより在庫状況や部品の状態を把握し、インターネットで求める部品を検索し発注が可能なのである。二〇〇八年にはこのシステムを刷新し、国内三社の解体業者と海外二社の部品ディーラー業者とを結び、受注から在庫確認、調達までの自動化・省力化を進めた。その後、このネットワークの整備拡大が図られ、二〇一六年にはタブレット端末やスマートフォンからのアクセスも可能になった。

3 社会的企業経営の追求

会宝産業の特徴は、単なる営利事業の展開にとどまらず、社会性を重視した経営を行っている点である。自動車リサイクル業界の社会的地位向上を図るため、二〇〇三年に内閣府認証NPO法人RUMアライアンス（ReUse Motorization Alliance：全国自動車リサイクル業者連盟）を創設し、企業組織では限界のある公益的活動をNPO組織により広め、環境・自動車リサイクル推進の啓蒙活動や技術向上に貢献することにより、自動車および自動車部品の循環型社会実現を目指している（図7−1）。

また、海外からの研修生を受け入れ人材育成を行うことで環境保全やリサイクル事業の意義を開発途上国へ定着させることを狙っている。海外からの研修生受け入れは、当初は取引先バイヤーへのリサイクル教育を目的に開始されたが、現在はそれにとどまらず国際協力機構（JICA）の支援を受けて開発途上国から派遣される人材を受け入れ、解体の技術に加えて彼らの母国における自動車の国家的管理シ

図7-1 ▶ 会宝産業の考える循環型社会

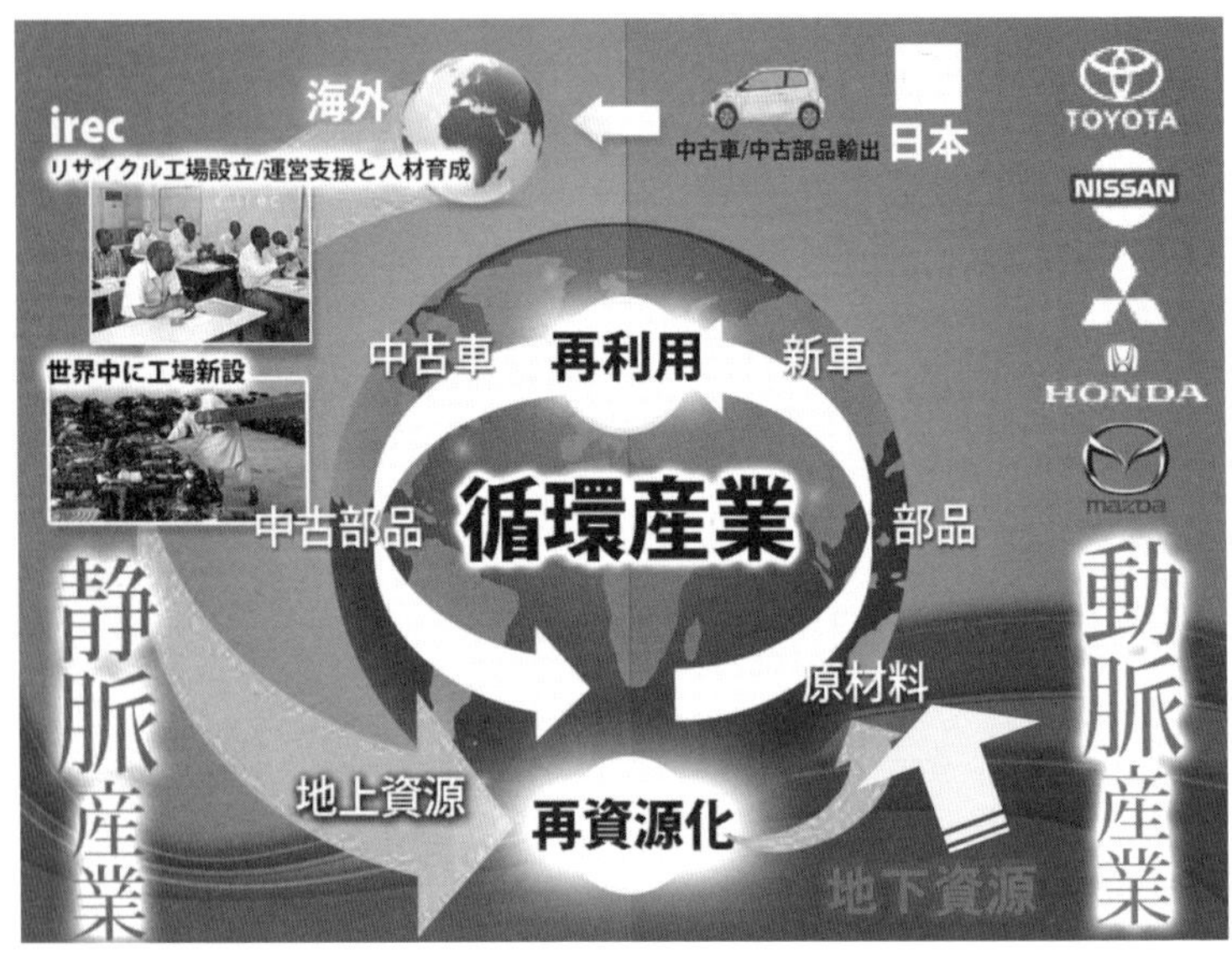

出典：会宝産業 近藤会長講演資料

ステムやリサイクルのための法的制度の整備も含めた教育を実施している。それらの人材による人的関係が、海外での合弁事業や新たな取引先の開拓など、新市場創出につながることも多くなっている。

◆情報発信

これまで業界からの積極的な情報発信が行われてこなかったことから、会宝産業では、リサイクル事業の意義について様々な機会を活用してアピールを行ってきた。二〇〇五年には、愛知県で開催された「愛・地球博」に出展するとともに、経済産業省リサイクル室長、トヨタ自動車環境部長、日産自動車リサイクル推進室長などを招き環境保護と自動車リサイクル活動についてシンポジウムを開催した。さらに翌年には第一回国際リサイクル会議を開催、国連環境計画（UNEP）の専門家たちと世界規模での使用済み自動車の適正処理問題について討議した。二〇〇八年には国連工業開発機関（UNIDO）の協力を得て第二回国際リサイクル会議を開催し、開発途上国におけるリサイクルビジネスの未来について討議を行った。二〇〇九年には、中国大連において第三回国際リサイクル会議を開催、経済発展とともに急速に自動車の保有台数が拡大し大気汚染も深刻化する中国における自動車リサイクルの在り方について討議した。

日本は、これまで多くの自動車を輸出し、日系メーカーによる海外での生産も拡大されてきた。今後は、それが自動車の大量廃棄につながる。もし、その廃棄自動車を放置したままにすれば、環境汚染などが発生し問題化する。また、地球上の天然資源が限られていることは周知の事実であり、中古自動車からの資源回収とリサイクルは、ますます重要になりつつある。しかし、メーカーの製造物責任は製品のリサイクルまでには及ばないことと、循環型社会への移行は一企業や一国で解決できる問題ではない。国家的な制度設計と同時に、国際間の組織的協力関係が不可欠である。それほど大きな社会的意義を持つ事業分野といえる。

◆人材育成

会宝産業では、二〇〇七年にＪＩＣＡと連携し国際的な自動車リサイクル技術者の養成を目的としたＩＲＥＣ（International Recycling Education Center：国際リサイクル教育センター）を石川県金沢市の本社敷地内に開設した。そこでは国内外からの研修生を受け入れ、自動車のリサイクル技能の蓄積・体系化を進め、将来的に自動車リサイクル産業を担う人材育成を行っている。

このIRECでは、一級から三級までの自動車リサイクル技能者と自動車リサイクル管理者の資格制度を設け、四日間から三カ月の期間の研修を行って技能者の育成に努めるとともに、将来は民間資格から公的資格への昇格を目指している。IRECにおける研修内容は、環境問題からリサイクルをめぐる法的知識、中古自動車の評価手法、解体技術の習得など、多岐にわたる。二〇一〇年には、ブラジルより六名、アルゼンチン四名、コロンビア三名、メキシコ一名の研修生を受け入れ三週間の研修を実施した。人材の経歴は様々で、行政の環境部門責任者、大学教員、アナリスト、リサイクル資源を扱う民間企業の販売責任者などから構成されていた。このプロジェクトは、三年間継続された。

中南米では、車の平均使用年数が一八年〜二〇年と長いうえに、車体がぼろぼろになるまで転売され、最終的には放置される。道路などへの駐車違反車は、警察などの行政機関により強制撤去されるが、年式が古いと罰金を払って引き取られる車は例外的で、露天の保管・集積場に放置され車体は腐食していく。日本のような車検制度はなく、一〇年以上経過した車は車両価値が低下し税金もほとんどなくなる。このような排ガス対策が十分ではない古い年式の車が多数使用され、盗難車や不正な部品市場があり、リサイクルの考え方はない。そこにリサイクルの仕組みを構築していくのは、環境保護や資源の有効利用の点でも大きな意義がある。

二〇一二年三月に近藤(現会長)がブラジルを訪問した際には、これらの元研修生メンバーがブラジリアに集まり情報交換を行った。近藤は、さらにブラジルの国内輸送システムに大きな影響力を持つCNT(Confederation National Transport:国家運輸連盟)を訪問し、リサイクルの考え方について意見交換を行っている。近年、廃車のリサイクル法がまだ未整備のブラジルへ、廃自動車の再利用、資源化のための考え方と、リサイクル技術伝承を根付かせるための人材育成協力を積極的に進めている。

IRECでは、将来の提携先候補を含め、まだリサイクル意識の低い開発途上国から積極的に研修生を受け入れて、自動車リサイクルの考え方を広めていく考えである。これらは、直接的・短期的に会宝産業の利益につながるものではないが、将来的な市場創造の可能性を秘めており、社会的な貢献度も高い。

4 事業収益と社会性のバランス

会宝産業の売上の大部分は、中古部品の輸出販売による。その他の関連事業は、提携企業へのKRAシステム導入やそれに伴うコンサルティングなどである。海外における合弁事業展開については、直接的な収益を上げることを目的にはしておらず、儲けは度外視に近くほとんど実費のみの状態で実施している。開発途上国では、リサイクルという考え方が普及していないため、社会的な制度の整備も遅れており、ビジネスの採算性から見れば厳しい環境にある。

会宝産業では、リサイクル技術の開発途上国への移転など社会貢献事業に関しては、国の補助金やJICAの支援なども活用している。近藤によれば、部品の販売で自社が十分に利益を上げられる体制にあるので、現在の段階ではこれらの関連事業で積極的に収益を追求するつもりはないという。国内の同業者は、提携しKRAシステムを導入することで会宝産業に対する部品のサプライヤーとして機能し、海外の合弁先は部品の買い手となってくれるので、現段階ではむしろ事業の理念を共有しパートナーシップを形成することが社会的に重要だという。自社に集約するのではなく、自社を結節点として広くネットワークを組むという考え方である。

日本国内の自動車リサイクル業者は、従業者二〜三人の小規模企業が多いといわれていたが、近年は大手資本の進出が見られる。これらの企業は、出資している親会社と取引のある新車の販売会社、損害保険会社、リース会社等を通じて中古自動車を調達できる強みがあることに加えて、中古車仕入についても豊富な資金力を背景として高い競争力を備えており、既存のリサイクル業者の再編に大きな影響を与えはじめている。今後、競争が激化すれば、業界は二極分化が進み企業数は三分の一から四分の一になるのではないかといわれている。

また、制度の未整備やリサイクルの考え方がない海外市場への直接進出も課題は多い。特に開発途上国は、法制度上事業利益の海外送金が困難な国が多いこともあり、合弁事業での利益は現地での再投資に回されている。つまり、海外進出は、その国におけるリサイクルマーケットの発展を見越したいわば先行投資であり、それによって適切な市場が形成され取引が活発化するまでは、会宝産業自身の投資回収が難しいのである。

会宝産業は社会性を重視し「ビジネス行動要請（Business Call to Action：BCtA）[7]」に賛同しており、商業的視点からのビジネスを展開しつつも低所得層の生活水準向上に繋がる活動として自社の事業を位置付けている。企業である以上、持続的な収益事業としての位置付けではあるものの、社会貢献との両立を目指している。

世界的な新型コロナウイルス感染症拡大により、会宝産業の業績も大きな影響を受けた。車の買い替え時期である年度末には、例年であれば月間二千台ほどの仕入れがある。それが半減するとともに、アジアから世界への感染規模拡大により海外事業が動かず、鉄などのスクラップ価格も需要低下により値下がりしたため、月次決算では赤字に陥った。リーマンショックの時よりも業績の落ち込みがひどく、当初は赤字幅をできるだけ縮小することを考えていたが、より積極的に黒字化するにはどうすればよいかとの前向きな発想に切り替え、社内にも広く意見を求めて予算計画の大幅見直しを実施した。不要不急の出費削減、役員報酬の減額などに加えて、車両の仕入れ価格低下もプラスに働き、数カ月後にはなんとか月次の黒字転換に成功した。

新型コロナウイルス感染症拡大により海外のバイヤーは、直接会宝産業を訪問しての買い付けはできないものの、ＫＲＡシステムを使って発注し輸出手続きを会宝産業が行うことにより取引が可能なため、輸出も回復しつつある。対面での取引をせずに物を動かすことが可能な仕組みを構築していたことも、業績回復に貢献した。むろん、それが可能なのは取引における信頼関係が形成されているからである。

2. 社会的イノベーションにつながる国際協力

1 日本と世界の交流

開発途上国の多くは、国として独立した後、植民地時代の宗主国や米国などの西洋の国々をモデルとして国づくりに努めてきた。その中で、自分たちが大切にしてきた価値や伝統とどのように両立させるかということに腐心している。彼らの目には、日本がそれを大変上手に行ったと映っているのである。われわれが当たり前と思っていることの中には、開発途上国の人々を驚かせ、気づきをあたえるものが大変に多い。

日本の文化や商品が世界的に浸透しつつあるように、日本の社会の仕組みについても世界に根づいているものがある。たとえば、二〇〇四年にノーベル平和賞を受賞したケニアの環境運動家の故マータイ女史が広めた「モッタイナイ」は、世界各地でリサイクル運動のスローガンになっている。カイゼン(改善)やコウバン(交番)もそうである。

そうした社会の仕組みは、文化的なものと同じく日本人が創発した一種のイノベーションの産物である。とりわけ、過去一五〇年ほどの間に起きた一連の社会の変化は、世界の歴史を見渡しても似たような例がほとんど見当たらない。短い期間で社会の仕組みが大きく変わったという点で世界的にも大変珍しい。そうした変化の中には、高度経済成長期の公害問題のように、マイナス面も少なくないが、それらも含めて、日本の経験は、国づくりに取り組む開発途上国の人々から非常に強い関心を持たれている。大きな社会的変化を短い間に成し遂げた日本は、近年は経済的に停滞しているとはいえ、いまだに驚きの対象である。日本は石油や鉱物などの天然資源には恵まれていないが、過去における「社会変革（ソーシャルイノベーション）」の経験という無形の「資源」については豊富に有している。また、工業化の弊害の経験から環境対策技術開発なども進んでいる。そうした「資源」を世界の国々と共有することは、日本の国際協力の柱となってきた。

　開発途上の国々に対する「援助」というと、鉄道や空港などの施設の建設がイメージされやすい。しかし、日本国民が納めた税金で賄われる国際協力予算の過半は、日本の経験を知りたいというアジアやアフリカなどの国々のニーズに応じるために費やされている。[8] 独立行政法人国際協力機構（ＪＩＣＡ）[9] は、毎年一万人以上の人々を各国から招くとともに、一万人以上の日本の人々を各国に派遣している。

　そうした日本の経験と知識を共有することを柱とする国際協力の多くは、日本社会が抱える様々な問題の解決にも貢献し得る「ウィン・ウィン」の協力として行われている。開発途上国の人々と、日本の経験を共有することは、それらの国々の発展に貢献するだけでなく、日本人の認識を変えソーシャルイノベーションを活性化することにもつながる。なぜなら、国際協力は、われわれが行ってきたことを振り返り、また、今現在行っていることを客観化する「場」でもあり、そこから日本が必要とするソーシャルイノベーションのヒントを学び得るからである。そうした中で、海外に開かれた形でソーシャルイノベーションに取り組むことは、十分に価値があることであるように思われる。本章では、日本の経験を活かして開発途上国の人々と協働することが、日本のソーシャルイノベーションの活性化につながることを物語る事例を紹介したい。

2 社会を変えた二つの「カイゼン」――中南米とアフリカ

日本社会に定着し、人々に広く実践されてきたことの中には、海外から輸入されたものが大変に多い。そうしたことにほぼ共通して見られる特徴は、日本流に大幅なアレンジがなされていることである。海外から知識を取り入れて現地化することは、日本人のソーシャルイノベーションの作法であり、「お家芸」といっても過言ではない。日本オリジナルとわれわれが思っている日本的な仕組みや慣行の中には、そうして輸入され、日本化されたものが少なくない。ここでは、具体的な事例として生活改善運動と生産性向上運動を取り上げたい。

生活改善運動と生産性向上運動に共通することとは、米国モデルの日本化という点とともに、農村と製造現場の創造力を引き出したということである。農村と製造現場の人々の認識と行動の基本となる「オペレーティングシステム」(10)が入れ替えられたようなものである。農村も製造現場も、ある意味で変化を嫌う保守的な「社会」である。その創造性をどのようなシステムが引き出し得るのか、また、そうしたシステムをどのように創り、根づかせるのかは、多くの開発途上国にとり最も知りたいことに含まれる。そのため、それら二つの運動のノウハウは、日本の国際協力の「主力商品」として、多くの開発途上国に伝えられ、現地の人々の手により導入が試みられている。

◆中米の農村を変えた生活改善運動

日本社会においてソーシャルイノベーションが最も必要とされている「場」の一つが農村であり、その中で女性がどれだけ創造的な役割を果たすかがその鍵となることについて異議を唱える向きは少ないであろう。時が経つにつれ忘却されつつあるようだが、農村女性をソーシャルイノベーションの担い手と位置付け、国をあげて後押しする取り組みは、第二次大戦敗戦後、連合国軍の占領政策の一環として七〇年前に始まっていた。農地解放と農業協同組合の創設と並ぶ農村の「民主化」政策の柱として、農村女性の教育を中核とする生活改善運動が政府主導で始められたのである。

かつての日本の農村社会で女性が置かれていた境遇は、今日の多くの開発途上国と同じく、多くの点で問題があった。女子の小学校就学率は一九〇〇年にはすでに九〇％に達し、中学校就学率も一九四五年の時点で六〇％を超えるなど、教育の面では進展があった。しかし、様々な因習や価値観のもとで、女性が潜在力を発揮する機会は限られていた。生活改善運動は、そうした状況下で、農村女性が暮らしを良くするための様々な創意工夫に自主的に取り組むことを促進することを目的として始められた。その活動は、かまどの改良や地元の食材の加工など多岐にわたったが、農村女性がそれぞれの地元の問題を一緒に考え、小さなイノベーションを生み出すという点で一貫していた。もともとは連合国軍に「押し付けられ」て、米国で行われていたことをモデルとし、因習やしきたりから女性を解放する「民主化」の側面が前面に打ち出されていた。しかし、それでは日本に根づかないとして、日本側が反対し、試行錯誤が重ねられ、婦人問題専門家、社会学者、経済学者など様々な立場の有識者の意見が集約された。その結果として、実利的で直ちに効果が現れる実践的技術の側面に重きを置く日本流のアプローチが創発され、全国に行きわたった。

そうした日本流の生活改善運動の経験が、今、多くの開発途上国で人々の心をつかんでいる。その一つが中南米で最も貧しい国とされるホンジュラスである。二〇一八年一一月に数千人規模の集団で米国への移住を試みる「キャラバン」が世界的に注目された国である。貧しくて危ない国から人々が逃げ出しているという報道が繰り返されたが、九百万人を超える大多数の国民は、社会を良くしようと様々な立場で努力を続けている。それを助けようと二〇〇六年に紹介された生活改善運動は、百を超える地方自治体で実践されるまでに広がっている。ホンジュラスでは、これまでも米国系の団体などの手により、農村女性の自立を支援する活動が行われてきたが、広く根づくことがなかった。中南米に限らず多くの開発途上国では、上からの指示により物事が進められることが一般的で、人々が自発的に行動を起こすことはあまりない。加えて、住民は行政のことをあまり信頼していない。そうした状況の下でボトムアップの地域おこしを地方政府が試みても、住民は形だけお付き合いするということが多く、長続きしなかった。そうした中で、日本流にアレンジされたモデルが広がっているのである。その理由は、一つには、日本のモデルが自立や参加といった理念的な側面よりも、暮らしが良くなっていくことを住民が肌で感じられるように実践面を基軸としたものであったからである。また、理念や理論が先行しがちなNGOや大学などではなく、より住民に近い地方政府が住民に寄り添って協働することにより信頼関係を深めることに重きを置いていたことが挙げられる。

当時、JICAから派遣され現地でアドバイザーとして支援にあたっていた上條直樹は、貧困に喘ぐ農村に多くの援助団体が援助と言う手土産を持って訪れ支援の手を差し伸べたものの、農民のオーナーシップが高まらず、事業効果の継続は期待し難かったという。建前の上では農民の主体性が謳われていても、実態は援助側の都合とリーダーシップで進められたためである。農民たちは、そうした状況に慣れ、ひたすら受動的に外部の支援を待つか「でも、自分らには何も変えられない」と諦めるかしかなかったという。

上條たちは、そんな農村へ地方政府の職員とともに手ぶらで訪れ、物を与える代わりに戦後日本の農民達が如何に荒廃した村を良くしたか滾々(こんこん)と説いた。それが、農民の心に火をつけその内発的な変化を触発した。受け身ではなく自信を持って自ら考える農民の登場だった。やがて地方政府はエンパワーメントされた農民を信じ、農村開発の方向付けさえも農民自身に委ね、その支援に回った。農民側も行政を信頼し積極的に改善活動を提案し実践し始めた。身近な生活の改善を農民と行政が協働で進める中で相互の信頼関係は強化され、さらにそのことが農村コミュニティ全体の変革へと領域を拡大していった。

日本流の生活改善運動は、特にホンジュラスをはじめとする中南米の国々で根づきつつある。運動のエッセンスを伝えるためにＪＩＣＡが毎年企画しているセミナーには、これまでに中南米一三カ国から三百人を超える行政官が参加し、それぞれの国で運動の普及に取り組んでいる。

◆アフリカの医療を変えた生産性向上運動

「カイゼン」のもう一つの事例である生産性向上運動も、生活改善運動のケースと似ている。運動そのものが社会的に大きなインパクトを生み出したイノベーションであり、米国のモデルを日本化したものであった[11]。

生産性向上運動は、日本人の好奇心と実践性の面で強みが発揮されたケースということができる。つまり、一見関係なさそうなことを含めて問題解決に役立ちそうな知識を広く求めること、使えるかどうかは実際に実践してみて判断すること、有用性が確かめられれば日本流にアレンジして、社会的に普及させるための方法や「ツール」を創ること、さらに実践しながらそれらの改良を継続的に進めること、などである。こだわりを持って突き詰めていくことで、レベルを上げていくのである。

製造業による経済発展が難しいと考えられてきたアフリカにおいても、導入が本格化しつつある。そうした中で注目すべき点は、アフリカにおける生産性向上運動のノウハウは、製造業にとどまらず、コロナ禍を克服するための医療改革の決め手となりつつあるということである。「医療の生産性」という考え方に違和感を持つ向きは少なくないだろう。他方、医療をサービス業として捉えれば、患者が受けるサービスの質と量を高めるという考え方が必要とされる。日本型の生産性向上運動のポイントは、現場の人々がグループで協力し、アイデアを出し合い自主的に行動することにある。自分たちで課題を見出し、その解決策を創り、試し、結果をチェックして改善するということを絶え間なく繰り返すというプロセスである。そうしたことはモノづくりの現場だけでなくサービスの現場でも重要であり、日本の医療現場においては生産性向上運動のノウハウが広く実践されている。

具体的には、生産性向上運動の中で生み出された方法の代表格が「五Sカイゼン活動」である。五Sとは、「整理」、「整頓」、「清掃」、「清潔」、「しつけ・習慣化」の五つの言葉の頭文字をとったもので、日本企業では広く取り入れられている。整理や清掃が生産性の向上につながるという考え方は、極めて日本的といえる。五Sカイゼン活動の効果には、根拠がある。整理整頓は、必要なものが決められたあるべき場所に納められていれば、仕事の段取り時間が短く、無駄がなくなる。清掃・清潔は、日常的にきれいな状態を保つことで、異常や間違いが生じた場合に早期発見が可能になり、速やかに対処することができる。しつけ・習慣化により、考え込まずにスムーズな業務処理が可能になる。

職場が整うことにより、作業効率が上がり、間違いが減るということだけではない。上から言われなくても、同僚と一緒に自発的に改善を考えるということが習慣化することにより、組織が活性化し、課題の解決が進むという効果が生み出される。つまり、各自が持っている潜在能力、知識を引き出し共有化していくのである。それをあからさまに組織づくりや動機づけによって行うのではなく、実践を繰り返す中で、無意識のうちに、主体性やチームワークを促進していくアプローチである。その点で、生活改善運動と基本的な部分で共通しており、原理は製造業の現場以外にも広く応用できるのである。

開発途上国の医療現場では、施設や医療技術も重要であるが、スタッフの仕事への姿勢がより深刻な問題となっている場合が少なくない。そこで、日本の医療現場の五Sカイゼン活動の経験を共有することが試みられた。開発途上国の病院では医師が絶対的な立場に立つ。看護師や事務職員などの医師以外のスタッフは、給与が低く抑えられていることもあって、指示されたこと以外は行わないという状況が広く見られる。それが患者に対する医療サービスの問題の根底にある。たとえ施設を良くしたり、スタッフの研修を行ったりしても状況はあまり変わらず、支援を行っている各国が頭を悩ませてきた。そうした中で、タンザニアやケニアなどのアフリカの国々で、五Sカイゼン活動が病院スタッフの行動を変えつつある。

五Sカイゼン活動を通じて職場内で物理的に整理整頓が進むことにより、たとえば、患者の待ち時間が短くなる、院内感染の発生が減っている、そうした効果がデータとして直ちに目に見える形で現れ、また、患者からの感謝の声としてスタッフに伝えられた。患者の感謝の声を聞くことで、意欲を高め、更なる改善に取り組むという好循環が生まれている。自分たちで考えて、行動し、結果を出すという至極基本的な仕事の仕方が、多くのスタッフに喜びを与え、やる気のスイッチを入れた。他人からの感謝によりスタッフたち自身が自らの存在価値を認識したことで、サービスの質を上げることができたのである。実践から効果が認され、指示待ちではなく自律性が生まれた。

日本で実践されている五Sカイゼン活動のモデルを、条件が大きく異なる各国の病院で実践できるようにアレンジし、全国的運動として展開する仕組みを創ることは、アフリカ側主導で行われている。つまり、病院における仕組みのイノベーションを、アフリカの国々が自ら進めているのである。そうした状況は国際的にも驚きを持って受け止められている。

国際社会は、これまでアフリカの医療問題の解決に向け、病院の建設や人材の育成などに長年にわたり多額の資金を投じてきた。しかし、多くの場合施設の充実を図っても医療従事者の姿勢が変わらないことで、援助の効果が十分に発揮されないという状況から抜け出せなかった。そのような中で、お金をかけずに現場のやる気と創意工夫を引き出す生産性向上運動のノウハウが役立つことが示された。それも、アフリカの国々が自らの手で運動を根づかせつつあるのである。日本の知がアフリカの国々の知と融合し、医療従事者の内発的な力を引き出していることは、アフリカの国々がコロナ禍を克服し得ることを物語っている。

様々な分野で海外から学び日本化されたモデルは、多くの国で社会的課題の改善に役立てられている。他方、あまり注目されていないが、そうした日本の知を海外に伝えることは、日本社会の変化にもつながる。異質な知の組み合わせによる相乗効果である。

3 日本にとっての学び

開発途上国への「援助」とは何かと問われれば、世界中のどこの国でも、進んだ国が遅れた国を助けることだという答えが返ってくるであろう。しかし、日本には少し違った考え方がある。「情けは人の為ならず」という言葉があるが、日本の国際協力は、開発途上国からも何かを得る「ウィン・ウィン」の関係を前提としている。誤解されがちだが、国際援助は日本の企業に利益の形で資金を還流させるという仕組みではない。日本も開発途上国から様々な知識を得ることにより、日本の社会的課題解決に役立てることができるということである。それゆえ、日本政府の国際協力を担うＪＩＣＡは、国際「援助」機構ではなく国際「協力」機構と名づけられている。ただ、開発途上国から学ぶと言われても多くの人はイメージできないだろう。米国や欧州諸国から学ぶことは多いが、開発途上国から学ぶことはあまりないのではないかと思うかもしれない。しかし、よく「教えることから学ぶ」と言われているように、日本の経験を思考パターンも文化も異なる外国の人々に伝え、彼らの問題の解決に共に取り組むことを通じて、そこから日本側も様々な知識から価値を再発見し新たな着想を得ている。いわば、経験を共有するプロセスを通じて、暗黙知が形式知化され体系化していくプロセスである。

そうした双方向の「協力」、「共創」の具体例として高齢化対策と地方振興という二つの課題を取り上げたい。低出生率が続く中で高齢化が急速に進む日本では、いずれの国も経験したことがなかったような局面に入りつつある。高齢化対策や地方振興は特に創造的な取り組みが求められている。先例やモデルが見当たらない以上、日本が「課題先進国」として、国際社会を先導するかたちで解決策を創発していくことが必要である。したがって、そうした面での国際協力は、まさに日本が現在進行形で取り組んでいる課題であることから、開発途上国に「正解を教える」ことはできない。同じような課題に取り組む国として、互いにその経験を共有し解決策を共創していくという文字どおりの双方向の協力の「場」として機能している。

◆高齢化するアジアの国々との共創

高齢化が急速に進んでいるのは日本だけではない。アジアの国々では日本を上回るペースで高齢化が進んでいる。国連の定義では、六五歳以上の人口が総人口の七%を超える状態を「高齢化社会」、同じく一四%を超える状態を「高齢社会」と呼ぶ。日本では高齢化社会から高齢社会に二四年間で到達したが、タイとスリランカでは二〇年、ベトナムでは一八年しかかからないと見込まれている(国際連合の世界人口予測による)。米国では七〇年以上、ドイツでは四〇年という時間をかけて高齢社会に移行しており、その間に対応策をとる時間的余裕があった。国民の急激な高齢化はアジア特有の問題ともいえる。

さらには高齢者の総人口に占める割合は、日本と同じように多くのアジア諸国においてもピーク時に三〇%を超えると想定されている。先んじて高齢化が進行している日本の経験を各国が注視している所以である。そうした中で、タイと日本の協力関係が二〇〇七年から始まっている。日本が高齢者保健福祉一〇カ年戦略（通称「ゴールドプラン」）を策定し、高齢化対策が本格化したのは一九八九年であり、日本で経験が十分に蓄積された段階ではない。日本がタイに教えるというよりも、ともに課題解決や社会的対応に取り組んでいる状況にある。

日本の高齢化対策は、言うまでもなく介護保険制度を柱としている。未曽有の危機に対応する国家レベルの工夫の産物と言える。その中心に、ケアマネジメントの仕組みがある。「ケアマネージャー」と呼ばれる民間の介護支援専門員が重要な役割を果たしており、介護を必要とする高齢者や家族から依頼を受け、各人の状況に即したケアプランと呼ばれる介護サービスの計画をつくり、自治体や介護サービス提供事業者と調整する役割を担っている。

その日本の仕組みをタイ側が取り入れた。ただし、日本とタイの間には大きな違いがある。タイでは、高齢者の介護は基本的には家族が行い、足りない部分を地域のヘルス・ボランティアが無償で奉仕するという社会の仕組みが根づいている。日本のように事業者による有償のサービスを本格的に導入する余地は小さい。そこで、地域の病院や村々の診療所のスタッフにケアマネージャーの役割を担ってもらう形にした。タイの地域内相互扶助という社会慣行、ヘルス・ボランティアという政府の既存のプログラムを活かす形で、タイの社会に受け入れやすく、しかもお金のかからない仕組みにアレンジしたのである。現在は、次の段階として、医療、リハビリテーション、社会生活支援サービスを一体として運用する地域包括ケアについての日本の経験の応用が試みられている。

高齢者対策を、行政による「公助」、地域コミュニティによる「共助」、本人と家族による「自助」に分ければ、日本では「公助」が進んでいる。しかし、「共助」と「自助」の面では、地域コミュニティが機能しているタイの方がむしろしっかりとしているといえる。病院から退院した後のリハビリテーションや社会支援サービスは、「共助」として地域のボランティアが担う。専門的な資格を持たないボランティアがそうしたことを行うことは、日本では考えられないが、そこにタイの強みがある。

社会的土壌が大きく異なる外国の人々の問題解決を手伝うことにより、われわれは多くのことを学び得る。異なる考え方や問題解決の仕方から、自分たちの課題解決のヒントを得ることがある。また、われわれの考えや行っていることを相手に伝えるためには、当たり前と思ってきたことを相手の立場から見直すことが必要とされる。いわば、相手側を鏡として、自らを見つめ直す機会となる。高齢化対策についてのタイとの協力は、それに参加した多くの日本側関係者にとって目から鱗が落ちるような機会になっている。協力を推進するＪＩＣＡの中村信太郎によれば、タイとの協力に参加した日本側のベテランのケアマネージャーにとっても、高齢者の人生経験に耳を傾け、願いをかなえてあげることを優先することの意義など、タイ側から学ぶことが多いと語っている。日本側にも新たな視点が生まれているのである。

高齢者介護に関する国際協力は、ＪＩＣＡを通じて行われる日本政府とタイ政府の間の国レベルの協力の他に、多くの自治体や企業が乗り出している。地域医療の先進的な取り組みで全国に知られる長野県佐久市もその一つである。また、それらの相手国も、ベトナム、マレーシア、フィリピンなどに広がりつつある。そうした双方向の協力の広がりが、国際的なイノベーションの連鎖を生み、日本国内の問題解決にもつながっていくことが期待される。

◆復興の経験と知恵を世界と共有

災害からの復興の経験を糧に大きく変わりつつある自治体がある。東日本大震災で甚大な被害を受けた宮城県東松島市だ。人口約四万人のうち千人を超える住民が命を落とし、全世帯の七割以上が被害を受けた。まだまだその傷が癒えない中で、同じような大災害からの復興に苦闘する海外の人々に手を差し伸べている。第二次世界大戦の激戦地、フィリピンのレイテ島もその一つである。二〇一三年一一月に同島を超大型台風が襲い、死者・行方不明者は八千人にのぼった。自らがまだ復興途上にあった東松島市は、ＪＩＣＡから打診を受け躊躇なく支援に乗り出した。同市は、震災から生じた膨大な量のがれきのほとんどすべてを市民の手作業で分別し、リサイクルしていた。そうしたお金をかけずに創意工夫で復興を進めるノウハウが役立つと考えられた。ところが、東松島市の関係者が現地入りしてみると、被災から二カ月しかたっていないのに、がれきの処理はすでにあらかた済んでいた。行政の力を借りるまでもなく、収入を生み出すリサイクルに住民が自発的に取り組んだためである。しかし、住民のエネルギーだけでは解決できない問題も山積していた。たとえば、被災住民の自立のために不可欠な経済振興である。そこで、同市は地元の漁協の協力を得て、三陸名産のカキの養殖技術や水産物の加工技術を伝授することにした。

東松島市の協力がなければまったく違ったことになっていたと思われるのは、復興計画である。安全な地域への住民移転を含む復興計画について住民の合意を形成することは容易ではない。利害調整が大変なため、民意が十分に反映されることなくトップダウンで決められ、結果として形骸化する計画が少なくない。その点で二万五千人規模という膨大な集団移転を円滑に進めていた東松島市は、日本国内でも模範とされる存在だった。秘訣は復興の初期段階で住民との話し合いを徹底して行い、合意を形成するというアプローチを実践したことである。その基盤は、震災の前からすでに構築されていた。市を構成する八つの地区に大きな権限を委譲し、地域住民主体のまちづくりを進めていた。

当時、同市職員として復興計画の中核を担っていた高橋宗也(現宮城県議会議員)は、そうしたコミュニティの結びつきの強さこそが、レイテ島の被災地に伝えるべきことだったと語っている。自ら現地に何度も赴き、また、フィリピン側の責任者を同市に招き、東松島市の地域住民が持つ復興への思いを伝えていった。その結果として、同市の合意形成方法をモデルとし、住民移転を伴う土地利用計画が策定された。そのような徹底した住民本位の合意形成方法は、フィリピンでは先例のないものだった。何事もトップダウンで進めることに慣れていたフィリピンの自治体が、あえて手間のかかる方法に変えたのは、同じ被災経験を持つ高橋たちの思いが伝わったからだった。

東松島市は、こうした活動から何を得ているのであろうか。渡航費などの実費はJICAが負担しているが、同市にとり金銭的に得るものはない。いわば、自治体自身によるボランティア活動のようなものである。高橋は、具体例として、二〇万人を超える死者・行方不明者を出した二〇〇四年のスマトラ沖地震で壊滅的な被害を受けたインドネシアのアチェ市からの学びを挙げている。同市では、交流人口が被災前よりも増えていた。交流人口とはその地を訪れる人の数である。東松島市の交流人口は、震災前の一一〇万人から四〇万人に大きく減っていた。アチェ市は、震災の跡地をめぐるスタディ・ツアーなどに力を入れており、そうした点では、東松島市のほうでも学ぶところが多い。

ただ、東松島市にとり外国との協力は目に見える成果を直ちに生み出すというよりは、「グローカル」なまちとして成長していく「場」であるように思われる。「グローカル」とは、「地球規模の」という意味の「グローバル」と「地元の」という意味の「ローカル」という二つの英語を組み合わせた造語である。地域の個性や強みを大切にすることにより世界との結びつきを深めることの意義を表す。少子高齢化に直面する多くの自治体にとり、グローカルな方向は目指すべき有望な進路である。しかし、これがグローカルな自治体だという手本はなかなか見当たらない。たとえば「インバウンド観光」に力を入れて外国人観光客を増やすことは選択肢の一つだが、それ以外にどのような施策があるのだろうか。

そうした悩みを抱く自治体に先導的事例を示すために、政府は「SDGs未来都市」を二〇一八年に選定した。東松島市も全国で二九の自治体の一つとして選ばれている。

SDGsという世界共通の基準に基づいてまちづくりに取り組むことは、自治体にとり大変ではある。しかし、世界基準を用いるということは世界とつながることを意味する。ローカルな取り組みを世界目線で捉えることではっきりする良い点や足りない点は少なくない。また、自分たちの取り組みや地元の技術が世界にどの程度通用するかが明らかになり、世界に発信し、ビジネス・チャンスにつなげることもより容易になる。つまり、SDGsの達成を目指すことは、自然とグローカルが進むということであり、「急がば回れ」の地方創生の早道なのである。SDGs未来都市として東北六県全体で選ばれた三つの自治体の一つである東松島市は、世界基準の目標達成に取り組むとともに、そこから得られた経験を内外に発信する役割を担う。グローカルのフロントランナーとして先頭を切る同市に取り組みには、周囲の自治体が関心を高めている。

東松島市の市民と行政担当者は、自らが経験して行ってきたことが世界的な価値を有するということに、国際協力を通じて自信を深めて、国際的な役割を担う自治体に変貌しつつある。自らの経験を共有することを通じて、自らが変わり得ることを示している。世界とつながることにより地域の活力を高めていくことに関心を有する自治体は少なくない。ＳＤＧｓはその流れを加速するだろう。グローカルな試みは、直ちには実を結ばないかもしれない。しかし、長い目で見れば、人を育て、様々な想定外の展開を生み出すなど、日本の地域の力を高めることにつながることは間違いない。そうした意義を踏まえ、ＪＩＣＡは二〇二〇年現在九六の開発途上の国々に置かれた拠点と一五カ所の国内の拠点のネットワークを最大限に活かして地方自治体の努力を後押ししている。

なお、先進諸国の中で、開発途上国支援のために自国内で多くの拠点を運営しているのは、じつは日本だけである。地方自治体や地方に所在する大学や企業などに広く参加を呼びかけて国際協力を行うことは、日本独特のアプローチといえる。しかし、日本独自ということでその必要性が問われ、行政改革の度に国内拠点の廃止や整理が俎上にのせられてきた。実際に数カ所が廃止され、職員も減っている。地方自治体や地方の大学、企業を担い手とする日本型国際協力をどのように進めるかは、政策上の論点の一つである。

◆ＳＤＧｓが開くグローバル・ビジネスと社会的課題解決

日本企業の特徴は社会的役割の重視にあるといわれている。そうした日本企業の社会性が、世界各地で期待されている。すでに述べたとおり、ＳＤＧｓが国際貢献の機会を大きく広げたからだ。そこに掲げられた一七の目標は、日本でも達成が難しいものが少なくないくらいで、開発途上国にとってはさらにハードルが高い。飢餓を根絶する、すべての人々が健康的に暮らせるようにする、という目標を理念にとどめずに実現するためには、無数のソーシャルイノベーションが必要とされる。技術力に長け、社会性を重視する日本企業への期待が高まる所以である。とりわけ、オンリー・ワンの技術を有している日本の中小企業の活躍が期待されている。日本には、機会に恵まれれば、世界を舞台に活躍できる技術力を蓄えている中小企業が数多くある。しかし、自社の技術を必要とする相手を見出し、日本と条件が大きく違う土地でビジネスを軌道に乗せるということは、多くの中小企業にはハードルが高すぎる。加えて、貧困や環境などの社会的問題は、そもそもビジネスの対象として難しい。そこで、日本政府の政策としてＪＩＣＡが、世界に打って出ようとする日本企業の挑戦を様々な形で後押しをしている。

◆ごみ処理問題への国際協力

沖縄県の小さな会社が創発したイノベーションが、開発途上国のごみ処理問題の解決に貢献しつつある事例を紹介したい。日本ではドラム缶やブロックの囲いでごみを焼却する野焼きが広く行われていたが、二〇〇一年に法律[12]で禁止された。野焼きは焼却温度が三百度程度と低く、猛毒のダイオキシンが発生しやすいためである。この野焼き禁止により困ったのは離島で暮らす人々である。島内に焼却施設はなく、生活ごみや浜辺に流れ着くごみを野焼きで処分してきたからだ。島外に運んで処理するには多額の経費がかかる。時として、イノベーションはこのような困った状況から生まれてくる。

株式会社トマス技術研究所は、それまでにない画期的な方法でごみを焼却し、有害物質の排出を抑えることができる小型焼却炉を開発した。国内で数々の表彰を受け、すでに七〇以上の自治体で稼働している。同社は、そうした実績に自信を深め、海外の環境問題の解決にも貢献したいと考えた。アジアや大洋州の島々では、日本の離島と同様にごみ問題が急速に深刻化しており、同社の小型焼却炉に対する潜在的需要は大きい。そこで、JICAの支援を得て多くの島々からなるインドネシアを選んで調査を行ったところ、日本の離島で深刻化している海岸漂着物や生活ごみよりも、医療廃棄物の処理の方でビジネス・チャンスが大きいことが分かった。経済的に余裕のない国々の自治体にとっては、小型と言っても焼却炉の導入は難しい。まずは、お金をかけてでもごみを処理したいというニーズから掘り起こすことにした。他方、電力や水道などの条件が異なる開発途上国では、日本から持ち込んだ製品が性能を発揮しないおそれがあった。そこで、観光地として有名なバリ島で、病院から出る医療廃棄物の焼却についても実証実験を行うことになった。現地の条件に合わせて改良してみたところ、医療廃棄物の処理にも期待どおりの高性能を発揮し、インドネシア側関係者が驚くほどの結果を出した。JICAの後押しはそこまでで、あとは自力で顧客を開拓する段階に入るが、創造力と意欲に溢れた同社であれば大丈夫だろう。こうした開発途上国のソーシャルイノベーションに日本の中小企業が挑戦することを後押しする試みは、二〇一二年の開始以来、八百件以上(二〇一八年度末まで)に達している。

◆経験知の還流——異なった視点・知識共有による社会的課題解決

「よそ者、ばか者、若者」が地域を変えると言われて久しい。誰が言い始めたかは定かではないが、世の中に広まっているということは共感されているからであろう。「よそ者」は外の視点で地域の宝を見出し、「ばか者」は皆が思いもつかないような突拍子もないことを思いつき、「若者」は失敗を恐れずに困難に挑む。国際協力の経験をつんだ日本の若者は、まさにそうした役割を担い得る人材である。

その嚆矢が、群馬県西南部に位置する甘楽町で二〇〇一年から活動している「自然塾寺子屋」である。中米の国パナマで青年海外協力隊として活動し、帰国したばかりの矢島亮一が仲間と一緒に、「農村から日本と世界を元気に」をキャッチフレーズに立ち上げたNPO法人である。以来、農業を観光に活かすグリーンツーリズムの創出、新規就農者やIターン移住者の支援など、様々な活動を展開してきた。そうした活動が、地元の農業団体を触発し、地域の活性化につながったとして、二〇一六年には総務省のふるさとづくり大賞「総務大臣賞」と共同通信社などが主催する地域再生大賞優秀賞を連続して受賞している。

矢島のモットーは、「地域の人、知恵と経験は宝であり、その宝を日本と世界で生かすこと」である。群馬県の農家で生まれ育った矢島は、子どもの頃に自分の家が農家であることを何となく恥ずかしいと思ったそうだ。それがパナマでの二年間で現地の人々から農業や農村での暮らしに誇りを持つことを学び、大きく変わった。そうした思いから生まれた活動は、甘楽の宝を世界に伝えるとともに、地域の人々が自らの宝に気づき、それを磨く場になっている。これまでに甘楽の宝を持ち帰った開発途上国政府の人々は四百人以上にのぼり、甘楽の宝を学んでから開発途上国に旅立った青年海外協力隊員は六百人以上にのぼる。また、青年海外協力隊の活動を終えて帰国後に、甘楽町に移住して起業や就農している元隊員は一一人を数える。

青年海外協力隊は、一九六五年の発足以来、八八カ国に四万人以上の日本の若者を派遣してきた国の事業である。理数科教育や農業技術指導などの多岐にわたる職種で、現地の人々と一緒に暮らしながら問題解決に取り組んでいる。多くの場合、活動期間は二年間と短いが、日々の苦労にもまれ、鍛え上げられている。ボランティアとして助けに来たのだから歓迎されるだろうと思って現地の職場やコミュニティに入ってみると、言葉が通じない、自分の考えが伝わらない、日本の常識が通用しないなど、順調にいかないことの方が圧倒的に多い。日々の仕事や暮らしに余裕がない現地の人々は、隊員をお客様扱いする余裕がない。役に立たないと思われれば放っておかれる。そういう厳しい境遇にありながら、地元との人々の信頼を徐々に得て、何かを残して帰国する。多くの隊員が教えるために来たけれども教えられることの方がはるかに多かったという言葉を残す所以（ゆえん）である。

そうした得難い経験を積んできた青年海外協力隊員は、ある意味で、米国や西欧の大学に留学するよりも多くのことを学び、問題解決能力を高めている。日本国内の様々な問題解決に力を発揮し得る。しかし、毎年約千人におよぶ帰国隊員が就職に苦労するという状況が長く続いてきた。隊員は、型にはまらず日本的な組織には馴染まないというイメージをもたれやすい面があった。たとえば、会社を辞めて開発途上国にボランティアに行くということが、多くの日本人にとり理解し難いことと受け止められてきた面もある。今では、それが変わりつつある。自ら課題を見出し、考え、行動してきた経験は、むしろ貴重と考えられるようになってきた。地域でソーシャルイノベーションを導く即戦力として、また、地域の子どもたちに世界規模で考え、行動することの大切さを伝えるお手本として、期待する自治体が増えている。

4 知は還流する

日本人は自分たちよりも進んでいると思う国々から知識を取り入れ、取捨選択のうえ、自分たちの条件に即して応用することを得意としてきた。よく言われるように、イノベーションは異質な知識が結びつくことにより生まれる。日本人は、中国や西洋の国々で用いられていた知識と、まったく関係がなさそうな日本の知識を組み合わせて、イノベーションを行うことに長けてきた。たとえば、英国で一八四〇年に開始された近代郵便制度は、明治政府発足間もない一八七二年には日本全国に行きわたっていた。英国にならって新たな組織をつくるのではなく、かつての庄屋や名主などの地元の名士に土地と建物を無償で提供してもらい、郵便の取り扱いを委ねるなど、現地化の工夫を矢継ぎ早に行い、短期間に制度として定着させた。本章で取り上げた生活改善と生産性向上の二つの改善運動も同様に米国の知識を巧みに日本化した産物である。そうした和魂洋才のイノベーションの作法は、多くの開発途上国の人々に共感をもって受け入れられている。どの国の人々も、他者に言われたとおりにやるよりは自ら創発したいのである。

◆国際協力における知の相互作用

今日われわれが直面している少子高齢化社会への対応や地方創生などの課題の中には、先行する国の知識を応用するという得意のアプローチを用い得ないものが少なくない。ソリューションをわれわれの間で創発していくことが必要とされる。そのうえで重要なことが、自らを知ることである。何がこだわるべき大切なことで、何について変化が必要かを突き詰めることからイノベーションが生まれる。国際協力はそれを気づかせてくれる場でもある。日本人は自らの知の価値についてはむしろ鈍感なようである。外国の人々から気づきを与えられ、それがイノベーションにつながることは少なくない。

われわれにとり、外国の人々から与えられる知、つまり気づかされることは、われわれが優先的に取り組むべき課題を見出し、その解決策を創発するうえで、大変に重要なリソースとなる。国際協力はそうした場である。外国の人々の日本の経験を伝えると様々な反応が返ってくるが、そんな考え方もあるのかということが少なくない。それらは、地域の課題解決をもたらすソーシャルイノベーションにとり貴重なリソースとなり得る。国際協力は、日本が外国に経験や技術を伝えて、相手国のイノベーションを後押しするだけでなく、そうした知識を協力の相手国側から得て、日本のイノベーションに活かす場でもある。高齢化対策や地域振興についての東南アジアの国々との協力はその典型である。また、国際協力において、自分たちが行ってきたことを外国の人々に伝えることは簡単なことではない。特に、ものごとの考え方や仕組みはなかなか伝わらない。前提となる歴史や文化が異なるからである。そのため、地域の人々の間では暗黙の了解とされてきたことなどを、言葉や図などに表すことが必要となる。つまり、自らを客観化することである。それは自分を学ぶプロセスであり、そうしたことから得る知識もまた、長所を伸ばし、短所を改めるイノベーションに不可欠なことである。東松島市の取り組みは、その典型であろう。

◆経験の共有による人材育成

国際協力は、日本国内のソーシャルイノベーションをも担い得る「グローカル」な人材を育てる場でもある。日本には技術力の蓄積がある。日本には技術力の蓄積がある。他方で、そうした強みを活かして問題を解決する総合力の点では、少し足りない面があるかもしれない。それは、一つには、現在の日本では仕組みや施設が整いすぎて、大胆に問題を設定し、解決に取り組む余地が少なくなっていることによる。明治期や第二次世界大戦後の高度成長期において日本人がより創造的だったということではなく、創造力を発揮する機会が豊富に存在していたということであろう。そうしたチャレンジングな機会は、急速に発展する中で問題が山積している開発途上の国々には豊富にある。技術面と社会面の両面でイノベーションを重ねてきた日本の協力を歓迎しない国はないと言ってよい。そうした国々の人々と一緒に困難な課題に挑戦することを通じて、日本国内では得難い経験を得ることができる。そうした経験を通じて鍛えられた人材は、これから深刻さの度合いが一層増す国内の問題の解決にも創造力を発揮してくれるに違いない。

外国人労働者の受け入れが国の政策の争点としてクローズアップされている。国民がどのように選択するにせよ、中長期的には日本が今よりも多文化共生社会の方向に進むことは確実であろう。共生とは必然的に共創を前提とする。文化的背景の違いを超えて、組織や社会を共創していくという姿勢が問われる。郷に入れば郷に従えと、日本人の常識を異なる文化的背景を有する人々に受け入れてもらうということに固執することは難しい。そのうえで、日本にやってくる人々の母国との協力関係をもう少し深めた方がよい。自治体国際化協会によれば、市町村と都道府県が姉妹提携を結んでいる相手は、二〇一八年一一月現在で一七三四件にのぼるが、そのうち、米国や西欧の先進国、日系人の関係が深いブラジルや、中国をのぞく国々を相手とするものは一〇五件で、全体の六%にとどまっている。もう少し多様性が必要だろう。米国や西欧以外の国々との国際協力は、そうした国々の多様な知を得る機会である。

◆日本型アプローチの特徴

日本の国際協力の特徴は、日本の経験の共有を柱としていることにある。そのため、日本人が各国の現場に出向いてその国の人々と協働しながら、ノウハウを伝えるアプローチをとる。また、日本の経験の多くは外国人が咀嚼できるようには形式知化されておらず、日本に来てもらわないと伝えられない。そのため、各国政府で重要な立場にある人々を年間約一万人日本に招き、日本の現場を廻り、また、様々な立場の人々と対話することにより、日本の経験を総合的に理解してもらうようにしている。海外においても国内においても、日本の国際協力は、日本人と相手国の人々が共感し、共創することを基本としている。新型コロナウイルス感染症拡大の影響で日本と各国の間の往来が困難になったことにより、このようなアプローチはとり得なくなった。オンライン会議等の遠隔方式により、暗黙知を共有し、共感し合うことは難しい。なお、欧米諸国の国際援助は、一般的には以上のような困難には直面していない。自国の経験の共有や共創のアプローチを日本のようには重視しておらず、人の往来や暗黙知の共有を主体としないかたちで国際協力を行ってきたからである。

他方、新型コロナウイルス感染症がもたらした危機は、日本型国際協力のアプローチの意義をより明瞭なものとしている。共創を基軸とする日本型国際協力は、相手国のソーシャルイノベーションを促進する力と社会全体のレジリエンス（復元力、弾力性）の増進に、特に効果を発揮し得るからである。開発途上諸国は、医療体制が脆弱で、国際経済環境の影響を直接的に受けやすく、新型コロナウイルス感染症拡大のインパクトが強く懸念されている。世界の人口の八割以上を占める開発途上諸国が混迷を深めることは、地球環境、難民、テロリズムなどの地球規模の問題の深刻化を導きかねない。そうした問題の根本にあることが、社会のレジリエンスであり、ソーシャルイノベーションの促進する社会の力である。そうした自然災害や国際的な政治経済環境の変化による危機的状況への社会の対応力は、新型コロナウイルス感染症拡大以降の開発途上諸国においてますます重要になる。危機に臨んで毎回外国からの援助を期待することはできず、サプライチェーンが寸断される中で直接投資や資源開発に依存することも難しくなるからである。

社会の危機対応力、レジリエンスとは、その社会に広く定着している「課題解決の行動様式」と捉えることができる。課題解決の行動様式は、組織内の意思決定のプロセスと権限配分、政策形成・制度構築のプロセス、行政と住民や企業の協働の仕組みなどであり、同じ国でも分野により大きく異なることが少なくない。それらがより機動的、包摂的、創造的なものに変わることにより、その国・分野の開発もよりダイナミックなものになる。しかし、社会構造や歴史的経緯に根差しており、一般的には緩やかにしか変わらない。そうした中で、保健医療や地域振興などの課題に関する日本のソーシャルイノベーションの経験は、正負両面において「触媒」としての効果が大きく、それを用いることにより、開発途上国の為政者や政策形成担当者の気づきや着想を喚起しやすく、開発途上国の行動様式の変化をも効果的に促進し得る。

双方向の共創を基軸とする日本型の国際協力は、日本の経験、すなわち日本社会が大切にしてきた価値を、共感を通じて共有することに重点を置き、それは相手国との信頼関係の深化にもつながる。各国との信頼関係は、国際政治経済環境の流動化が進む中で、日本にとりソフトパワーの源のアセットとして一層重要性を増す。開発途上の国々との国際協力は、それらの国々の問題解決を助けるだけでなく、日本が自らのソーシャルイノベーションに取り組むうえで創造力を高め、また、多文化共生社会を築いていく「場」であり、日本の安全と繁栄に不可欠な各国との信頼関係を深める「場」なのである。もはや、自国のことだけを考える時代ではなく、国際間の連携が重要な時代に入っている。日本のことわざにある「情けは人のためならず」である。

謝辞

本章第一節の執筆にあたり、会宝産業株式会社 近藤典彦会長、近藤高行社長、社員のみなさまにインタビューへのご協力を頂きました。ここに記して深く感謝申し上げます。

註

(1) 外務省(二〇一九)。
(2) 二〇一九年の世界四輪車生産台数は九一三〇万台。一般社団法人日本自動車工業会ホームページ。
(3) OICA(英文名 International Organization of Motor Vehicle Manufacturers)の統計。
(4) リサイクル部品は、品質チェックの上再利用される部品(リユース品)と、一部の消耗品や故障部分を新品と交換し、品質や性能のチェックを行って再利用される部品（リビルト品）、摩耗や故障部分は交換するがそれ以外の部分はチェックしない部品（リンク品）に分かれる。そのほか、品質チェックなしにそのまま利用される部品（ジャンク品）がある。

(5) 農業に進出した最初の理由はリタイアしていく社員に対して第二の人生の場を提供するためであった。

(6) BSIは、一九〇一年、英国土木学会の提唱により英国王室より認可を受けた非営利団体で、英国規格の運営、試験、監査、登録や技術コンサルティングなどを実施している。英国規格（BS）は、ドイツ連邦規格（DIN）や米国のASTM規格と並び世界で広く活用されている。

(7) 国連開発計画（UNDP、二〇〇八年発足）を含む六つの開発機関・政府の主導による長期的視点で商業目的と開発目的を同時に達成できるビジネスモデルを模索し促進する取り組み。持続可能な開発目標（SDGs）につながる。

(8) 一九九七年に一兆二千億円近くあった国の国際協力の予算（一般会計）は、二〇二〇年には五千六百億円あまりに半減している。

(9) 日本政府による開発途上国との国際協力を実施する独立行政法人。通称は「ジャイカ」。各国の社会経済発展を支援するために、教育、保健医療、産業開発、交通網の整備など、様々な分野で協力事業を行っている。

(10) コンピュータ上で、様々なアプリケーションプログラムが作動するための共通の基盤となるソフトウェア。

(11) 誤解の無いように補足しておくが、生産性向上運動は連合国軍から押しつけられたものではなく、連合国軍による国勢調査の目的で来日していたデミング博士に講演を依頼したことが発端である。

(12) 「廃棄物の処理及び清掃に関する法律」（一六条の二）。

第8章 日本社会への期待

1. 未来への提言

日本企業や社会が本来の輝きを取り戻すために必要なものは何か。そのヒントが、様々なソーシャルイノベーションの取り組みにあると考え、本書を編集・執筆した。その間、コロナ禍もあり完成が一年間ほど遅れた。しかし、この間の経験もあって、さらに本書の内容を充実させることができた。これまで当然だと思われていた前提条件がガラガラと崩れる中で、じつは本質的な課題に向き合うことができたのではないだろうか。

たとえば、組織は何のために存在するのか、われわれは何のために生きるのか、ということを自らに問うことが多くなったのではないか。また、直接対面する機会が減る中で、全身全霊で「共感」することの難しさを感じる局面が多くなった。デジタル環境で効率的な会議運営はできても、創造性につながるような真剣勝負の議論をすることができないという葛藤にも苦しんだ。一方、生き残りをかけて、これまでつながりのなかった新たな関係性を築いて、関係者全員がコミットすることで状況を打開するような企業間連携、組織間連携の動きも出てきている。さらに在宅勤務の導入が進む中で、アナログとデジタルをいかに使い分けるかについても議論が進んだ。新たな局面でのチャレンジから見えてきていることは、本書で検証してきたソーシャルイノベーションの成功の本質とまさに通底するものであった。

ポストコロナの時代の起死回生につながる経営の知恵が本書にはつまっている。本章では、これらをふまえ、読者の方々の明日からの一歩につながる示唆となるよう、以下の五つのメッセージに集約した。

メッセージ一：共通目的（パーパス）を追求せよ〜利他と利益の両立〜
メッセージ二：「共感」からはじめよ〜イノベーションの源泉〜
メッセージ三：知的コンバットに挑め〜「いま・ここ」の真剣勝負から機動力は生まれる〜
メッセージ四：新たな関係性にコミットせよ〜境界を越えた自律分散の全員経営〜
メッセージ五：アナログとデジタルをバランスせよ〜動的な両立〜

1 ▼共通目的（パーパス）を追求せよ――利他と利益の両立

「利他」で貫かれた共通目的は、ソーシャルイノベーションへの参画者、関係者を束ねる役割を有する。社会的な価値創造を共に行うには、大義の共有が不可欠だ。裏を返せば、大義がなければ「この指とまれ」とさけんだところで、誰の賛同も得られない。また、その共通目的が偏った者だけが得をする「利己的」なものであったなら、人心はすぐに離れる。

◆本質への回帰

昨今、SDGs（持続可能な開発目標）経営や株主資本主義からの脱却などが話題となっているが、じつはこれらの考え方はもともと日本的経営に根づいていたものである。たとえば、最近では伊藤忠商事が二〇二〇年四月に新たな企業理念を「三方よし」と定めた。近江商人の経営哲学の一つである「三方よし」だが、これは「商売において売り手と買い手が満足するのは当然のこと、社会に貢献できてこそよい商売といえる」という考え方である。伊藤忠商事の創業者・初代伊藤忠兵衛も近江商人であり、「三方よし」のルーツは初代伊藤忠兵衛が近江商人の先達に対する尊敬の思いを込めて発した『商売は菩薩の業(行)、商売道の尊さは、売り買い何れをも益し、世の不足をうずめ、御仏の心にかなうもの』という言葉にあると考えられる」という言葉なのである。(1)

また、清水建設は、一八八七年に相談役であった渋沢栄一の教えである、道徳と経済の合一を旨とする「論語と算盤」を「社是」と定め、経営活動を通じて果たすべき社会的使命を「経営理念」として重視してきた。二〇一九年の入社式で、代表取締役社長の井上和幸は「『道理にかなった企業活動によって社会に貢献することで、結果として適正な利潤をいただき発展する』という『論語と算盤』の理念は、お題目として唱えるものではなく、私たちが考え、行動するうえでのいわば作法であり、いつの時代にも絶対に変えてはいけない考え方です」と語っている。(2)

海外でも、マイクロソフトのCEOにサティア・ナデラが就任し、その存在価値を示す経営理念を大きく改革した。三人目のCEOとなったナデラは、二〇一四年二月就任後「Empower every person and every organization on the planet to achieve more.（地球上のすべての個人とすべての組織が、より多くのことを達成できるようにする）」を企業ミッションとした。世界においてプラットフォームを提供するリーディングカンパニーであるために、これまでの、規模と効率を追求する企業から大きく生まれ変わった。そして、AIが普及した社会で一番希少になるのは、他者に共感（Empathy）する力を持つ人間（Empathetic Leader）だとして、「共感」を経営の柱にした。ナデラは「私の個人的な哲学と情熱は、新しいアイデアと他人への共感の高まりを結びつけることにあります」と述べている。(3)

マイクロソフトでは、それまでのKPI（重要業績評価指標）の達成状況を細かいエクセルのシートを眺めながら報告、議論する取締役会は廃止され、代わりに役員たちは従業員に対して自分たちの「生き方」の物語りを語るようになった。横行していたセクショナリズムの源泉だった組織の壁やサイロは破壊され、社内のコラボレーションが進んだ。製品・サービス開発においても自前主義はやめ、これまで競合相手だった企業とも広くパートナーシップを追求し、オープンイノベーションに取り組むように変わった。WindowsというOSを顧客に強制することもやめた。新たな共通目的が、企業文化、そしてビジネスモデルの変革を推進したのである。

一九二三年に創業された富国生命は、総資産や保険料収入では大手に及ばないものの、財務内容が良好で健全性が非常に高い。売上やシェアなどの規模を求める同業他社とは一線を画し、質を重視した経営の差別化を行ってきた。その根底には、「ご契約者本位」という創業の精神がある。同社は創業以来一貫して相互会社形態を堅持する日本で唯一の生命保険会社だが、それはこの創業の精神を貫徹する意志表示でもある。契約者の利益を守ることを考え、過度な成長ではなく、契約者を守るための成長を追求する。一方、長期的な視点のもと安定した利益と財務基盤を築き、業界の中で高水準の契約者への配当還元を続けている。(4)

超長期の保証を提供する生命保険業は、資本負荷が重いといわれている。上場株式会社であれば、株主からROE(自己資本利益率)などの資本効率の向上を求められ、資本負荷の軽減を図る必要に迫られる。しかし、こうした行動は公共性の高い生命保険業において、契約者保護と相反する可能性もある。同社が相互会社にこだわる理由もここにある。

富国生命は、戦後間もない頃から「最大たらんよりは最優たれ」を社是としてきた。初代社長はM&A(企業の合併・買収)を繰り返して莫大な資産を築き、事業家としては東武鉄道を中心に鉄道王として君臨した根津嘉一郎である。事実上の創業者である二代目社長の吉田義輝は、「保険は、ご契約者やそのご家族に対して精神的、経済的な幸福と利益を与えるものである」という言葉を遺し、生命保険業は、契約者が保険団体を構成し、相互に助け合う相互扶助の精神を実現できうる相互会社形態で行うべきだと考えた。社長の米山好映は、「根津が持つ資本家の考え方と吉田の持つ相互会社としての想いが流れているからこそ、ご契約者の利益擁護(利他)と企業利益の追求(利己)が矛盾なく続いてきている」と語る。(5)金融庁がひと時推進した株式会社転換を断固拒否し、「相互扶助の生保だからこそ認められてきた形態である」と、あくまで相互会社運営にこだわっている。

富国生命には「フコク生命　創業の心」という小冊子がある。これは二代目社長の吉田が遺した言葉がまとめられ、全職員に配布されている。米山によると、一九八〇年代のバブル経済の時も決して株や土地に手を出すことはなかった。社是である「最大たらんよりは最優たれ」の精神が身体化していた当時の社長は「株価も地価も、正当な価値以上に高い。いつか破綻する」と先読みしたのだった。

米山は、共通目的の体現者たる現場の人づくりへの投資にも積極的だ。職員と米山が直接対話する「車座ミーティング」は毎月三回程度開催しており、二〇一九年度末までの九年間で二九二回、本社から支社・営業所の職員まで約二千二百人が参加している。創業の精神がお題目にならないよう、現場に入り込み対話し、魂を注入し続ける努力を怠らない。

富国生命は現在、「THE MUTUAL」(ザ・ミューチュアル)というコンセプトのもと、二〇二三年に向け、百周年プロジェクトに取り組んでいる。「THE MUTUAL」とは、共感・つながり・支えあいであり、生命保険の本質である相互扶助のことである。百周年は、感謝の意を示すだけでなく、共感の輪を広げる特別な時だとしている。全国六二支社において、共感に根ざして人と人のつながりを深める「相互扶助」を体現する活動は、「FIND THE MUTUAL」として発信されている。そのほか、次代の相互扶助とは何かについて、SNSからアナログな社内新聞まで様々なメディアを駆使して、社内外に向けた発信を職員自らが中心になって行い、共感のムーブメントを自律分散的に起こしている。

◆共通目的の重要性

共通善の実現を目指す目的(パーパス)は、決して一人の力では達成できないソーシャルイノベーションにおいて、人々の潜在能力を結集し、組織的な行動へと突き動かす社会的動機となる。

共通目的は、ソーシャルイノベーションの参画者が「いま・ここ」の文脈において、賢明な判断を下し、行動を起こすことを可能にする。東日本大震災直後、ヤマト運輸のCEO木川眞は東北地区の約一万人の従業員に対し、「助けを必要とされたら、助けてあげてください。利益のことは考えなくてかまいません」という簡潔なメッセージを伝えた。(6) 本社との連絡がつく前に、たとえば石巻支店では、自らも被害にあいながらも被災者に支援物資を届けたいというセールスドライバーたちの熱意に応え、支店長の横山正直は自らの判断で配達の体制を整えスタートさせた。これは、一九三一年に創業者小倉康臣によって制定された社是「ヤマトは我なり」、「運送行為は委託者の意思の延長と知るべし」、「思想を堅実に礼節を重んずべし」という精神が組織の隅々に行きわたっていたからである。危機という非日常の局面で、顧客に礼節を尽くす、という志をセールスドライバーが体現したのである。

しかし、理想論だけでは画餅となる。京セラの稲盛和夫会長は、企業理念に「敬天愛人」を掲げ、利他の精神を中心に据えた経営を創業以来、そしてJAL再生時も推進してきた。稲盛の郷土の先輩、西郷隆盛は人格者であり人気がある一方、大久保利通はたいへん冷徹で、理性的かつ合理的で冷たい男だと評されていた。しかし、「志」や「誠」だけでは経営できないことを学んだ稲盛は、「心は西郷、才覚は大久保」と、大久保も評価するようになった。(7)

経営者は絶えず、決断をせまられるが、矛盾に直面した時に、単なる中庸ではなく、その両極端を究めつつ、ぎりぎりのところで少しでも大義が多いように決断していくことが重要であり、そのことによって利他と利益を両立できるのである。

2▼「共感」からはじめよ――イノベーションの起点

多様なステイクホルダーとの共感は、内発的な動機の基盤となるものである。本書で取り上げてきた様々な場では、まさに「出会い」を紡ぐことによって新たな関係性を育む動的なプロセスがあった。自己の損得を勘定に入れない、自分と相手が一つになって生じる無心の態度によって、「いま・ここ」を共有し、自己中心化から開放されて他者と触れあい、個別の身体を超えて一心同体になる。このような暗黙的な共感(empathy)は、心の深い部分から沸き起こる。相手の感情や思いに共感したのちには、意識的・分析的に相手を対象化し同感(sympathy)が生まれる。相手の視点に立ち、意識的に本質を探っていくと、相手の不安、悩み、困りごとを解決したい、何とかしてあげたい、自分の人生をかけても「こんなに困っているなら何とかしてあげたい」という、行動変容、実践に向けた心の底から湧き上がる強い動機となる。これが働く意味、生きる意味をもたらす。

哲学者マルティン・ブーバーによると、「出会い」における共感(empathy)とは、自己の損得を勘定に入れない、自分と相手が一つになって生じる無心の態度だという。[8] われわれは、乳児の時の母子関係において母親と一心同体になる「我―汝(I-Thou)」関係[9]を経験している。しかし、成長段階で言語、知性を獲得した成人において、さらに高次の感覚の次元で、主客未分の状態で「いま・ここ」を共有し、自我から開放されて他者と触れあう「我―汝(I-Thou)」関係を構築するのは簡単なことではない。それは、主観と主観の重なりである「われわれの主観」による無心無我の創造的活動であり、主観(一人称:個人)が客観(三人称:組織)に昇華するための鍵となる(図8-1)。その二人称の共感をエトムント・フッ

図8-1 ▶ 人と人との関係性を生きる共感—主観の客観化の基盤—

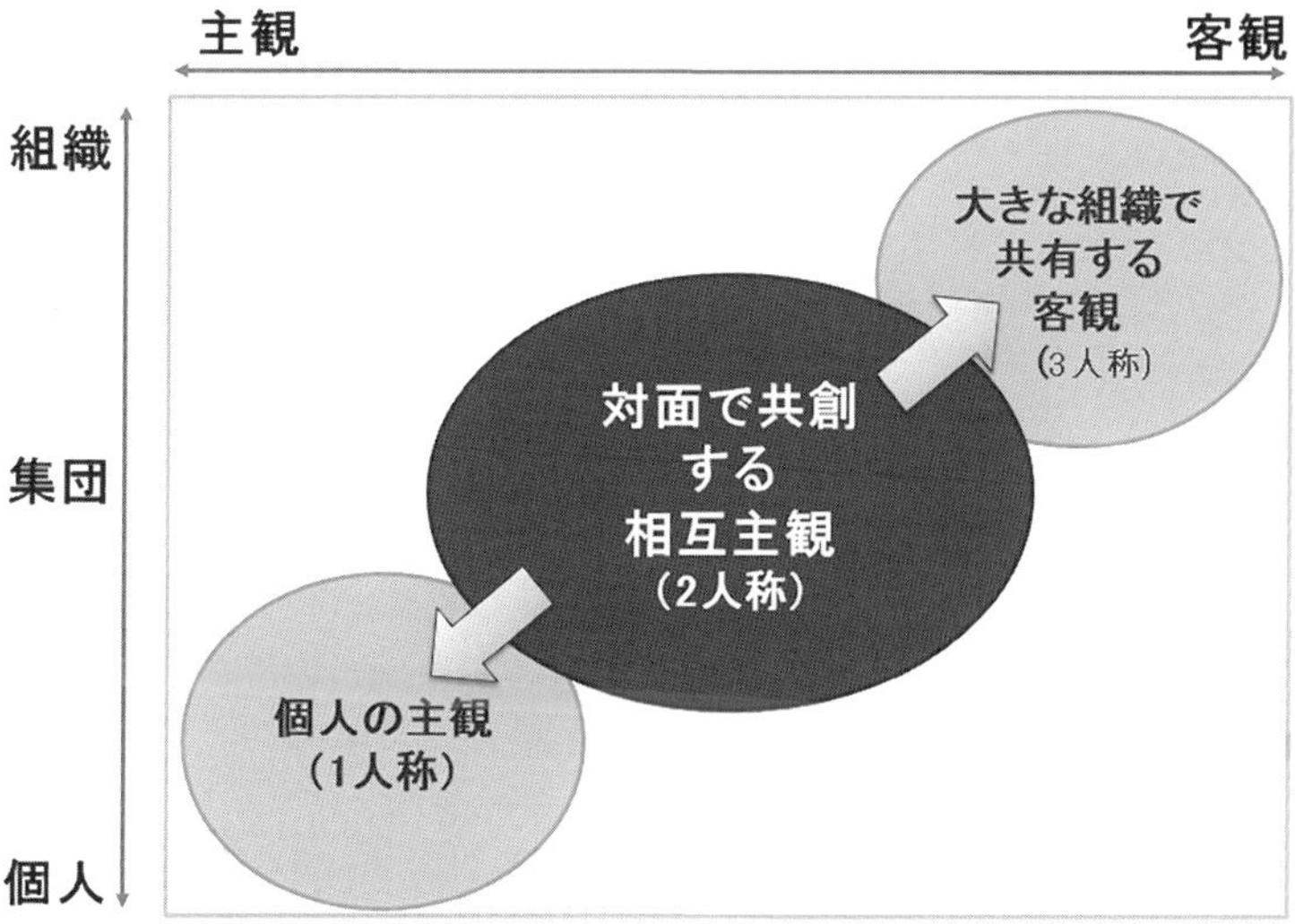

主観
客観
組織
集団
個人
大きな組織で共有する客観（3人称）
対面で共創する相互主観（2人称）
個人の主観（1人称）

サールは「相互主観性」と呼んだ。

われわれは、最初にこの「共感」が成立していなければ、次の段階には進めないと考えている。大乗仏教の唯識では人間の意識が八段階に区別されており、最も深層が本当の無意識に相当する「阿頼耶識（あらやしき）」である。阿頼耶識には、無尽蔵の記憶が蓄積され、現世での経験だけでなく先祖の体験などすべての記憶が阿頼耶識に保存されているとされる。暗黙的な共感は、このような心の深い部分から沸き起こるものだ。そのような無意識も含めた深い共感が醸成できるかどうかが、共に創造的活動を実践できるかどうかを決定づける。

エーザイ株式会社は、われわれの知識創造理論を世界で初めて実践した企業であり、知創部という専門部署もある。事例にもあったように、エーザイが取り組む「住民主体の知識創造活動」は、地域住民による地域住民のためのコミュニティづくりの試みである。当事者である地域住民が主体となって、実際の認知症患者や介護者と出会い、共に過ごし、共感しあう関係性をつくっていくことからスタートし、そこで獲得した暗黙知を言語化し、課題を解決するための本質的なアイデアを他の住民たちと共創していっている。

患者との喜怒哀楽を直接経験において共感することなしでは、言語化したり、概念を抽出したりすることはできない。相手の感情や思いを受け止め共感したうえで、意識的・分析的に相手を対象化していく。相手の視点に立ち、意識的に「相手の心配の本質は何か」について徹底的に悩み、その本質を探っていくと、相手の不安、悩み、困りごとを解決したい、何とかしてあげたい、という動機となる。このプロセスを体験し、身体化するのが、知創部が行っている共同化研修である。認知症患者、身体的・知的障がいのある人たちとの直接的な共体験を通じて、ヒューマンタッチで身体ケアあるいは同じ活動をしながら、深い共感から相手の心の深層を掘り起こしていくのである。

出会いの場の意味は、多様に変化していく。場への参加は、各自の自発的な動機に基づくものである。多くのステイクホルダーが参加することによって、その多様性が課題解決の可能性を広げる。これまで交じりあうことのなかった異質な参加者一人ひとりの当事者意識を出発点に、主観を持つ各々が対話や共体験を通じて「われわれの主観」を築く。それは「意味」を持つ関係性となり、動的なプロセスを通じて、見えなかった価値を見出し、地域の課題解決を達成する。

3 知的コンバットに挑め――「いま・ここ」の真剣勝負から機動力は生まれる

「われわれの主観」となる共感を育み、そのうえで対話を通じて本質を共に洞察していくことによって、相互に納得しコミットできる解の方向性が見えてくる。そのような真剣な対話の場を、われわれは「知的コンバット」と呼んでいる。民間企業の例でいえば、ホンダのワイガヤや京セラのコンパ経営が有名だ。知的コンバットを行うことでしか成人における「我─汝関係」をつくることはできないことを理解している企業は、昔から知的コンバットの場を注意深く組織に内在化し、進化させてきた。

◆「出会い」の意義

出会いの「場」は、決して単なるイベントやツールで終わってはいけない。ブレインストーミングやデザイン思考に基づくワークショップやセミナー、ワールドカフェなど様々な場があるが、「楽しい」会話だけでは創造的活動の段階には進まない。

「出会い」の場を、真に生きた時空間にするためには、生活者でもあるすべてのステイクホルダーが、現場・現実・現物の思いを持ち寄り、真剣にぶつかり合うことが必要である。さきほどのエーザイの例でいえば、共同化研修を通じて共感した者同士が、それぞれが考え抜いてひらめいたことを持ち寄って、患者の視点に立って侃侃諤諤（かんかんがくがく）しながら知的コンバットを行って「こういうことが患者の悩みの本質ではないか」と言語化していく。みんなで妥協せずに悩みぬいて、「こうではないか」、「やっぱりああいうことだろう」とその本質を掘り下げていくわけである。

リビングラボは、「実際に人々が生活する街の中で社会実験を重ね、仮説検証を行う場[10]」である。リビングラボを含めてソーシャルイノベーションにおける場は、リアルな日常に棲み込んだものでなければ、機能しない。当事者の参画やコミットメントが、鍵となることはいうまでもないことだが、極論すれば、産官学民のどんな立場にいる者も、社会において「いま・ここ」を生きる生活者であることは間違いない。[11]

では、「いま・ここ」とは何か。それは、主観的時間だと言える。人は、客観的時間ではなく、主観的時間の流れの中で生きている。「いま・ここ」は、直接経験を通じて、私だけが今この瞬間に感じているアナログな感覚質(クオリア)だ。

現象学では、主観的時間における「現在・過去・未来」とは、それぞれが別個に存在するわけでなく、「いま・ここ」すべてがグラデーションで連続している「幅のある現在」と捉える。人間は日頃から膨大な無意識の暗黙知を身体全体で感知している。暗黙知が覚醒すると、現在を起点に過去が未来とつながる「幅のある現在」により、「いま・ここ」の流れの中で、先読みも可能になる。過去がわれわれの身体全体の記憶に沈殿され、それが現在に連なり、そこから未来すら潜在的に直観できるのである。

たとえば、剣道の面や小手など、どちらが先にきっちりした形で打ち抜けるのかというせめぎあいにおいて、「現在」という一瞬の間には、これまで練習で培い、習慣化・身体化されたすべての技能が集約される。この技能は、いつでも過去からの身体記憶として、すべての瞬間に内在し、その身体記憶には、こうやったら次にこうなる、という未来の「先読み」が含まれている。[12] 引退したイチロー選手が語るように、優れた先読み能力は、なにより日々の錬磨の賜物であり、貪欲に妥協なき実践を続けなければ獲得できないものでもある。最近の脳科学や心理学における研究成果でも、様々な形で身体性の復権が実証されているが、この身体性に基づく人間の本質直観、先読みの力は、どんなに豊富なビッグデータを持つＡＩにもまねできない能力なのである。

イノベーションは、〝Ｉ〟思考ではなく〝Ｗｅ〟思考から生まれる。異質な関係でありながらも、互いに補完的な関係であれば、ぶつかり合いながらも対話を重ねることで「一＋一が総和以上になる」といった相乗的な活動へと発展できる。そして、ついには跳ぶ発想を生み、人々を驚かすような成果をもたらす。こうした共創的な関係を、米国の作家ジョシュア・ウルフ・シェンクは「クリエイティブ・ペア」と名付けた。[13]日本であれば、ホンダの本田宗一郎には藤澤武夫、アップルであればスティーブ・ジョブズにはスティーブ・ウォズニアックがいた。

いま、コロナ禍で対面での「出会い」の場や機会が激減している。しかし、過去・現在・未来の流れが内在する「いま・ここ」の時空間で共感しあうこと、全身全霊で率直な対話をすること、そして、これからすべきことの本質を共に直観することはやはり重要だ。

知恵をしぼれば、知的コンバットは可能ではないだろうか。年間で一千以上の新商品を生むアイリスオーヤマの例を紹介しよう。[14]年間売上に占める新商品比率は六四％と非常に高い企業である。そんなアイリスオーヤマの新商品開発のアイデアの多くは、開発担当者による製品の「使い倒し」からはじまる。「おまえの母ちゃん、それを買うか」と、常に「ユーザーイン発想」で需要創造する。開発者は「生活者の声を聞く」のではなく、自らも生活者の一人として料理や掃除をし、花を植えペットと暮らす中で不満・不便を発見し、商品開発につなげる。これは、「いま・ここの生活者」である顧客に真になりきることで生まれる深い共感と、そこから見えてくるヒラメキによる製品コンセプト構築における本質直観のプロセスである。

アイリスオーヤマの機動力を支えるのは、毎週月曜日に関係者全員集めて経営トップが即断即決する開発会議（通称：プレゼン会議）である。商品開発担当だけでなく、経営トップ、生産技術、品質管理、応用研究、知的財産など関係者が一堂に会して知的コンバットを行い、即断即決されるので、会議終了後、稟議ぬきで、すぐに全員が動き出せる。忖度、根回し、社内政治をすべて排除して、新しいコンセプトが機動的に、そして自律分散的に形になっていく場が制度化されている。アイリスオーヤマでは、コロナ禍でも、マスク着用で人数を制限しながら開発会議を続けているそうだ。

4 新たな関係性にコミットせよ――境界を越えた自律分散の全員経営

オープンイノベーションは、当初、自社が有しない技術や資源を持つ他の企業やスタートアップなどと協働することを意味した。当時は、一対一の連携が基本（企業対大学・研究機関、大企業対ベンチャー企業など）だったが、昨今は企業、大学・研究機関、政府・自治体、市民・ユーザーなど多様な関係者が多層的に連携・共創し合う、多対多の連携関係をベースに社会に開かれたオープンイノベーションを起こす試みがなされるようになった。

イノベーションの父と称されるヨーゼフ・シュンペーターは、一九一二年に代表作『経済発展の理論』の中で「新結合」という言葉を使い、「イノベーションとは企業者が生産を拡大するため、生産方法や組織といった生産要素の組み合わせを組み替えたり、新たな生産要素を導入したりする行為」と定義した。その本質は、時代が変わっても普遍性がある。

◆震災復興における新たな結びつき

東日本大震災による津波で壊滅的な打撃を受けた宮城県石巻市の水産加工業は、「新結合」によって再生した[15]。震災後、国は、工場や設備復旧のために企業への前例のない資金援助に踏みきった。補助金の総額は三千億円以上である。多くの企業が工場や設備を復旧させ急場をしのいだが、近年、震災前の売上を回復させた企業は一割にも満たない。需要が戻らず、消費者の嗜好が変化する中で、再建のための過剰な設備投資が重いランニングコストとなって足かせとなり、資金繰りが行き詰まり倒産する会社が続出した。なぜなら、その補助金は、当初震災前の姿に戻す目的でしか受けられなかったために、新たな計画が対象にならなかったからである。

山徳平塚水産は、震災の二年前に改築した工場が全壊し、五億円の借金が残った。社長の平塚隆一郎は補助金を受けて再開する選択肢もあったが、震災前の規模に復旧するのではなく、自前の設備を持たず、レシピを他社に提供して製造を委託する形で事業再開することを選んだ。石巻ではライバル企業が少ないレトルト用の設備のみわずかな補助金を受けて復旧させた。

復興庁宮城復興局に電機メーカーから派遣された山本啓一朗は、行政からはインフラを提供するだけでなく、ソフト面の支援が必要だと考え、大企業と復興企業を結びつけるプロジェクト「結の場」を始めた。二〇一二年に三五社の大企業と十三社の水産加工業者が、いわばお見合いの場に参加した。山徳平塚水産の平塚もその場に参加し、大手飲料メーカーから支援を受けた。結の場は、ライバル同士だった被災企業の経営者たちが交流を深める場になり、対話を通じて、連携することのメリットに気づき、大手の支援が終わったあとも、共に歩み、共同開発製品の開発プロジェクトが進行することとなった。

共同開発の第一弾はお茶漬けのシリーズだが、石巻で常識だった低価格路線を一変し、価格を二食入りで六百円と設定した。贈答品や土産物向けの高級志向戦略が的中し、四〇万食を出荷する大ヒットとなった。その成功要因は、共同開発に参加した企業が他社との分業に参加することで新分野にチャレンジできたことである。レトルトの得意な平塚の会社、お茶漬けのだしや具材を加工している会社など、各々の得意分野を「新結合」させることで、新たな価値を生み出したのだった。彼らは、企業連携を発展させ、今ではバーチャル共同工場で商売敵とも組み、次々と新たな製品を開発していっている。

◆ヒントは大田区のネットワーク

石巻における協力関係のヒントは、大田区の町工場のネットワーク、通称「ちゃりんこネットワーク」、「仲間まわし」にあったという。オリンピックでの採用を目指した「下町ボブスレーネットワークプロジェクト」が有名だが、自社ではできない技術を、同区内の他社に依頼することで自社が受注した製品を完成させる。仲間内で仕事を補完し合うことで、互いに売上を伸ばすことができるのである。

それによって、一つの製品に対し各社の得意分野を活かした、地域内分業体制ができ上がるというわけだ。近隣の工場間を製品が自転車で運ばれていく様子から、これを「ちゃりんこネットワーク」とも呼んでいる、というわけである。

石巻でも地域の同業他社が分業でそれぞれの得意分野を生かし、バーチャル共同工場ができた。つまり、企業間で重複するような投資は避け、この加工作業はこの企業が得意だからそこに集中させるという分業システムが確立できた。これまで薄利多売で利益を上げることが難しかった水産加工業であったが、地域の企業が各々の得意分野を持ち寄って連携することによって付加価値のある商品開発や販路を開拓して、徐々に効果を見せている。一社ではできなくてもチームを組むことによって、新しい商品の開発に自律的にチャレンジし、自社が持つ潜在能力を最大限発揮し競争関係に変革をもたらした。

◆京都信金の自律分散的な絆づくり

創業百年近くとなる京都信用金庫（以下、京都信金）は、九二店舗を京都、滋賀、大阪に展開する老舗信用金庫である。京都信金は、「二一世紀のコミュニティ・バンクとは絆づくり」というミッションを掲げる。ここでの絆が意味するのは、信金と顧客だけではない。顧客と顧客、地域住民と地域住民など、地域の中での関係性であり、「雨の日に一本でも多くの傘を」と中小企業向けの金融にも力を入れてきた。

京都信金は、目先の利益を優先しがちな流れとは一線を画し、中長期に顧客との信頼関係をつくることを優先している。すべては「絆づくり」から始まるという考え方のもと「ビジネスマッチング掲示板」という仕組みでは、営業店の担当者同士が顧客の情報を共有し、顧客同士の出会いをつないでいる[16]。この仕組みに本部は介入しない。距離が離れていて、普段は接点がなくても、営業担当同士が相談し合うことによって、顧客が有する「モノ・技術・サービス・情報」をつなぎ、顧客の売りたい・買いたい・組みたい・知りたいといった課題解決を仲介している。書き込みされた全情報には、全職員がアクセス可能であり、一日に複数回チェックするのがルーティン化しており、その分、顧客の要望に迅速な対応が可能だ。顧客の良き相談相手となるため、財務面のみならず、経営者の思いや、顧客の事業そのものに関心を持ち対話を重ねていく。こうして顧客とともに課題を顕在化し、課題の本質を整理し、言語化してマッチング掲示板に投稿する。これは、営業担当の本質洞察能力を鍛えるプロセスになっている。

また、「Yammer」という社内ＳＮＳの仕組みには顧客との日々のやりとり、心動いたエピソードが投稿されている。京都信金の目指す金融機関としての在り方は、顧客との経験を物語化し、文脈を伴って共有されることによって、より主観的に理解されるようになっている。「二〇〇〇人のクレド」では、四半期ごとに、各部店からあがってきた心動かす事例を職員が選定し、全体に共有される。ビジネスマッチングを進める営業担当の知恵と工夫は「ナイスマッチング賞」として毎月表彰され、理事長、専務理事、担当役員と昼食をとりながら、賞賛される。顧客の事業性評価のスキルを鍛えるための「目利きスタジアム」という場もある。

個人向けの金融サービスでも同様であり「仲良し顧客、超仲良し顧客」という関係性を大事にし、銀行に通常設置されているカウンターを撤去した。顧客との自然な対話が生まれ、地域の人同士が交流できる場へと自己改革していった。二〇一六年に始められた社内のＳＮＳ「くらしのマッチング掲示板」では顧客のあらゆる情報が共有される。そのような、金融の取引と一見無関係な情報を集めるのは、顧客の生活、人生に寄り添う真の「伴走者」になるためだという。

「二〇〇〇人のダイアログ」という金庫の経営や業務の運営に関する直接対話の場、小さなピラミッドを数多くつくる組織構造変革、「グループ内自由異動制度」などによって「日本一コミュニケーションがゆたかな会社」を目指し、二〇一七年には営業ノルマも撤廃した。営業担当の損得や利害ではなく、利他の精神で、取引先と一緒に課題を考えられる人材を育てることが目的だ。

全員経営で顧客との、また顧客間の紐帯をつくる動きを何層にも制度化し、組織内に共有された行動様式ともいえるクリエイティブ・ルーティン（創造的な型）[17]を他の金融機関に先駆けて創造した京都信金に学ぶところは大きい。

◆全員経営

ソーシャルイノベーションを発展させるには、フラクタルな自律分散組織で全員経営が行われていることが重要である。そのためには、トップダウンとボトムアップを両立させるミドルアップダウンの組織プロセスが必要である。ミドルアップダウンでは、トップやリーダーが掲げる理想とフロントの現場感覚の間を往還し、動的にバランスしながら、落としどころを探っていく。そのハブの役割を果たすのがミドルなのである。ここでいうミドルというのは、中間管理職の意ではない。

関係性をつなぐ連結点となるミドルは、業界や組織、もしくは国家の壁を越えて、分野横断で自在に行き来し、文脈に応じて様々なステイクホルダーを連結する動きも担っている。そうして連結した関係者たちにスクラムによる共創を促すことで、ステイクホルダーの持つ知を解放し、集合知の可能性を広げていくのである。

これは、まさにシカゴ大学のロナルド・バート教授が提唱した「ストラクチュアル・ホール（構造的な隙間）[18]」のハブ人材である。彼は「弱いつながりを豊かに持つことがイノベーションにつながる」と主張しているが、その意は、人脈ネットワークの広がりの中で、自分と異質な人材との出会い、新たな知の組み合わせを試せるからである。蛸壺に入っている人間よりも、組織の壁や領域を自在に出入りして、遠くから情報を引き寄せられる辺境人材のほうが、創造的なブレークスルーをもたらすという研究成果もある。

ただし、イノベーションを実践するのは、強いつながりを持つ人材である。リーダーは、多様な人材の潜在能力や得意分野を開花させ、適切な場所に抜擢し活躍してもらい、新しい関係性をもたらす出会いをつくって共に創造的活動を行い、全員でやり抜く。それが新しい時代の全員経営である。

5 ▼アナログとデジタルをバランスせよ──動的な両立

本書では、テレワークについても扱った。デジタル化が進み、コロナ禍もあってオンラインでのコミュニケーションをとる機会が増えた。しかし、デジタル空間においても新しい価値や意味を生み出す原点となる共感をいかに醸成するかについては、依然解決できていないのではないか。

人間は、日常生活で暗黙知を全身で浴びているが、オンラインではどうしても限定的になってしまう。相手の表情、声の微細な変化やその場の空気感をうまく読み取ることができない。五感を駆使することも阻害されがちであり、その場を共にしているという共感覚は持ちにくい。啐啄（そったく）同時という仏教用語は、「息があって、同時に相通じること」を意味する。しかし、オンラインでは二人以上同時に話すと耳に入ってこないので、対面ならば起こりえる啐啄同時や阿吽の呼吸は難しい。

「社会的距離（social distance）」を保つために、テレワークが推奨されたが、本当は社会的距離ではなく、物理的距離を保つため、というのが正しい。社会的距離とは、米国の社会学者であるロバート・パークが提唱した概念で、「集団と集団の間、個人と個人の間における親近感の強度」（広辞苑）を指す。満員電車の中で押し合いへし合いしている状態は、見知らぬ他人とは極端に近い物理的距離にあるものの親近感は弱い。一方、遠く隔たっている異国に住む友人たちに対しては、その人たちに抱く親近感（社会的距離）は強く、物理的距離とはちょうど逆になる。

社会的距離を縮める一番の方法は、物理的距離を縮め、直接体験を共有することだが、デジタル空間でも、相手と向き合って共感し、一瞬でひらめくという「いま・ここ」性を実現するには、文脈を共有し合ったり、他愛もない雑談をしたりするなど、「ゆらぎ」を意図的に取り入れていく必要がある。

◆組織的な知識創造スパイラル

新たな価値創造・イノベーション、つまり知識創造は、暗黙知と形式知の相互変換スパイラルによって実現される。暗黙知と形式知の境界は、ここからが暗黙知、形式知とはっきりしているのではなく、グラデーションになっている。しかし、人・モノ・環境すべてへの共感であり、個人知から集合知へのスパイラルプロセスの起点となる共同化（S）のフェーズは、デジタルによる代替は困難ではないだろうか。しかし、それ以外のフェーズでは、コロナ禍のもとで、急速に存在感を増しているデジタル技術がその支援や代替を行うことが可能になっている。

SECIモデルの原点をなす共同化の働きは、直接的な接点があって、身体性が伴わないと阻害されてしまうのである。そうなると企業の知識創造プロセスが滞り、イノベーション力が劣化してしまう。

図8-2 ▶ 暗黙知―形式知の相互作用とデジタル

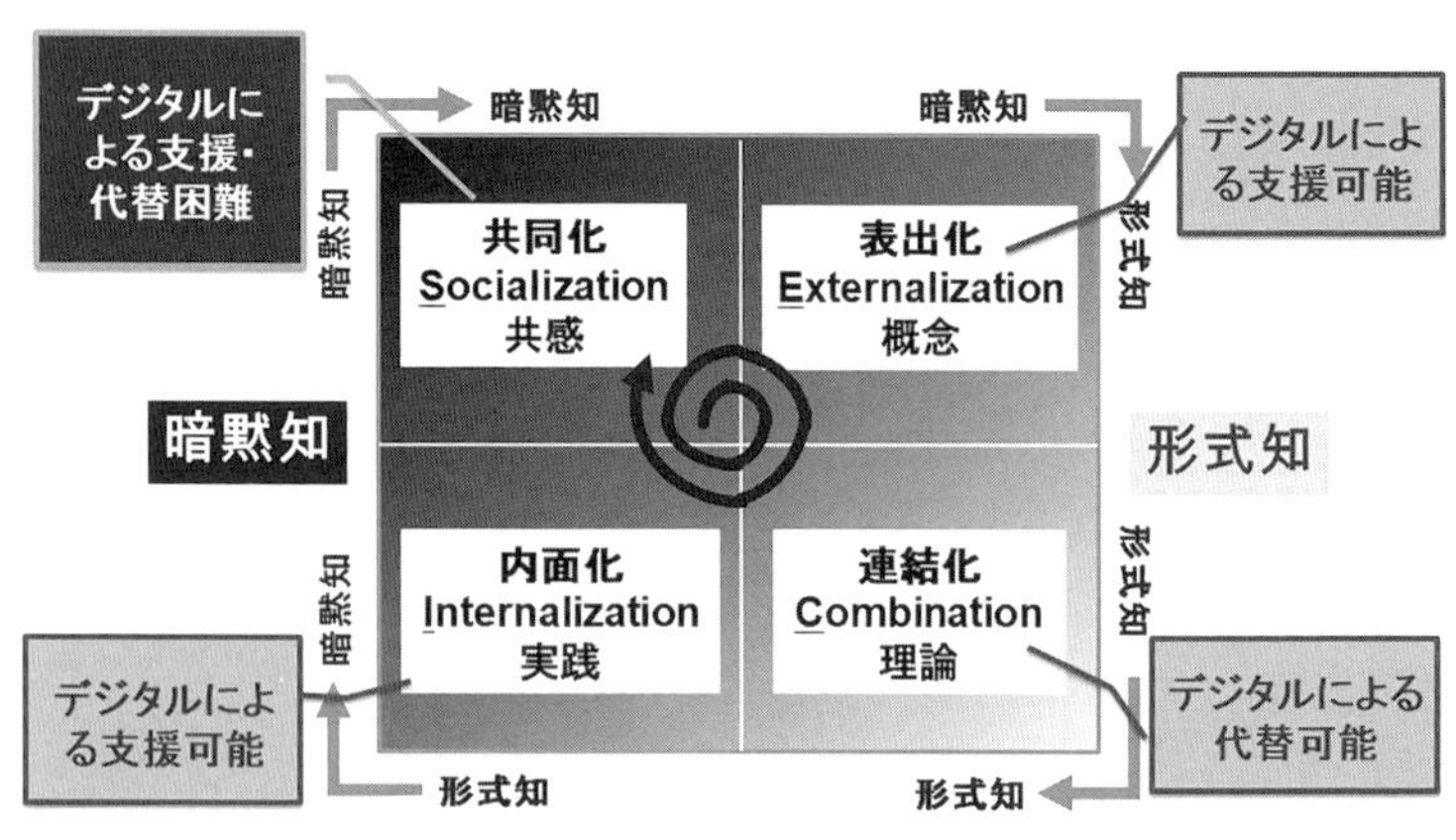

本来、新しい価値づくりの最初の起点は、人と人との全人的な共感である。知識創造プロセスのSECIモデルの最初のフェーズは共同化であり、「Socialization」と表現した。人間は社会的存在であり、絶えず変化する文脈に棲み込み、感情移入し、共感する。「いま・ここ」で、五感を通じて暗黙知を直接つかむことから、新しい知識の創造がはじまるからである（図8－2）。

テレワークに関しては「在宅で働けるプログラム（Work From Home）」ではなく、「働く場所を自由に選べるプログラム（Work From Anywhere）」のほうが効果的であるという調査結果がある。[19] WFHでは、地理的に近い場合、状況に応じて対面で問題解決することが可能になる。つまり、デジタルかアナログか、在宅かそうではないか、という二元論でなく、自律的にバランスをとるほうが、知的機動力が高まるのである。

◆アジャイルスクラム

われわれの知識創造理論をソフトウエア開発に応用した代

表例が、アジャイルスクラムである。この方法論が、ソフトウエア開発で世界標準になっており、米国で非常に伸びている。ジャパン・アズ・ナンバーワンだった一九八〇年代に、日本企業のイノベーションについて書いた論文[20]に注目したジェフ・サザーランド博士は、サイロになりがちな組織の壁を破壊し、頻繁にコミュニケーションをとって議論し、スクラムを組んで製品開発を実践していた日本の製造業のやり方をソフトウエア開発に応用した。

スクラムという言葉は、ラグビーのメタファーである。ラグビーにおいて、チーム内でボールがパスされながらもフィールド上を一群となって移動することや、もちろんスクラムを組んで、互いが重なりあいながら、個々の総和以上の力を発揮することが由来になっている。

アジャイルスクラムでは、顧客の要求変化に柔軟にタイムリーに対応できないウォーターフォール型のやり方を百八十度転換した[21]。受託という考え方から顧客との共創へと変換し、短いサイクルで、分析、設計、実装、テストを並列的に行い、動くものが順次できあがっていき、時間とともに進化していくのである。プロジェクトでは、関係者全員で正しく共通理解できているかを重視し、状況変化には適時適切に対応する。組織のどの階層、機能を切り取っても会社のビジョンに向かった判断・行動パターンを共有し実践するフラクタルな知識創造活動のことである。

デジタル最先端のソフトウエア開発の現場ではあるが、アナログなやり方を重視する。プロジェクトチームは毎朝一五分必ず会う。対面で直接会い、無意識の領域で暗黙知を共有する。また、ミーティングは必ずリフレクションから始まり、今何が問題なのかということを共有する。チーム全体がスクラムになり、共体験の場で「いま・ここ」の先読みができてしまう。これが、その後の創造的活動の駆動力を高めている。日本におけるアジャイルスクラムの普及を担っている永和システムマネジメントによると、付箋による見える化を重視したり、メンバーの似顔絵を描いたマグネットをホワイトボード上に貼付したりするなど、アナログの力を最大限活用している。永和システムマネジメントの社長平鍋健児は、「デジタルアジャイル開発でのチャレンジは、デジタルでの『いま・ここ』性をどれだけつくれるかであり、いま、まさにチャレンジの最中だ。一度、信頼関係づくりができれば、リモートでもうまくいきやすいことがわかっている」と語る。

◆アナログとデジタルのダイナミクス

デジタル世界の数値、データに意味をもたらすのは、人間の創造性である。創造性の根幹には暗黙知がある。多様な人々が有する、無意識も含めた暗黙知をすくいあげ、共創することなしに、未来は開けない。人間は一人では生きていくことはできず、共に価値をつくり出すことによって未来をつくっていく存在であること、これが、人間が社会的存在である、という真の意味と言える。

デジタルを徹底的に活用しながら、ヒューマン・イノベーションに挑戦している企業を二つ紹介したい。二〇一五年に設立された従業員数一〇七名のGROOVE X株式会社は、創業者らがトヨタで培ったものづくりの知に、生き物のようなふるまいを再現できる最新ＡＩ技術を組み合わせて、ＡＩロボットをつくっている。(22)

そのＡＩロボットの本質は、人間の愛着に置かれている。LOVE（愛情）＋ROBOT（ロボット）でLOVOT（らぼっと）と名付けられたそのＡＩロボットは、これまで開発されてきた機能を代替する、支援するロボットとは異質な特性を持つ。LOVOTは、触ると柔らかくて温かく、見つめれば目線を合わせ、カルガモのようについてくる。呼ぶと駆け寄ってきて抱っこをせがみ、なでられるとうっとりして、眠ってしまう。新生児と同じくらいの重さと大きさ（四三センチ、三キロ）でつくられ、命はないのに「愛する・愛される」相互作用で、人の気持ちをやさしく揺さぶり、幸せな気持ちで満たしてくれる。

LOVOTが赤ん坊の無意識の動きを再現することにより、オーナーが生命感を感じて共感し、愛着を抱くようになる。これは現象学における受動的総合である。LOVOTは、デジタルの技術を徹底的に活用しながらも、人間の無意識も含めた共感力があってこそ価値を発揮するのである。

もう一社は、アルミ加工メーカーであるHILLTOP（ヒルトップ）株式会社である。[23] 設立は一九八〇年と古く、もともとは下請け会社であったが、「社員が誇りに思えるような夢の工場をつくる」、「油まみれの工場を、白衣を着て働く工場にする」と、「二四時間無人加工の夢工場」を大きな改革によって実現した。取引先には、ウォルト・ディズニー・カンパニー、NASA、世界最大の半導体製造装置メーカーのアプライドマテリアルズなども名を連ねる。利益率は二〇〜二五％（業界水準は三〜八％）の高さを誇る。ヒルトップの特徴は多品種単品生産であり、製作数一個の受注が七割を占め、大半は取引先からの試作の製作依頼だ。そのため、加工機は毎回つくるものが異なる。プログラムもその都度組まなければならない。そのプログラム開発を短納期で実現するシステムをヒルトップはつくりあげた。

副社長の山本昌作は、「人にしかできないこと」以外全部捨てるという方針で、職人のカンと経験を徹底的にデータベース化することを目指した。人の技能やノウハウをデータベース化するため、職人相互の言い分を戦わせ、個人の経験に頼った曖昧な知識はどんどん捨てていった。属人的な仕事もすべてデータ化して社内で共有させた。山本副社長は数学・物理学に秀でている。言葉にすることが苦手な職人たちのノウハウを、本質的な議論に誘導しデータに転換していった。具体的には、プログラム作成パラメータ八百項目以上を二五項目に削減し、顧客の製品特徴をもとに、過去の加工データのパターン認識から機械加工できるプログラムを開発した。

日中にプログラマーが短時間でプログラムを組み、夜間は加工機が無人で稼働することで、受注から納品まで最短五日という通常の半分の短納期を可能にし、これをヒルトップ・システムと呼んでいる。その新しい機械加工プログラムによって、入社半年の社員を一人前に育てることができるようになった。

製造部には、プログラミングのほか、機械のオペレーション、製品によっては必要になる手作業の各種加工などの八部署があり、すべての部員が全部署を経験する。いずれの工程も職人にアナログの手作業を初心者レベルから教えてもらうことができるようになっており、多様な知識が吸収できる体系になっている。効率と非効率、単純作業と創造的な仕事を共存させることでデジタルを徹底的に活用しながら、人間らしい働き方を追求している会社である。

私たちが忘れてならないのは、ＡＩは人間くさい生き方をマネすることはできないということだ。人間が日々生きるために「当たり前」にやっていることは、生きるための創造的な知恵が身体化されている過程である。環境の変化に対応するには、環境と相互作用する身体性が必要なのである。ＤＸやＡＩなどを礼賛したり、恐れたりするのではなく、あくまでツールとして目的(パーパス)オリエンテッドに活用するだけである。

2. ソーシャルイノベーションの実践へ向けて

最後に、これまでの事例を踏まえて、ソーシャルイノベーションの構想と実践に向けての示唆をまとめておくこととしたい。

1 共感を軸にした価値の拡大再生産へ

「資本主義の父」と称されるアダム・スミスは、その著『国富論』で、政府による市場の規制を撤廃し、競争を促進することによって経済成長率を高め、豊かで強い国をつくるべきだと主張した。市場の価格調整メカニズムである「見えざる手」にゆだねれば、個人が利益を追求しても結果として社会的利益につながるという自由競争の効用のみが重んじられていった結果、今日の市場原理主義、株主価値至上主義を過度に導いてしまった。

しかし、倫理学も教えていたスミスは、『国富論』からさかのぼること一七年も前に『道徳感情論』を記し、人間の心の作用である「同感 sympathy」をもとにした社会の規律が共有されることが、健全な自由競争が成立し社会の利益を促進する条件となることを説いていた。アダム・スミスは、共感や倫理観があってはじめて、市場における自由競争メカニズムが機能すると主張していたのである。

◆これからの資本主義

筆者（野中）は、二〇一九年の七月一日から二日にスコットランド、エディンバラのスミスの旧宅（パンミュアハウス）で、「新重商主義世界における資本主義とグローバル秩序の再構築」をテーマに開催された会議に招聘されたため、参加してきた。主催はダイナミック・ケイパビリティの提唱者デイビット・ティース、新しい企業理論を提示したエコノミストであるジョン・ケイ、金融史で著名な歴史学者ニーアル・ファーガソンである。つまり、この新啓蒙会議では、資本主義の父であるアダム・スミスの旧宅という、意味ある場所で、これからの新しい資本主義の方向性について議論を交わしたのである。各国から学者、官僚、企業家たち総勢三百名が集まった会議では、「株主価値最大化の否定」、「顧客第一主義」、「従業員の復権」などが結論として合意された。これは、これからの賢慮資本主義、つまりWise Capitalismの方向性を示したものである。

株主価値最大化を目指す時代が終わりを告げた今、賢慮に基づく資本主義社会の実現に向け、ソーシャルイノベーションの果たす役割はより一層大きくなっている。その一つのキーワードが「ステイクホルダー資本主義」である。二〇二〇年初頭の世界経済フォーラム（通称：ダボス会議）の年次総会では、ステイクホルダー資本主義がテーマとされた。コロナ禍もあって、企業の社会的責任に対する意識も高まった。環境（Environment）、社会（Social）、ガバナンス（Governance）つまり、ESGを重視した経営がより求められるようになってきている。企業の社会的使命をないがしろにした拡大一辺倒のマネーゲーム志向の経営は、今後淘汰されていくだろう。

われわれは、新たな知は、人と人の関係性における相互作用によって創造される、と主張してきた。

より意味のある社会的価値を創造していくには、多様なステイクホルダーが相互作用する共創を通じて、集合的な知の拡大再生産を行っていくことが改めて確認されたのである。

2 母の知恵から「生き方」の戦略へ

ソーシャルイノベーションにはリーダーの生き方が強烈に投影される。稲盛和夫は、一九六三年に京セラの滋賀工場（現・滋賀蒲生工場）開設において、新たな未来創造に向けた道筋を従業員に示した。「敬天愛人を座右の銘とし、人格の陶冶と仕事に徹する信念を京セラ精神とする。常に技術の向上を目指し、未知の世界に挑み、他の造りえないものに好んで取り組み、独創力を発揮し、不可能を可能にする。互いに赤裸々な気持ちで話し合い、討論のできる場であり、陶冶された各人の人格と気力がそのまま、京セラという法人に人間性の息吹を与え、京セラを顕現するとともに、各人が京セラに融合して一体となる。部下の喜びを喜びとし、悲を分かち合い、京セラの繁栄を自己の繁栄とし、京セラの苦難を自己の苦難として、その解決に熱と希望を持つ。お互いに信じ合い、心と心の結びつきを第一とし、京セラ人としての誇りと無限の喜びを感ずる。人里離れた滋賀県下蒲生赤坂町の丘に、京セラの一大ユートピアを創造せんとする」[24]。このメッセージに、すでに今の京セラの経営の真髄が盛り込まれている。

稲盛が頼ったのは、財務目標でも金銭的なインセンティブでもない。稲盛は、一緒に夢を追いかけ、共に実現することですべての従業員を物心両面で幸福にすることができると考えた。このビジョンは、稲盛の人生経験における実践に結びついた経営哲学、つまり生き方に裏付けられていたからこそ、迫力をもって従業員の心を突き動かしたのではないか。稲盛の直接経験から生み出された人生哲学が強烈に投影されたのが、七八項目の「京セラフィロソフィ」である。京セラフィロソフィは、「渦の中心になれ」、「物事の本質を究める」など、「人間として何が正しいのか」に関する稲盛の実践哲学が組み込まれている。これら一つひとつの項目には、稲盛の体験談と考え方が添えられている。稲盛は経営の神様と呼ばれた松下幸之助の経営手法に学び、自分なりに創造的に超えていった。経営者の人格が高まれば、企業は成長発展する、人としての器の大きさ、人間性以上にならないと信じ、自らの生き方と経営哲学を磨き続けた。稲盛は、「『自分にとって正しいこと』ではなくて、『人間として正しいこと』を貫くような生き方をすべき」であると、自分の全人格を京セラの経営につぎこんだのである。

アイリスオーヤマは、コロナ禍でも勢いは衰えるどころか、その企業理念の第一条である「いかなる時代環境においても利益の出せる仕組みを確立すること」を実践してみせた。「地震だろうがウイルスだろうが、私は絶対にこの会社を潰さない」という大山会長の強い思いがその背景にはある。どんなに優れた製品を開発しても、生産が追いつかなければ意味がないと、中国・大連の工場では常に三割の空きスペースを確保している。これは、二〇一一年の東日本大震災での経験でも多いに力を発揮した。工場稼働率に三割の余裕を持たせるフレキシブル生産体制を活かし、節電で需要が高まったＬＥＤ照明の生産ラインの増強を行った。状況に合わせてレイアウト変更や設備投資ができるよう備え、いかなる新事業展開にも応えることができる中国工場は、アイリスオーヤマグループの変化対応力の源になっている。こうして、今回のパンデミック時のマスク生産にも対応が可能となった。

オイルショックにおける修羅場体験が原点となって、会社の存在意義を再定義し、それ以降はぶれずに一貫して事業を発展させ、いまや日本の国力強化の一翼を担う企業の一つといっても過言ではない。アイリスオーヤマを、そのような存在たらしているのは、「社会や生活者に役に立ちたい」という組織に共有されたトップの強い思いと生き方と、その動機に突き動かされやりぬく組織力である。

◆生き方の意味とは

コロナ禍において、日本は感染者数や死亡者数も先進国・主要国の中では相対的に少ない。その背景には、政府による緩やかな封じ込めの一方で、民間や市民レベルでの自己組織的な対応の背景には一人ひとりに根づく実践的知恵(母からの教え mother's wisdom)があったのではないか。われわれは、「他人を思いやれ」、「正直であれ」、「嘘をつくな」、「欲張るな」、「迷惑をかけるな」など、小さいころから繰り返し言い聞かされてきた母の教えを持っていて、それは身体に染み込んでいる。母の教えは、形式的でもなく、マニュアルでもなく、理論でもない。繰り返し語り掛けられ、実践や行動によって自分の生き方の根底を形づくっていく。

有徳な人物になろうとする選択は、生き方の選択である。個人の徳の修養が、人々の幸福を可能にする社会の構築へとつながる。われわれは、国家、企業、組織の戦略は、「生き方」であると考えている。その意味は以下に集約できる。

- 戦略とは、はじめに「思い」ありきであり、「共通善」を掲げその実現を志向する人間の「生き方(a way of living)」の物語りである

●戦略とは、一人ひとりの生き方を、相互主観を媒介にして組織の客観へと昇華し、新しい現実を共創する集合的な意味づけ・価値づけを行うことである

●戦略とは、主観的な時間軸で、文脈に応じて「いま・ここ」の判断を行い、変化の只中でよりよい真・善・美を追求するオープン・プロセスである

古代・中世では、優れた性格や知的な卓越性＝徳（virtue）の形成が目標とされていた。[25] 倫理的に優れた性格をもった人物とは、様々な状況においてその状況に応じて適切な対処ができる人物の形成を目指す。それは、近代において、普遍的な原理原則の基準に対する倫理的是非を判定するのとは異なる。アリストテレスによれば、徳の修得は、技術の体得に似ており、技術が繰り返しの鍛錬によって身につくように、倫理的な徳は善行するように自分を習慣づけることで修得される。それは、その時々の海や風の状態に対応する航海術のように、その時々の異なる状況にあってその場にふさわしくふるまうことが倫理的に優れた行為となるのである。

よって、状況の個別性を顧みない一律の原理原則は適切ではない。実践知は、未熟な人間は時宜を得た行為をする手本を真似、多種多様な状況において経験を積んで適切な対応を習得していく過程で培われる。

3 ▼物語アプローチによる戦略構想から実践へ

人は一人ひとり、自分の人生という物語を生きている。そして、物語の中に他者、モノ、環境すべてとの関係を、共感を媒介にしてつくり出し、意味をつくり出している。社会のつながりの中で生きることは、人生を共有して共に生きることであり、共に意味をつくり出すことである。これは、機械には代替できない人間だけに許された素晴らしい能力（ギフト）なのである。

したがって未来に向けて意味や価値を生み出す戦略の構想、実践には物語を必要とする。なぜなら、人は、物語を通して他人の経験を自分のもののように感じ、動かされる。物語の「過去・現在・未来」の構造は、人間が主観的に事物を経験したり、何らかの行為に至ったりする自然のプロセスだからである。

◆本田宗一郎が描いた物語

ホンダには、有名な『マン島TTレース出場宣言』というのがあり、ワクワクするようなレトリックで書かれている。このレースは、マン島の公道を全速で駆け抜ける当時から世界最高峰のロードレースイベントである。一九五四年の三月二〇日に公開されたこの宣言は、まさに檄文（げきぶん）というにふさわしい熱気あふれる文章になっている。会社としては、まだまだ食うや食わずの経営状態の時に、マン島のレースに出ようと宣言したのである。最初に「全従業員諸君！」と語りかけ、その熱意により聞いている従業員の方は、なんとなく「できるんじゃないか」と鼓舞されてしまう。この宣言は本田宗一郎の未来創造の物語りだった。業界がこぞって嘲笑し、無謀といわれた挑戦だったが、一九五九年にマン島レース初出場、三年目に一二五CCと二五〇CCで一～三位を独占した。一九六四年にはフォーミュラワンに参戦、二年目のメキシコ・グランプリで初優勝を果たした。夢を現実化したのである。[26]

宗一郎が描いたように、物語には未来創造に向けた道筋を示すプロット（筋書き）が必要である。機械には「自分が何をやりたいか」という人間のような目的意識はない。「いま・ここ」を生きる人間だけが、未来創造に向けたプロットをダイナミックに描ける。論理分析から導き出された戦略は、空理空論にすぎない。一方、人間が描く未来創造の戦略は、結論ありきの物語ではない。

それを実現するためにいかに行動するかを示すスクリプト（行動指針）が必要だろう。戦略史の大家であるローレンス・フリードマンがいうように、昼メロのように一定の筋がありながらも、状況によって台本が変わっていくオープンエンドのドラマでなければならない。[27]そして、そのスクリプトはその物語の実現に参画するステイクホルダー各々の腹にガツンと響く言葉で表現されなければならない。ここにも手抜きは許されない。

◆賢慮資本主義時代の新たなソーシャルイノベーション

共通善を軸に利害を超えて、一人ひとりの潜在能力を解放し、草の根も含めた世界の知のネットワークを結集していく、これが賢慮資本主義である。これまで見てきたように、日本には、渋沢栄一、松下幸之助、稲盛和夫など、「利他」と「利己」を動的に総合し、実践した先人が多くいる。三方よしの日本的経営の善い原点を、組織の枠を越えたスクラムを組んで再構築し世界に発信するべき時だろう。

イノベーションは演繹的な経済学モデルからは出てこない。とにかく、はじめに思いありきである。未来への道筋は、物語でしか語れないし、行動指針がなければ実践されない。日々、お互いに対話をしながら、徹底的にやり合う知的コンバットから本質が見えてくるのではないだろうか。

変化し混沌する状況の中で先行きはまったく見えない。しかし、目の前の他者に共感し、共に悩み苦しみぬいて自分たちの生き方を見出すことから物語が生まれ、新しい価値がもたらされ、社会を豊かにする。ヒト、モノ、環境すべてに「いま・ここ」で直接向き合う共感を基盤に、目指すべき共通善と目の前の現実の相互作用の中で連携を高め、すばやく決断を下しながらやり抜こう！一歩ずつ未来創造に向かって共に歩もうではないか。

註

(1) 伊藤忠商事株式会社ホームページ。
(2) 清水建設株式会社ホームページ。
(3) Satya Nadella et al. (2017).
(4) 森本・坂本・谷崎 編著(二〇一八)。
(5) 野中郁次郎によるインタビューより。
(6) Nonaka, I. and T. Takeuchi (2019).
(7) 日経電子版二〇一六年四月四日 (https://style.nikkei.com/article/DGXMZO98307690R10C16A3000000/)
(8) マルティン・ブーバー(一九七九)。

(9)汝は「あなた」を意味する二人称の古語的な親称である。
(10)一般社団法人Future Center Alliance Japan（ＦＣＡＪ）ホームページ。
(11)「ワーク・ライフ・バランス」という言葉があるが、本来は「ワーク」は「ライフ」に包含され、一人ひとりの生き方・人生・生活において「ワーク」がどんな意味・割合になるかは、客観的時間の枠で制限されるべきものではなく、各々に主観的にゆだねられるべきことであろう。
(12)野中・山口（二〇一九）。
(13)ジョシュア・ウルフ・シェンク（二〇一七）。
(14)野中によるインタビューより。
(15)以下は、二〇二〇年八月二日放送ＮＨＫ総合「明日へ—つなげよう—証言記録▽経営危機の瀬戸際を生き抜け〜水産加工起死回生の策」を参考にした。
(16)掲示板への登録四三八八件、役職員からの返信四九四〇件、お客様同士の引き合わせ一三六八件、お客様同士の成約四二九件（二〇一九年度）にものぼるという。
(17)型は、日本における優れた知の作法の文化だが、ここでは、リチャード・ネルソンとシドニー・ウィンターが企業の進化プロセスの効率性を維持・共感する「ルーティン」から発展させ、知の創造を可能にするオープンエンドな「クリエイティブ・ルーティン」としての組織行動の型のことである。現実からのフィードバックによる自己革新のプロセスが組み込まれている点が単なるルーティンとは異なる。トヨタの「なぜを五回繰り返す」などに代表される実践などがその代表例である。
(18)ロナルド・バート（二〇〇六）。
(19)米国特許庁における職員の勤務状況を調査によると、二〇一二年から、無作為抽出した多数の職員を対象に、それまでに施行されていた「在宅で働けるプログラム（Work From Home）」から、「働く場所を自由に選べるプログラム（Work From Anywhere）」への移行が、順次進められた。前者においては週一度の出勤が義務だったが、後者では年に五回、特許庁本部に出向くだけでよくなった。それだけ、テレワークする頻度が増したわけである。後者に移行した職員の場合、前者の時に比べ、仕事の生産性が平均で四・

四％高まった。生産性が最も高かったのは、同じユニットに所属する同僚が二五マイル（約四〇キロメートル）以内で仕事をしている場合だった（出典：DIAMOND ハーバードビジネス・レビュー二〇二〇年六月号一二頁）。

(20) Takeuchi, H and I, Nonaka (1986).

(21) 平鍋・野中（二〇一三）。

(22)『Works』一六〇号 二〇二〇年六月一〇日、野中郁次郎連載「成功の本質」シリーズ第一〇八回 LOVOT（らぼっと）。

(23) 同二〇一八年一二月一〇日号、第九九回HILLTOP（ヒルトップ）。

(24) 稲盛ライブラリー Facebookページ（https://hi-in.facebook.com/inamorilibrary/posts/2684217071801880）。

(25) 品川（二〇二〇）。

(26) 本田技研工業株式会社ホームページ。

(27) ローレンス・フリードマン（二〇一八）。

▼謝辞

この書籍は、ソーシャルイノベーションの「実践知」をテーマにしている。したがって、各章の執筆にあたっては、多くのソーシャルイノベーションの実践組織やリーダーたちにご協力をいただくこととなった。彼らの理解と取材協力がなければ、この書籍の完成はなかった。何より、彼ら一人ひとりの実践の物語がもたらす力強さは、この不透明で不確実な世の中を照らす希望の光となると信じている。心から御礼申し上げる。本来は、お一人ずつお名前を挙げて礼を述べるべきであるが、紙幅の関係もありお許しいただきたい。

各章を執筆した著者たちは、ソーシャルイノベーションの実践家、コンサルタント、研究者だ。彼らは、イノベーション実践の現場・現実・現物にあふれる実践知を言語化・文章化することで、皆が応用可能な知恵にしてくれた。その努力に感謝したい。

この書籍を企画したのは、今から四年前だ。当初は昨年の発行を予定していたが、コロナ禍もあり、新たな挑戦も盛り込むこととし、刊行時期を延ばした。執筆者の代表である平田透には、執筆プロジェクトの管理、全体構成、編集、校正を根気強く担当してもらった。平田のコミットメントなしには、この本は完成しなかった。野中研究室の川田弓子にも、全体構成や編集をサポートしてもらった。そして、千倉書房の神谷竜介氏、岩澤孝氏には、企画から原稿完成まで辛抱強くお付き合いいいただいた。彼らの献身に深く感謝している。

この書籍がひとりでも多くの方に届き、未来をつくる明日への一歩を踏み出せるよう、背中を押すことを願っている。

二〇二一年一月　東京にて

野中郁次郎

参考文献

第1章

Daniel Goldman (2013) *The Focused Leader*, Harvard Business Review.(DIAMONDハーバード・ビジネス・レビュー編集部 訳『共感力』ダイヤモンド社、二〇一八年)

Jonathan Haskel, Stian (2017) *Westlake Capitalism without Capital*, Princeton University Press.(山形浩生 訳『無形資産が経済を支配する』東洋経済新報社、二〇二〇年)

Nonaka, I. and T. Takeuchi (1995) *The Knowledge-Creating Company: How Japanese Companies Create the Dynamics of Innovation*, Oxford University Press.(梅本勝博 訳『知識創造企業』東洋経済新報社、一九九六年)

Nonaka, I. and T. Takeuchi (2019) *Wise Company: How Companies Create Continuous Innovation*, Oxford University Press.(黒輪篤嗣 訳『ワイズカンパニー：知識創造から知識実践への新しいモデル』東洋経済新報社、二〇二〇年)

OECD 編著・西村美由起 訳(二〇一六)『OECD幸福度白書3』明石書店

稲葉陽二(二〇一一)『ソーシャル・キャピタル入門』中公新書

福田正治(二〇〇八)「共感と感情コミュニケーション：共感の基礎」『研究紀要 富山大学杉谷キャンパス一般教育』、三六号

野中郁次郎・遠山亮子・平田透(二〇一〇)『流れを経営する』東洋経済新報社

野中郁次郎・廣瀬文乃・平田透(二〇一四)『実践ソーシャルイノベーション』千倉書房

野中郁次郎・山口一郎(二〇一九)『直観の経営：「共感の哲学」で読み解く動態経営論』KADOKAWA

野中郁次郎・勝見明(二〇二〇)『共感経営「物語戦略」で輝く現場』日経BP

ロバート・D・パットナム 著・河田潤一 訳(二〇〇一)『哲学する民主主義』NTT出版

Yuval Noah Harari (2020) "In the Battle Against Coronavirus, Humanity Lacks Leadership". 柴田裕之訳、二〇二〇年三月一五日 Web河出(http://web.kawade.co.jp/bungei/3455/)

第2章

European Commission (2009) "Study on the Potential of the Living Labs Approach, Including Its Relation to Experimental Facilities, For Future Internet Related Technologies".

Mulvenna, M., and S. Martin (2012) "Living Labs: Frameworks and Engagement "R.J. Howlett et al. (eds.): *Innovation through Knowledge Transfer 2012*, Volume 18 of the series Smart Innovation, Systems and Technologies, 135-143, Springer.

Pierson, J., and B. Lievens (2005) "Configuring Living Labs for a 'Thick' Understanding of Innovation", *Proceedings of the Conference on Ethnographic Praxis in Industry*, 114-127.

小川全夫・南伸太郎（二〇一五）『「おたがいさまコミュニティ」形成手法の開発プロセス：協働で課題解決できるコミュニティ形成の実証実験から』九州経済調査月報、二〇一五年十二月号、二～一〇頁

奥村昭博（二〇一〇）「ソーシャル・ビジネスの成功条件（特集 ソーシャルイノベーション）」『経営と情報：静岡県立大学・経営情報学部研究紀要』二二巻二号、三～一四頁

経済産業省（二〇一一）『ソーシャルビジネス推進研究会報告書　平成二十二年度地域新成長産業創出推進事業（ソーシャルビジネス／コミュニティビジネス連携強化事業）』

CBPR研究会（二〇一〇）『地域保健に生かすCBPRコミュニティ参加型の活動・実践・パートナーシップ』医歯薬出版

原口尚子（二〇一五）『地域課題解決の視点によるニッチ市場への参入方法～多様な主体によるパートナーシップ構築に向けて』九州経済調査月報二〇一五年十二月号、十一～十七頁

小川全夫（二〇一五）『二〇三〇年代をみすえた機能統合型コミュニティ形成技術　研究開発実施終了報告書』(https://www.jst.go.jp/ristex/pdf/korei/JST_1115090_12101731_ogawa_ER.pdf)

おたがいさまコミュニティ研究プロジェクトホームページ『おたがいさまコミュニティで迎える二〇三〇年』(http://active-aging-community.info/)

経済産業省『ソーシャルビジネス／コミュニティビジネス「評価のあり方」』二〇〇九年 (http://www.meti.

go.jp/policy/local_economy/sbcb/sbworking/sei-hyoukanoarikata.pdf)
西尾好司（二〇一二）『Living Lab（リビングラボ）：ユーザー・市民との共創に向けて』富士通総研（ＦＲＩ）経済研究所　研究レポートNo.三九五（http://www.fujitsu.com/downloads/JP/archive/imgjp/group/fri/report/research/2012/no395.pdf）
西尾好司（二〇一六）「ユーザー・市民参加型共創活動としてのLiving Labの現状と課題」『富士通総研経済研究所研究レポート』No.四三〇

第3章

Bartlett C.A. and S. Ghoshal (1997) *The Individualized Corporation,* HapperCollins Publishers.（グロービス経営大学院 訳『新装版　個を活かす企業：自己変革を続ける組織の条件』ダイヤモンド社、二〇〇七年）
Bauman, Z. (2006) *What Use Is Sociology?: Conversations with Michael Hviid Jacobsen and Keith Tester,* Polity Press.（伊藤茂 訳『社会学の使い方』青土社、二〇一四年）
Boltanski, L. and Chiapello, E. (1999) *Le nouvel esprit du capitalism,* Gallimard.（三浦直希 他訳『資本主義の新たな精神（上）（下）』ナカニシヤ出版、二〇一三年）
Fischer, G. (1998) *"Beyond "couch potatoes": from consumers to designers"*, Computer Human Interaction, Proceedings, 3rd Asia Pacific, vol.17, No.17, July 1998.
Follett, M.P. (1924) *Creative Experience"Longman,* Green and Co.（三戸公 監訳『創造的経験』文眞堂、二〇一八年）
Følstad, A. (2008) "Living Labs for Innovation and Development of Information and Communication Technology: A Literature Review", *The Electronic Journal for Virtual Organizations and Networks,* Vol.10, 99-131.
Georges, A., D. Schuurman and K. Vervoort (2015) "Managing the attrition of end-users during Living Lab field trials", The XXVI ISPIM Conference - Shaping the Frontiers of Innovation Management, Budapest, June 2015.
Leminen, S., R. DeFillippi, and M. Westerlund (2015) "Paradoxical Tensions in Living Labs", The XXVI ISPIM Conference - Shaping the Frontiers of Innovation Management, Budapest, June 2015.

Lester, R.K. and M. J. Piore (2004) *Innovation, The Missing Dimension,* Harvard University Press.

Logghe, S., B. Baccarne, and D. Schuurman (2014) "An exploration of user motivations for participation in Living Labs", The XXV ISPIM Conference - Innovation for Sustainable Economy & Society, Dublin, June 2014.

Nonaka, I. and T. Takeuchi (1995) *The Knowledge-Creating Company: How Japanese Companies Create the Dynamics of Innovation,* Oxford University Press.（梅本勝博 訳『知識創造企業』東洋経済新報社、一九九六年）

Praharad, C.K., and V. Ramaswamy (2004) *The Future of Competition: Co-Creating Unique Value with Customers,* Harvard Business Review Press.（有賀裕子 訳『コ・イノベーション経営：価値共創の未来に向けて』東洋経済新報社、二〇一三年）

Stark, D. (2009) *The Sense of Dissonance: Accounts of Worth in Economic Life* McGrawhill.（中野勉・中野真澄 訳『多様性とイノベーション：価値体系のマネジメントと組織のネットワーク・ダイナミズム』マグロウヒル・エデュケーション、二〇一一年）

Steen, K. and E. van Bueren (2017) "The Defining Characteristics of Urban Living Labs", *Technology Innovation Management Review,* Vol.7, No.7, 21-33.

Tsai, W., and Ghoshal, S. (1998) Social capital and value creation: The role of intrafirm networks, *Academy of Management Journal,* vol.41, No.4, 464-476.

Vanmeerbeek, P., L. Vigneron, P. Delvenne, B. Rosskamp, and M. Antoine (2015) "Involvement of end-users in innovation processes: Toward a user-driven approach of innovation A qualitative analysis of 20 Livings Labs", European Network of Living Lab, Open Living Lab Days, Research Day Conference proceedings.

Veeckman, C., and S. van der Graaf (2015) "The City as Living Laboratory: Empowering Citizens with the Citadel Toolkit", *Technology Innovation Management Review,* Vol.5, No.3, 6-17.

石井淳蔵（二〇〇四）『マーケティングの神話』岩波現代文庫

谷本寛治（二〇〇六）『ソーシャル・エンタープライズ：社会的企業の台頭』中央経済社

谷本寛治・大室悦賀・大平修司・土肥将敦・吉村公久（二〇一三）『ソーシャル・イノベーションの創出と普

及』ＮＴＴ出版
内閣府 編（二〇一六）『高齢社会白書 平成二八年版』
西尾好司（二〇一七）「日本における市民参加型共創に関する研究：Living Labの取り組みから」『株式会社富士通総研経済研究所研究レポート』、No.四四六
西尾好司（二〇二〇）「ユーザー参加型の知識創造活動としてのLiving Labの構築：日本のLiving Labの事例研究より」開発技術、二六巻、一五～三一頁
野中郁次郎・廣瀬文乃・平田透（二〇一四）『実践ソーシャルイノベーション』千倉書房
藤井敦史・原田晃樹・大高研道（二〇一三）『闘う社会的企業 コミュニティ・エンパワーメントの担い手』勁草書房
松村秀一（二〇一六）『ひらかれる建築：「民主化」の作法』筑摩書房
渡邉優子（二〇一八）「ふるさと納税などによるインフラ整備の一試案：共創ツールとしての戦略的活用」『月刊下水道』、四二巻一号、七九～八三頁

第4章

久塚智明（二〇一七）「地方食品メーカーにおける地場の食品素材活用による高付加価値化①」『食品と科学』、五九巻一一月号、株式会社食品と科学社
久塚智明（二〇一八）「地方食品メーカーにおける地場の食品素材活用による高付加価値化②」『食品と科学』、六〇巻一月号、株式会社食品と科学社
久塚智明（二〇一八）「地方食品メーカーにおける地場の食品素材活用による高付加価値化③」『食品と科学』、六〇巻二月号、株式会社食品と科学社

第5章

Henry William Chesbrough (2003) *Open Innovation: The New Imperative for Creating and Profiting from Technology,*

Harvard Business Review Press.（大前恵一朗 訳『OPEN INNOVATION：ハーバード流イノベーション戦略のすべて』産能大出版部、二〇〇四年）

ＮＴＴドコモＩｏＴデザインプロジェクトチーム（二〇一七）『農業からあらゆる産業をＩｏＴでつなぎまくる、ＮＴＴドコモアグリガールの突破力』日経ＢＰ

野中郁次郎（一九九五）『アメリカ海兵隊 非営利型組織の自己革新』中公新書

野中郁次郎（二〇一七）『知的機動力の本質 アメリカ海兵隊の組織論的研究』中央公論新社

平鍋健児・野中郁次郎（二〇一三）『アジャイル開発とスクラム』翔泳社

宮坂不二生（二〇一六ａ）「地域連携とコモンズ：地方創生にむけて」細野助博・風見正三・保井美樹 編『新コモンズ論』中央大学出版部

宮坂不二生（二〇一六ｂ）「地域産業を興す フォーラム活動で促す交流人口の増加：東京都（多摩地域）」『金融ジャーナル』金融ジャーナル社、五八～六一頁

宮坂不二生（二〇一六ｃ）「地方の計画 東北・夢の桜街道運動によるソーシャル・イノベーション：東北の美しい〝桜〟をシンボルにした官民広域連携の東北復興プロジェクト」『計画行政』日本計画行政学会、三八巻二号、七二～七五頁

吉原毅（二〇一二）『信用金庫の力』岩波ブックレット、八五〇号

吉原毅（二〇一七）「地方創生の切り札となる『ソーラーシェアリング』への融資」『週刊金融財政事情』金融財政事情研究会、二〇一七年三月六日発行、三二～三五頁

ＮＴＴドコモホームページ（https://www.nttdocomo.co.jp/biz/service/gyuonkei/）

カルビーフューチャーラボホームページ（https://www.makuake.com/project/calbeefuturelabo/）

第6章

Calvo., R.A. and Peters., D. (2014) *POSITIVE COMPUTING: technology for wellbeing and human potential*, Massachusetts Institute of Technology Press.（渡邊淳司・ドミニク・チェン 監訳『ウェルビーイングの設計

論：人がよりよく生きるための情報技術』ＢＮＮ、二〇一七年）

Orlikowski, W.J. and Scott, V.S. (2008) "Sociomateriality: Challenging the Separation of Technology, Work and Organization", *The Academy of Management Annals*, Vol.2, No.1, 433-474.

大沢真知子（二〇〇六）『ワークライフバランス社会へ：個人が主役の働き方』岩波書店

熊沢誠（二〇〇〇）『女性労働と企業社会』岩波新書

古賀広志・柳原佐智子・加納郁也・下﨑千代子編著（二〇一八）『地域とヒトを活かすテレワーク』同友館

柳原佐智子（二〇一七）「在宅勤務者の自律性にシステム管理が与える影響」『日本テレワーク学会誌』、十五巻一号、一三～二〇頁

柳原佐智子（二〇一九ａ）「日本におけるテレワークの現状と今後：人間とＩＣＴとの共存はどうあるべきか」『日本労働研究雑誌』、七〇九号、一六～二七頁

柳原佐智子（二〇一九ｂ）「労働時間を厳格に管理された在宅勤務者の組織市民行動」『日本情報経営学会誌』、三九巻一号、五七～六七頁

山口一男（二〇〇九）『ワークライフバランス：実証と政策提言』日本経済新聞出版社

ワイズスタッフ（二〇一七）『障がい者の在宅雇用導入ガイドブック』厚生労働省

Hillary Clinton full concession speech (2016)（https://www.youtube.com/watch?time_continue=5&v=rWc0UNI9zjA）

総務省（二〇〇〇）『テレワーク総合情報サイト』（http://www.soumu.go.jp）

内閣府（二〇一八）『男女共同参画白書 平成三〇年版』（http://www.gender.go.jp/about_danjo/whitepaper/h29/gaiyou/pdf/h29_gaiyou.pdf）

文部科学省（二〇一三）「定時制課程・通信制課程高等学校の現状」（http://www.mext.go.jp/b_menu/shingi/chukyo/chukyo3/047/siryo/__icsFiles/afieldfile/2013/07/12/1336336_2.pdf）

第7章

市田（岩田）知子（一九九五）「生活改善普及事業の理念と展開」『農業総合研究』、四九巻二号、一～六三頁

太田美帆（二〇〇八）「日本の農村生活研究と生活改善普及事業の軌跡」『開発と農村：農村開発論再考』日本貿易振興機構アジア経済研究所

大野健一（二〇〇五）『途上国ニッポンの歩み：江戸から平成までの経済発展』有斐閣

外務省（二〇一九）『「持続可能な開発目標」（ＳＤＧｓ）について：ＳＤＧｓを通じて、豊かで活力ある未来を創る』二〇一九年一月

見宮美早・平林淳利（二〇一八）『屋根もない、家もない、でも、希望を胸に：フィリピン巨大台風ヨランダからの復興』佐伯印刷株式会社出版事業部

鈴木康次郎・桑島京子（二〇一五）『プノンペンの奇跡：世界を驚かせたカンボジアの水道革命』佐伯印刷株式会社出版事業部

徳丸壮也（一九九九）『日本的経営の興亡：ＴＱＣはわれわれに何をもたらしたのか』ダイヤモンド社

独立行政法人国際協力機構（二〇一七）『地方創生リソース活用ハンドブック：途上国における地域マネジメントのために』国際協力機構

会宝産業株式会社ホームページ（https://kaihosangyo.jp/company/）

日本自動車工業会ホームページ（http://www.jama.or.jp/world/world/index.html）

第8章

Nonaka, I. and T. Takeuchi (2019) *Wise Company: How Companies Create Continuous Innovation*, Oxford University Press.（黒輪篤嗣 訳『ワイズカンパニー：知識創造から知識実践への新しいモデル』東洋経済新報社、二〇二〇年）

Satya Nadella, Greg Shaw, Jill Tracie Nichols (2017) *Hit Refresh*, Harper Business.（山田美明・江戸伸禎 訳『Hit Refresh：マイクロソフト再興とテクノロジーの未来』日経ＢＰ、二〇一七年）

Takeuchi, H and Nonaka, I (1986) "The New New Product Development Game", *Havard Business Review*, January-February.

品川哲彦（二〇二〇）『倫理学入門』中公新書

ジョシュア・ウルフ・シェンク、矢羽野薫 訳（二〇一七）『POWERS OF TWO 二人で一人の天才』英知出版

ハーバードビジネス・レビュー編（二〇二〇）「テレワークの生産性は高いのか」『DIAMONDハーバードビジネス・レビュー』、二〇二〇年六月号、一二頁

野中郁次郎・山口一郎（二〇一九）『直観の経営』KADOKAWA

平鍋健児・野中郁次郎（二〇一三）『アジャイル開発とスクラム：顧客・技術・経営をつなぐ協調的ソフトウェア開発マネジメント』翔泳社

マルティン・ブーバー、植田重雄 訳（一九七九）『我と汝・対話』岩波文庫

森本紀行・坂本忠弘・谷崎由美 編著（二〇一八）『フィーデューシャリー・デューティー・ワークショップ』KINZAIバリュー叢書

ヨーゼフ・シュンペーター 著・塩野谷祐一・中山伊知郎・東畑精一 訳（一九七七）『経済発展の理論：企業者利潤・資本・信用・利子および景気の回転に関する一研究（上）（下）』岩波文庫

リクルートワークス研究所（二〇二〇）『Works』一六〇号、二〇二〇年六月

ローレンス・フリードマン、貫井佳子 訳（二〇一八）『戦略の世界史（上）（下）：戦争・政治・ビジネス』日本経済新聞出版社

ロナルド・バート、安田雪 訳（二〇〇六）『競争の社会的構造：構造的空隙の理論』新曜社

伊藤忠商事株式会社ホームページ（https://www.itochu.co.jp/ja/about/history/oumi.html）

一般社団法人Future Center Alliance Japan（ＦＣＡＪ）ホームページ（https://futurecenteralliance-japan.org/wiseplace）

稲盛ライブラリーFacebook（https://hi-in.facebook.com/inamorilibrary/posts/2684217071801880）

大田区ホームページ（http://www.city.ota.tokyo.jp/sangyo/kogyo/ota_monodukuri/kagayake/monozukurimachi/

fri_tur.html)
清水建設株式会社ホームページ (https://www.shimz.co.jp/company/about/news-release/2019/2019001.html)
本田技研工業株式会社ホームページ (https://www.honda.co.jp/50years-history/)

柳原佐智子（やなぎはら・さちこ）▸第6章

富山大学学術研究部社会科学系（経済学部）教授。

博士（情報科学）。IT企業勤務の後、富山大学経済学部助教、准教授を経て、現職。専門分野は経営情報システム論。日本情報経営学会理事、日本テレワーク学会顧問。

主著に『従業員と顧客の自発的貢献行動』（共著）、『地域とヒトを活かすテレワーク』（編著）など。

久塚智明（ひさつか・ともあき）▶第4章第1節

株式会社FBTプランニング代表取締役。

1952年生まれ。博士（農学）、技術士、調理師、惣菜管理士1級。高知大学、福岡大学、沖縄大学の客員教授。九州大学大学院農学研究科修士課程を修了後、味の素株式会社食品研究所長・執行役員、株式会社コカ・コーラ東京研究開発センター代表取締役を経て現職。地域の活性化と国内外の企業人材育成を推進、現在に至る。

平田 透（ひらた・とおる）▶第1章、第7章第1節

金沢大学名誉教授、かなざわ食マネジメント専門職大学教授。

1952年生まれ。博士（知識科学）。北海道大学卒業後、民間シンクタンク勤務、短大講師、新潟国際情報大学助教授、金沢大学大学院人間社会環境研究科教授、放送大学石川学習センター所長・特任教授を経て現職。専門は知識経営論、イノベーション論。

著書にManaging Flow（共著）など。

松永正英（まつなが・まさえい）▶第7章第2節

独立行政法人国際協力機構ガバナンス・平和構築部専任参事。

1962年生まれ。1985年以来、日本政府による開発途上国政府との様々な協力事業に従事。特に、日本の近代化や社会変革の経験を各国が自らの課題解決に応用することを支援。

著書に『Knowledge Creation in Public Administrations』（野中郁次郎ほかとの共著）。

南 伸太郎（みなみ・しんたろう）▶第2章第2節

ラボラトリオ株式会社代表取締役／統括マネージャー。

1978年生まれ。九州大学文学部社会学・地域福祉社会学専攻卒業。公益財団法人九州経済調査協会（政策シンクタンク）入社、政策コンサルタントとして調査研究事業やプロジェクトマネージャーを経て、2018年に医療福祉・地域づくりの政策コンサルタント会社を設立し、現職。

高山千弘（たかやま・ちひろ）▶第3章第2節

元エーザイ株式会社執行役員、知創部ナレッジクリエーション・フェロー。

1955年生まれ。東京大学卒業後エーザイ入社。英国にてMBA（経営学修士）、米国にてPh.D.（医学博士）を取得。米国・日本においてアルツハイマー型認知症治療剤「アリセプト」の臨床試験、承認申請やマーケティングを統括。

著書に『経営を革新する　ナレッジ・マネジメント』（共著）。

西尾好司（にしお・こうじ）▶第2章第1節、第3章第1節

文教大学情報学部情報社会学科准教授。

1964年生れ。東北大学大学院工学研究科後期課程修了、博士（工学）。株式会社富士通総研経済研究所勤務の後、2019年より現職。現在、日本工業大学客員教授、経済産業省産業構造審議会臨時委員などを兼務。

著書に『場のイノベーション』（共著）、『競争力強化に向けた産学官連携マネジメント』（共編著）など。

西原文乃（にしはら・あやの）▶第5章第2節

立教大学経営学部国際経営学科准教授、日本ナレッジ・マネジメント学会理事。

名古屋大学法学部卒業、日本電気株式会社勤務の後、一橋大学国際企業戦略研究科にて修士、博士を取得。同特任講師、立教大学経営学部助教を経て現職。専門は知識創造論、経営戦略論、イノベーション論。

著書に『実践ソーシャルイノベーション』（野中郁次郎ほかとの共著）。

執筆者紹介

◆編著者

野中郁次郎（のなか・いくじろう）▸第8章

一橋大学名誉教授、日本学士院会員、中小企業大学校総長。

1935年生まれ。カリフォルニア大学経営大学院（バークレー校）ゼロックス知識学名誉ファカルティースカラーを併任。早稲田大学政治経済学部卒業後、富士電機製造株式会社勤務ののち、カリフォルニア大学経営大学院（バークレー校）にて博士号（Ph.D）を取得。南山大学経営学部教授、防衛大学校教授、一橋大学産業経済研究所教授、北陸先端科学技術大学院大学教授・研究科長、一橋大学大学院国際企業戦略研究科教授を経て現職。2017年カリフォルニア大学バークレー校ハース・スクール・オブ・ビジネス生涯功績賞受賞。

主著は『失敗の本質』（共著）、『知識創造企業』（共著）、『ワイズカンパニー』（共著）、『知的機動力の本質』、『直観の経営』（共著）ほか多数。

◆執筆者（五十音順）

川田弓子（かわだ・ゆみこ）▸第5章第1節

株式会社フロネティックCRO（チーフ・リサーチ・オフィサー）、一橋大学野中研究室研究員。一橋大学卒業、同大学院国際企業戦略研究科にてMBA取得。リクルートにて人事、営業、新規事業開発、リクルートマネジメントソリューションズにて組織開発コンサルタント、組織行動研究所主任研究員を経て独立。

著書に『日本の持続的成長企業』（共著）等。


小山眞一（こやま・しんいち）▸第4章第2節

アルカンヴィーニュフォーラム「千曲川ワイン倶楽部」代表。

1947年生まれ。長野県小諸市出身、1970年慶應義塾大学経済学部卒業、同年4月富士ゼロックス株式会社入社、取締役専務執行役員、公益社団法人経済同友会幹事（2001年〜2011年）等を経て現職。

共感が未来をつくる
ソーシャルイノベーションの実践知

二〇二一年三月二〇日　初版第一刷発行
二〇二二年一月二六日　初版第二刷発行

編著者　野中郁次郎
発行者　千倉成示
発行所　株式会社 千倉書房
〒一〇四－〇〇三一 東京都中央区京橋二－四－一二
電話　〇三－三二七三－三九三一（代表）
https://www.chikura.co.jp/

デザイン　米谷豪
印刷・製本　精文堂印刷株式会社

ISBN 978-4-8051-1227-4 C3034